제2판

잃어버린 노년기 자아통합감에 대한 목회상담신학적 고찰

자아정체감의 회복

제2판

잃어버린 자아정체감의 회복

노년기 자아통합감에 대한 목회상담신학적 고찰

박순오 지음

Σ 시그마프레스

잃어버린 자아정체감의 회복, 제2판

발행일 2015년 3월 6일 1쇄 발행

지은이 박순오
발행인 강학경
발행처 (주)시그마프레스
디자인 이상화
편집 문수진

등록번호 제10-2642호
주소 서울특별시 영등포구 양평로 22길 21 선유도코오롱디지털타워 A401~403호
전자우편 sigma@spress.co.kr
홈페이지 http://www.sigmapress.co.kr
전화 (02)323-4845, (02)2062-5184~8
팩스 (02)323-4197

ISBN 978-89-6866-414-4

이 도서의 국립중앙도서관 출판시도서목록(CIP)은 서지정보유통지원시스템 홈페이지 (http://seoji.nl.go.kr)와 국가자료공동목록시스템(http://www.nl.go.kr/kolisnet)에서 이용하실 수 있습니다.(CIP제어번호 : CIP2015005212)

이종윤(한국기독교학술원원장, 서울교회원로목사)

대구서현교회 박순오 목사님을 단순한 개교회 담임목사로만 알고 있는 분은 그리 많지 않을 것이다. 그분의 정체성을 말하려면 많은 수식어가 필요하다. 그는 속이 꽉 찬 목회자다. 우리가 흔히 만날 수 있는 그런 평범한 목회자가 아니다. 그는 바른 목회철학을 갖고 뉴욕에서 언약교회를 개척하여 12년간을 그리고 대구서현교회에서 17년간을 각각 성공적 목회를 하셨다. 특히 초대교회의 모델을 찾아 사도행전적 교회를 세우는 데 진력하면서 언약공동체, 선교공동체, 진리공동체, 사랑공동체, 교육공동체인 바른교회 공동체를 이룬 분이다.

그의 교육배경 역시 화려하다. 서울공대, 총신신대원, 미국웨스트민스터 신대원, 커버넌트신대원, 계명대 대학원 등지에서 폭넓게 그리고 깊이 있게 수학했다.

그의 사역 역시 그 폭이 넓고 거대하다. 한 교회의 울타리를 넘어

나눔과 기쁨 전국상임대표, 영남설교목회연구원장, 한국기독영성상담연구소 이사장, 대구지방경찰청 경목실장, 법무부 교정위원, 총회 세계선교회 대구LMTC원장, 대구교육문화센터 평생교육원장, 대구 Top News 발행인, 북한인권한국교회연합 공동대표, 새로운 한국을 위한 국민운동 기독교운동본부 공동대표 등, 요셉의 가지가 담을 넘어가듯 그의 손이 도처에 뻗쳐 나갔다. 교계에서도 그 활동이 왕성하여 노회장, 총회교육부장, 대구기독교총연합회 대표회장, 대구경북 성시화동본부장 등 전국적으로 영향을 미치고 있다.

대한예수교장로회 거대 교단 내에서 매우 중요한 위치에 있는 대구서현교회 담임목사의 직을 수행하기만 해도 벅찰 터인데 목회상담신학을 더 공부하여 박사학위까지 취득했다. **잃어버린 자아정체감의 회복**이라는 제목의 이 책은 박순오 목사의 학위논문을 누구나 읽기 편하게 엮은 것으로 노년기 자아통합감에 대한 목회상담학적 연구를 한 결과물이다. 노년기에 흔히 볼 수 있는 소속감, 자존감, 통제력의 부재로부터 생겨나는 불안, 불안정감, 수치심, 죄책감, 무력감, 우울증, 분노 등의 파괴적 감정을 해소하고, 갈급한 자아를 다시 통합된 자아로 회복시킬 수 있는 방안을 사회심리학적 방법과 성경적 해답의 관계를 연구한 것이다.

박순오 목사는 노인의 자아통합과 죽음의 문제에 대하여 사회심리학적으로 분석하고, 하나님의 형상의 훼손에 따른 자아정체감의 상실과 회복에 대한 성경해석을 통하여 자아통합의 길을 모색하고 있다.

한국 사회는 2000년도에 이미 고령화 사회에 접어든 후 2017년이면 고령 사회, 2026년에는 초고령 사회에 돌입할 것으로 전망하고 있다. 인구의 급속한 노령화는 생의 주기에서 노년기를 확장시키며, 질적으로 수준 높은 노년기를 추구하고자 하는 경향이 대두되면서 성공적 노화에 대한 긍정적 연구물이 나왔다는 것은 우리 사회에 커다란 선물이 아닐 수 없다.

특히 박순오 목사는 발달심리학자인 에릭슨의 이론을 영적, 종교적 관점에서 어떻게 나타나고 있는지를 500명의 인터뷰를 통해 기독교 신앙을 가진 이들이 신앙이 없는 노인에 비해 괄목할 만한 자아통합의 요소들이 있는 것을 그의 학위논문에서 찾아냄으로써 심리학적 요인 외에 신앙을 통한 자아통합이 높이 이루어지고 있음을 입증했다.

박순오 목사는 심리학자들의 자아통합의 길과 성경과 신학의 자아통합의 길을 비교 검토하고 분석함으로써 급속히 고령화되고 있는 우리 사회에 바람직한 자아통합의 길을 제시하고 있다.

목회자의 한 사람으로 노화 현상을 교회 안팎에서 날마다 체험적으로 느끼면서, 박순오 목사가 이 문제의 방관자가 아니라 문제의 해결자로서 그의 과감한 학문적 도전을 높이 평가하면서 깊은 찬하의 말씀을 독자와 함께 드리면서 일독을 권한다.

오우성(기독영성상담연구소장, 계명대학교 명예교수)

하나님 형상의 회복은 성공적 노화입니다.

우리 교회와 사회가 급속하게 고령화되어 가면서 삶의 질을 높이고자 하는 욕구가 강한 이때에 이 주제를 심도 있게 다룬 이 책이 출판된 것은 우리 교회와 사회가 크게 환영할 만한 일입니다. 우리나라 사람들의 평균 수명이 길어짐에 따라 노화는 단순히 쇠퇴만을 의미하는 것이 아니라 발달과 성장과 새로운 기회의 개념까지 내포되면서 성공적 노화에 대한 관심이 높아지고 있습니다.

이제까지 이 주제는 주로 사회과학자나 자연과학자들이 다루었지만 이 책은 이 주제를 영성적, 종교적 관점으로 새롭게 조명했다는 점에서 새로운 가능성을 제시하고 있습니다. 저자의 이 연구는 요즈음 인문학에 대한 관심이 높아지고 동양의 내적 성찰과 명상적이며 신비적인 영적 세계에 대한 추구가 활발해지는 이 시대의 큰 흐름을 잘 반영하고 있습니다.

그러나, 포스트모던 시대에 영성과 정신문화에 대한 관심이 커지고 있는 것은 바람직한 현상이긴 하지만 이 시대적 현상에는 성경 진리의 왜곡과 다원주의적 가치관도 함께하고 있기 때문에 저자가 시도하고 있는 것과 같이 건전한 성경적, 신학적 이론과 임상의 연구가 더욱 필요한 때입니다.

학문적으로 보면 이 책은 에릭슨 심리학에서 부족한 영성과 종교적 체험을 성경적 심리학의 관점에서 비평적으로 고찰하고 있으며, 이 시도는 자아통합이라는 주제를 심리학을 넘어 성경적, 신학적 관점에서 연구하고 있다는 점에서 괄목할 만한 업적이라고 할 수 있습니다.

특히 저자는 신학과 영성 분야에서 연구가 많이 되어 있는 하나님의 형상론을 노인의 자아통합에 접목시킴으로써 저자의 독창적인 연구 능력을 보여주고 있습니다. 성경이 제시하고 있는 자아통합은 죄와 죽음으로 왜곡된 하나님 형상의 왜곡과 상실을 성령님의 도우심으로 예수 그리스도를 통하여 회복하는 것입니다.

저자는 성경 신학적 이론 위에 500명에 가까운 노인들을 대상으로 종교적 체험 조사를 통하여 체험적 신앙이 자아통합을 이루는 데 긍정적이라는 사실을 밝히고 있습니다. 저자가 이 책에서 강하게 주장하고 있듯이, 행복한 노년기는 심리학적 처방도 필요하지만 이보다도 미래에 대한 소망과 믿음으로 이룰 수 있음을 보여준 것은 우리 교회에서 연로한 교인들에 대한 힘들고도 어려운 목회에 힘을 실어주는 반갑고도 고마운 소식이 아닐 수 없습니다.

이 책은 연로하고 가난하고 병약한 분들이 이 세상에서는 소망을 가질 수 없을 때 주님에 대한 믿음과 내세의 소망으로 스스로의 삶을 감사하며 기뻐할 수 있는 길로 이분들을 안내한다는 의미에서 정말 귀하고 값진 책이라 생각됩니다. 교회뿐 아니라 우리 사회에서도 노년기에 삶의 의미를 찾지 못해서 회의하며 절망하는 분들이 많아지는 이때에 이 책이 행복한 노년기와 관련하여 우리 주님에 대한 신앙을 소개한다는 점에서 전도와 선교에 참신한 계기를 마련해 줄 수 있습니다. 이 책에서는 여러 곳에서 적절한 그림들과 도표들을 넣음으로써 독자들로 하여금 내용을 보다 쉽게 이해할 수 있게 한 것도 좋은 발상입니다.

바쁜 목회 일정 가운데서도 연로한 교인들에 대한 지극한 관심과 사랑으로 이 책을 출판한 박순오 목사님께 축하와 위로의 말씀을 드립니다. 그리고 어려운 출판 여건 속에서도 이 책의 가치를 높이 평가하여 출판해 준 (주)시그마프레스에 독자의 한 사람으로서 감사의 말씀을 전합니다.

본서의 초판이 발행된 후 지난 3개월 동안 필자에게는 참 많은 변화가 있었습니다. 34년간의 지교회 목회사역을 마무리하는 은퇴식을 많은 하객들이 참여한 가운데 가졌고, 정든 땅 대구를 떠나 서울로 보금자리를 옮겼습니다.

전국의 5,400여 목회자들로 구성된 민간복지단체인 〈사단법인 나눔과기쁨〉의 전국 상임대표 직책을 맡아 220여 개 지부를 활성화하는 일에 매진하다 보니 은퇴자에게 온다고 하는 문화 충격을 느낄 사이도 없이 어느덧 몇 개월이 흘렀습니다.

특히 여러 지역에서 하나님의 말씀을 전하며 본서의 내용으로 자아통합의 성경적 방법을 강의할 때 많은 목회자들이 새로운 도전을 받는 것을 보는 것은 큰 기쁨이자 보람이 되었습니다. 초판의 적지 않은 책들이 모두 소진된 것 또한 필자에게는 여간 격려가 된 것이 아닙니다.

감사한 것은 본서의 핵심 주제를 가지고 오는 여름(2015년 8월 3일)

울산에서 열리는 한국교육자선교회 전국여름연찬회의 주강사로 사역하게 되어, 이번에는 목회자들에게뿐 아니라 기독교사 여러분에게 자아정체감에 관한 성경의 가르침을 소개할 수 있는 기회를 갖게 되었습니다.

제2판 출간을 기꺼이 수락해 주신 (주)시그마프레스 관계자 여러분에게 감사를 드립니다. 본서를 통하여 부분적으로나마 갈수록 심화되고 있는 고령화 사회의 최대 이슈로 떠오르고 있는 '성공적인 노화 Successful Aging'에 관한 성경적 해답을 한국교회가 공유하게 되기를 바랍니다.

2015년 2월
여의도 집무실에서
박순오 목사

필자는 개혁주의 신학과 신앙을 추구하는 교회의 목회자이다. 지난 30년간의 짧지 않은 목회생활을 통해 많은 사람들을 만나 왔고, 사람들이 일상생활 속에서 겪는 문제들을 수없이 듣고 생각하고 말하고 그 해결을 위하여 씨름해 왔다.

문제를 파악하고 이해하고 그것을 해결하는 데 필요한 도구로 일반심리학과 상담학 등이 동원되지만, 개혁교회의 목회자인 필자에게는 그 무엇보다도 하나님의 말씀인 성경이 가장 중요한 원천이 됨을 수십 년의 임상 경험을 통해 확신하게 되었다.

더욱이 최근 우리 사회와 교회가 급속하게 고령화되어 가면서 목회 현장에서 발견하는 '성공적인 노화'에 대한 관심의 증대 현상과 노년기 자아통합감을 성취하고자 하는 노력들을 통하여 필자는 이 주제를 좀 더 심도 있게 연구할 필요를 느끼게 되었다.

본서는 필자가 계명대학교 대학원의 박사과정에서 연구한 박사학위 논문 '하나님의 형상론에서 본 노년기 자아통합감에 대한 목회상담신학적 고찰'을 독자들이 읽기 편하게 엮은 것이다. 앞의 이종윤 목사님과 오우성 교수님의 추천사에서도 말씀해 주신 것처럼 본서에서 필자는 에릭슨의 사회발달심리학에서 부족하다고 여겨지는 영성과 종교적 체험을 성경적 심리학의 관점에서 비평적으로 고찰하였다.

필자는 자아통합이라는 주제가 심리학의 전유물이 아니라 오히려 신학과 영성 분야에서 더욱 깊고 폭넓은 연구를 진행할 수 있는 주제라고 확신한다. 특히 신학에서 이미 많이 연구되어 있는 하나님의 형상론을 노년기의 자아통합에 접목시킬 때에 일반심리학에서 알지 못하는 하나님의 진리를 발견할 수 있다는 확신을 가지고 이론적인 연구를 진행하였고, 이를 확증하기 위해 493명의 노인들에게 직접 설문조사를 실시하여 도출된 이론을 뒷받침하였다.

본 연구를 진행하는 전 과정에서 필자의 뇌리를 떠나지 않은 한 가지 생각은 우리 시대 험악한 삶을 살아왔던 노인들, 그리고 지금도 가난하고 소외된 삶 속에서 불행해하는 노인들로 하여금 어떻게 하면 행복한 노년의 삶을 누리게 할 수 있을까 하는 것이었다. 연구를 마치면서 필자의 마음속에 명확하게 자리 잡은 확신은 성경은 현대 심리학이 알지 못하는 지혜와 지식으로 가득 차 있다는 것이다.

필자는 65세 조기 은퇴를 선언한 5년 전의 약속을 지켜 이번에 지역 교회 목회 사역을 마감하고 소외된 이웃을 섬기는 (사)나눔과 기쁨의 일과 북한인권한국교회연합 등의 사역에 진력하려 한다. 필자의 은퇴식에 즈음하여 본서를 펴낼 수 있도록 격려해주신 서현교회 장로님들을 비롯한 여러분들에게 감사를 드린다. 특히 추천사를 써주신 이종윤 목사님과 오우성 목사님, 도표와 그림들을 통하여 독자들로 하여금 다소 어려운 내용들을 이해하기 쉽도록 도와주신 박민수 목사님께 감사를 드린다.

　지난 38년 동안 필자의 곁에서 끝없는 사랑과 헌신으로 삶을 나누며 목회의 고비고비마다 두 손을 맞잡고 함께 기도해 준 사랑하는 아내 손정민에게 새삼 고마운 마음을 전한다.

　Soli Deo Gloria! 오직 하나님께 영광을 돌린다.

2014년 10월
서현 목양실에서
박순오 목사

차 례

이 세상 사람들은 왜 항상 불안해하고, 작은 일에도 쉽게 화를 내는가? 우리 속에서 끊임없이 솟구치고 있는 욕망과 이기심은 그 존재의 뿌리가 어디에 있는가? 왜 우리는 다른 사람을 믿지 못하고 그들의 말을 불신하며 매사를 부정적으로 보려 하는가? 인간의 불행의 원인은 무엇이며, 그 해결책은 어디에서 찾아야 하는가?

　대부분의 인간의 마음속에 깊이 뿌리내리고 있는 여러 가지 파괴적 감정들은 나이가 들어갈수록 순화되기보다 오히려 더 심화되는 것이 보편적인 현상이다. 노년기에 처한 사람의 가장 절실한 문제는 그의 마음속에서 소속감과 자존감과 통제력의 욕구를 채우지 못해서 생겨나는 불안, 불안정감, 수치심, 죄책감, 무력감, 우울증, 분노 등의 파괴적 감정들을 어떻게 해소시키며, 갈급한 자아를 다시 통합된 자아로 어떻게 회복시킬 것인가라는 것이다.

본 연구는 에릭슨의 심리사회 발달이론에 나타난 노인의 자아통합과 성경에 나타난 노인의 자아통합과의 관계에 관한 연구이다. 본 연구의 목적은 에릭슨과 후속학자들이 제시하는 자아통합의 길을 후크마Anthony A. Hoekema의 개혁주의 인간론과 커윈William T. Kirwan의 복음주의적 심리학에서 제시하는 하나님의 형상의 상실과 회복이라는 관점에서 비평적으로 고찰해보는 데 있다. 본 연구를 통하여 에릭슨 심리학에서 제시하는 자아통합의 길을 보다 심층적으로 살펴보고, 거기에 첨가하여 기독교 신앙을 통한 자아통합의 길을 찾아 이를 정립하게 된다면 급격히 고령화되고 있는 우리 사회에 매우 바람직한 연구 결과가 될 것이다.

본 연구에서는 먼저 노인의 자아통합감과 죽음의 문제에 대하여 사회심리학적으로 분석해보고, 하나님의 형상의 훼손에 따른 자아정체감의 상실과 회복에 대한 복음주의적 성경해석을 통하여 자아통합의 길을 모색하려 한다.

여기서 복음주의적 관점이라 하면 종교개혁과 역사적 복음주의 신학의 관점을 의미한다.[1] 복음주의 신학의 근거는 성경Sola Scriptua이다. 복음주의 신학의 핵심 주장은 성경의 절대적 권위와 무오성無誤性을 받아들이는 것이다.[2] 우리에게 주신 하나님의 계시인 성경은 우리의 심리영성적 삶psychospiritual life을 위한 최종 권위이다. 복음주의 신앙이라 함은 이와 같은 성경적인 관점, 특히 미래지향적인 부활의 소망으로 그리스도의 복음을 받아들이는 것을 의미한다.

현대 사회의 급속한 변화는 인간 생활과 환경에 많은 변화를 가져왔고 과학기술의 발달과 생활수준의 향상으로 평균수명이 연장되어 인구의 고령화가 전 세계적인 현상으로 나타나게 되었다. 한국에서도 매우 빠른 속도로 인구의 고령화 현상이 진행되고 있다.

1956년 UN 보고서는 65세 이상의 노인 인구가 전 인구의 7% 이하의 사회를 성숙인구 사회, 7% 이상이면 고령화 사회aging society, 14% 이상이면 고령 사회aged society, 그리고 21% 이상이면 초고령 사회super-aged society로 구분한다.[3]

한국의 65세 이상 노인 인구 비율은 1960년 72만 6,450명인 2.9%에서 1995년 5.9%, 2000년 7.2%를 넘어서서 고령화 사회에 진입했다. 통계청 자료를 보면 한국 사회가 2017년에는 노인 인구가 14.0%가 되고, 2026년에는 21%에 이르러 초고령 사회로 돌입할 것으로 전망하고 있으며, 2037년에는 노인 인구가 30%를 넘고 2050년에는 37.4%에 이를 것이라고 한다.[4] 즉 '압축적 고령화the compressed aging'가 일어날 것이라는 전망이다.[5]

한국 사회는 2011년 현재 1인, 2인 가구 수가 전체 대비 50%가 넘는데, 이 중 30% 이상이 독거노인 혹은 노인 부부 가구이다. 한국교회의 현실은 이보다 더 급박하다. 교회 신자 가운데 다수가 노인들이고 앞으로 그 비중은 더욱 확대될 것이다. 이에 반해 노인에 대한 종교적·사회적 배려는 미약한 것이 현실이다.

선진국의 경우 인구 고령화가 서서히 이루어져 왔기 때문에 노인 인구의 수와 비율의 증가 등 주로 인구 구조의 변화로 인해 노인 문제가 제기되고 있다. 그러나 한국의 경우 노인 문제는 인구 구조의 변화 외에도 사회 구조 및 제도, 가치관의 급속한 변화 등 사회적 변화와 많은 연관을 가지고 있다.[6] 따라서 한국의 노인 문제는 선진국

에 비해 더욱 심각한 양상을 보인다고 할 수 있다.[7]

이처럼 노인 인구의 규모는 날로 확대되어 가고 있는 반면에 현대 사회의 가족 구조는 급속하게 핵가족화되고 있으며, 가족 기능 면의 쇠퇴로 노인에 대한 부양 의식은 약화되고 있다. 또한 효율을 강조하고 개인의 능력과 업적에 따라 평가하고 배분하는 현대사회의 특성은 노인이 수행할 역할을 크게 축소시키고 있으며, 노년기에 경험하는 많은 상실과 적응력의 감퇴는 노인의 역할과 위치를 불안정하게 하고 있다. 특히 노인은 직장에서의 은퇴, 배우자 상실, 자녀의 출가, 친구의 상실 등과 같은 역할 상실로 인간관계의 범위가 축소되어 공허함과 소외감을 느끼게 되면서 사회적·심리적 문제들을 해결해야 하는 사회적 과제를 지니게 된다.

한편, 인구의 급속한 노령화는 생의 주기에서 노년기를 확장시키며, 길어진 수명에 따라 좀 더 질적으로 수준 높은 노년을 추구하고자 하는 경향이 대두되면서 과거보다 활동적인 노년기를 보내기를 원하는 인구가 늘어나고 있다. 따라서 노화는 더 이상 쇠퇴만의 개념을 내포하는 것이 아니라 발달과 성장의 개념까지도 내포한다는 데 관심을 가지고 성공적 노화successful aging에 대한 긍정적 관심이 증대되고 있다.

특히 한국 노인들의 경우는 고유한 전통과 유교의 영향하에 그들이 누리던 사회적, 가정적 지위가 대단히 높았던 까닭에 산업화, 도시화, 핵가족화 되어 가는 현대 산업사회 속에서 한 가정의 가부장 혹은 연장자로서 군림하던 노인들의 위치가 흔들리고 권위와 영향권을 상실하게 되자 노인들이 변화에 적응하기 어렵게 되고 가정이나 사회로부터 소외되는 심각한 사회문제가 발생하게 되었다. 이와 관련하여 변화하고 있는 현대사회에 노인들이 보다 잘 적응할 수 있도록 돕기 위해 노인들의 사회적 역할, 신체 및 정신건강, 주택, 고용, 여가선용, 사회보장 등에 관한 많은 연구가 진행되고 있다.

그러나 이런 문제들은 개별적인 것이라기보다 복합적으로 상호작용하여 노인들의 노후 생활에 대한 만족감에 영향을 미치게 된다고 본다. 즉, 노년기에 발생하는 이와 같은 신체적 · 심리적 · 사회적 제 문제에 대한 성공적인 적응이 성공적인 노화의 핵심이 되고, 결과적으로 노인은 심리적 안녕상태에 도달하게 되는 것이다. 심리적 안녕상태란 다차원적이고도 복합적인 개념인 까닭에 학자들에 따라서 각기 다른 용어로 정의되고 있다. 학자들의 주된 관심은 이와 같은 심리적 안녕상태를 가져다주는 요인이 무엇인가 하는 데 있다.

본 연구에서는 발달심리학자 에릭슨Erik Erikson의 이론을 하나님의 형상의 타락과 회복의 관점으로 살펴보며, 에릭슨에게서 간과되고 있는 영성과 종교적 관점이 실제적으로 어떻게 나타나고 있는지를 양적 연구를 통하여 알아보고자 한다.

에릭슨은 심리사회 발달이론psychosocial theory에 근거하여 성공적인 노화의 척도가 되는 노인의 심리적 안녕상태를 자아통합감ego integrity 으로 보았다. 에릭슨은 인생 주기를 8단계로 구분하여 각 발달 단계마다 발달 과업을 제시하면서 노년기에 직면하는 심리 · 사회적 발달 과업을 자아통합의 달성이라고 하였다. 자아통합은 자기의 과거 및 현재의 인생을 바라던 대로 살았다고 받아들이고, 만족스럽게 여기며, 의미 있게 생각하면서 다가올 죽음을 인정하고 기다리는 태도를 말한다. 따라서 자아통합을 달성한 사람은 성숙함을 보이며, 과거의 생활 유형을 수용하고 평온해하고, 기꺼이 자아실현을 계속하며, 또한 죽음을 수용한다고 하였다. 반면에 이 시기에 성공적으로 발달 과업을 이루지 못하면 절망에 빠지게 된다고 한다.

과연 그러한가? 청년기에 친근감^{intimacy}을 성공적으로 획득하고 중년에 이르러 생산성(관대성)^{generativity}을 성공적으로 발달시킨 사람은 노년에 자아통합을 이루고 자아실현을 계속하여 가며 죽음까지 수용하는 것이 사실인가? 이와 대조적으로 청년기나 중년기에 발달 과제를 제대로 이루지 못한 사람은 자아통합을 이루지 못하고 절망^{despair}에 빠질 수밖에 없는가?

본 저자의 짧지 않은 목회 경험으로 볼 때, 목회 현장에서 매일 접촉하는 기독교 신앙을 가진 노인들에게는 신앙이 없는 노인들에 비해 그들의 삶 속에 괄목하리만큼 자아통합의 요소들이 나타나고 있는 것으로 보인다. 심지어 그들의 어린 시절, 청년 시절, 중년 시절에 성공적인 발달 과업을 이루지 못한 다수의 크리스천 노인들에게서 심리적 안녕상태를 발견할 수 있는 것으로 보아 심리학에서 말하는 요인 외에 다른 요인이 그들의 통합성을 가능케 하는 것으로 보인다.

현실적으로 어려운 조건 속에서도 신앙의 힘으로 인해 자아통합의 요인들이 크게 영향을 받고 고양$_{高揚}$되고 있는 것으로 생각된다. 기독교 신앙을 가진 노인들의 경우 그들이 가진 종말론적 신앙이 그들에게 부딪쳐오는 여러 가지 노년기의 문제들을 극복하고 성공적인 노화의 만족감을 가지게 하는 중요한 동력이 되고 있다는 것이 본 연구자의 임상 경험에서 오는 추론이다. 최근 급격히 고령화되어 가는 사회, 특히 고령화율이 높은 한국교회 안에서 수많은 노인들에게 가장 절실한 문제가 자아통합을 이루는 것이라고 볼 때 이것은 매우 중요한 현실적 문제임이 틀림없다.

일반 심리학에서 말하는 자아통합감에 대해서는 많은 연구가 이루어져 왔으나, 안타깝게도 노인의 자아통합감이 기독교 신앙(신학)에 의해 얼마나 그리고 어떻게 영향을 받는지에 대한 연구는 별로 이루어진 것이 없다. 최근 여러 경험적 연구에서 보여주듯이 노화 과정에서 노인들이 실제 경험하는 삶은 과학적으로 이해되고 있는 것보다 훨씬 더 복잡하다. 특히 종교적 믿음과 행동은 노인의 삶에 강력한 영향력을 미치고 있다.

그러므로 오늘 급격히 고령화되어 가고 있는 한국 사회와 교회 공동체에게 절실히 필요한 것은 사회과학자들이나 자연과학자들로부터 무시되거나 과소평가되어 온 노년의 종교적, 영성적 측면에 관한 관심이다. 노년기에 나타나는 종교적, 영성적 통찰력에 관한 논문은 기존 과학에 대한 대담한 도전으로까지 비친다. 여기서는 서구사회 중심의 과학만능주의와 물질만능주의로부터 다소 멀어 보이는 동양적 정신세계가 묻어난다.

본서에서는 에릭슨 심리학에서 결여缺如되어 있는 영성과 종교적 체험의 요소들을 성경적 심리학의 도움을 받아 분석함으로써 에릭슨 학파가 주장하는 노년기 자아통합 이론에 대해 비평적으로 고찰해보고, 자아통합의 성취를 돕는 또 다른 길을 모색해보고자 한다. 특히 하나님 형상의 본질에 대하여 창조와 타락과 구속의 과정을 통해 서술하는 개혁주의 신학 이론과 자아정체감의 상실과 회복을 복음주의적 관점으로 분석하여 노년기의 통합된 자아를 성취하는 복음주의 심리학 이론은 종말 신앙을 가진 그리스도인들이 자아통합감을 갖게 되는 것에 대한 통찰력을 준다.

타락한 인간의 인격이 갈급한 자아와 거부된 자아로 분리되어 소속감에 대한 욕구와 자존감에 대한 욕구 그리고 통제력에 대한 욕구를 충족시키지 못할 때 불안과 죄책감 그리고 우울증과 무기력감에 빠지게 되는데, 이 문제를 해결하기 위해 사회심리학적 처방에는 한계가 있을 수밖에 없고, 오직 그리스도의 구속救贖의 역사를 힘입을 때 보다 높은 수준의 긍정적인 자아정체감을 얻을 수 있을 것이다.

특히 고령화 비율이 국내 평균보다 현저히 높은 한국교회에서 노인들이 누리고 있는 자아통합감을 하나님의 형상론의 관점에서 살펴봄으로써 보다 체계적이고 효과적인 심리적 안녕상태를 이룰 수 있는 기초를 마련할 수 있을 것이다.

본서의 연구는 다음의 의의를 갖는다. 첫째, 최근 급격한 고령화현상으로 인해 전 세계적으로 관심이 집중되고 있는 노인 문제 해결의 핵심 주제로 떠오르고 있는 성공적 노화 또는 자아통합에 대한 종합적인 개념을 제시해 준다. 본 연구는 일반 심리학에서 말하는 자아통합의 길에 결여되어 있는 영성적 분야를 성경적·신학적 연구를 통하여 보완하고 있다는 데 그 의의가 있다.

둘째, 심리학과 신학이 각각 제시하는 처방에 대한 비교 수준에서 더 나아가 심리학에서 결여된 부분이 기독교 신앙에 의해 어떻게 극복되는가를 찾아보는 데 더 큰 의의가 있다. 에릭슨이 제시한 자아통합의 길에 비해 성경이 제시하는 자아통합의 길은 인간이 가진 하나님 형상의 타락과 회복의 과정을 따라 자아정체감의 상실과 회복을 통하여 통합된 자아를 되찾는 그리스도인에게 미래지향적인 소망을 준다.

셋째, 이러한 결과로부터 우리가 얻을 수 있는 교훈은 고령 사회를 향해 달리고 있는 우리 사회에 행복한 노년, 성공적 노화를 경험하는 노년기를 보다 편안하게 하기 위하여는 돌이킬 수 없는 과거에 매이는 심리학적 처방보다 미래에의 소망과 믿음으로 성공적 노화를 이룰 수 있는 기독교 신앙의 힘에 의존하는 것이 보다 더 바람직하다는 깨달음이다.

한편, 본서의 연구는 일반 심리학의 주제 중 하나인 '자아통합감'을 기독교 신앙의 관점에서 비평적으로 고찰해보는 연구이다. 따라서 '자아통합감'이라는 심리학적 용어를 성경이나 신학적 논의에서 직접 찾을 수 있는 것은 아니므로 성공적 노화successful aging, 행복한 노년, 또는 심리적 안녕psychological wellbeing 등의 개념을 통하여 자아통합감과의 관계를 연구하였다. 그러므로 양자 간에 자아통합감에 관해 정확한 수학적 비교를 하는 데는 한계가 있다.

그러나 본서는 일반 심리학의 영역을 넘어 하나님의 말씀인 성경의 진리를 통하여 "잃어버린 자아정체감 회복의 길"을 찾아나서는 구도자에게 꼭 필요한 길잡이가 되리라고 확신한다.

1. 통상적으로 복음주의 신학은 자유주의 신학과 대립되는 개념으로서 종교개혁 교리들을 믿는 신학이다. 종교개혁 신학이 강조하는 '오직(sola)'의 교리들에는 '*Sola Scriptura*,' '*Solus Christus*,' '*Sola Gratia*,' '*Sola Fide*,' 그리고 '*Soli Deo Gloria*'가 있다.

2. 황봉환, "복음주의 윤리학의 정체성과 실천적 과제", 성경과 신학 47 (2008), 180
   -207.

3. 이현규, 노년교육학(서울 : 책과공간, 2008), 23.

4. 통계청, "장래인구추계 : 2010-2060", 보도자료, 2011년 12월 7일, 12-13.

5. 이호선, 노인상담(서울 : 학지사, 2005), 82.

6. 우리나라가 초고령 사회가 되면 노동력과 잠재성장률은 크게 훼손되고 2040년
   에는 경제성장률이 0.74%에 그치게 되며 2050년에는 노인 3명에 어린이 1명의
   완연한 노인국가가 될 것이라는 예상도 있다. 원동연, 유동준, 해피엔딩 노년의
   인생학(파주 : 김영사, 2005), 8.

7. 한국노년학회, 노년학의 이해(서울 : 도서출판 대영문화사, 2000), 37.

사회심리학에서 본
자아정체감의 상실과 회복

01

인 간 발달의 의미를 발달심리학의 정의에 입각해서 생각해보면, 인간은 세상에 태어나서부터 그가 갖고 태어난 선천적인 요인이 환경적인 요인과 역학적인 관계를 맺고 계속적인 상호작용을 하게 되는데, 이러한 상호작용 과정에서 나타나는 양적이고 질적인 변화를 '발달'이라고 말한다. 그리고 여기에서 의미하는 '변화'는 지적, 정서적, 사회적, 신체적인 측면에서 일어나게 되며, 그런 의미에서 발달은 전인적인 측면에서 일어나는 변화의 과정이며 여정이라고 할 수 있다.[1]

인생주기의 발달 과정을 설명하는 이론들은 모두 연령 증가에 따른 변화의 양상을 기술하고 있고, 특히 청소년기 이후의 성인기로부터 죽을 때까지의 변화 과정에 관심을 갖고 있다. 이러한 발달 과정은 생물학적, 심리적, 그리고 사회적 변인의 영향을 받고 있으며 이들 여러 변인들의 상호작용이 중요하다.[2] 그런데 이렇게 전인적인 측면에서 끊임없이 일어나는 발달적 변화는 긍정적이고 진보적인 변화뿐 아니라 변화의 또 다른 측면인 퇴보와 쇠퇴의 측면까지 포함하며,

인생 발달 과정

인생주기 전체에 걸쳐 진행된다. 이러한 인생주기적 관점에서 인간의 발달을 자세히 설명해 주는 대표적인 이론이 에릭슨의 8단계 심리사회적 발달이론이다.[3]

본 장에서는 에릭슨의 8단계 심리사회적 발달이론 가운데 마지막 단계인 노년기의 발달 과업인 자아통합감과 절망, 그리고 죽음에 관하여 사회심리학적으로 분석해보고, 자아통합에 근거하여 성취될 수 있는 발달 과제를 살펴보기로 한다.

자아통합과 절망에 대한 사회심리학적 분석

에릭 에릭슨

에릭슨의 심리사회 발달이론은 원래 개인의 신체, 생리적 발달에 근거한 프로이트의 심리·성적 발달이론 psycho-sexual development theory을 확장 발전시킨 것이다. 프로이트의 학설은 청소년 단계에서 끝나는데, 에릭슨은 이 단계까지 프로이트의 정신분석학적 입장을 고수하고 있으나, 특별히 프로이트와 다른 점은 유아기부터의 발달이 성욕을 중심으로 한 것이 아니라 대인관계, 사회적 접촉 등 사회적 발달에 초점을 맞추었다는 사실이다.[4]

에릭슨은 프로이트가 인간 성장에서 중요한 점으로 생각하는 리비도libido에 대한 관점보다는 사람이 생활하면서 연관을 맺게 되는 사회적 가치, 그리고 사회적인 여건에 적응하면서 나타나는 긍정적이거나 부정적인 결과에 더 많은 관심을 가졌다. 즉 프로이트가 가지고 있는 기존 학설에 자아ego가 사회적 환경에 적응하면서 나타내는 적응, 정체성, 그리고 그 결과에 관심을 가짐과 동시에 자아가 주위의 환경과 어떠한 상호작용을 하는지를 중요하게 생각하였다.⁵ 이런 점에서 그의 이론을 심리사회적 이론psycho-social theory이라고 부른다.

에릭슨에 의하면, 사람의 정신의 성장이나 신체기관의 발달은 질서를 가지고 있다. 무질서하게 우후죽순 격으로 성장을 하게 되면 그것은 생명을 형성하기가 어렵다. 한 단계를 완성한 이후에 다음 단계로 성장하는 것이 정신의 구조이다.⁶ 연대기적 질서에 대하여 에릭슨은 다음과 같이 말한다.

> 정신분석이 성별sexuality에 전성기기前性器期가 있는 것을 발견한 것과 같이 태생학embryology은 인간의 성장이 차례로 중요한 기관이 발달한다는 후생적인 발달을 이해하게 되었다. 후생적인 발달의 연속에서 각 기관이 발달할 시기가 있다. 만일 그 기관이 발달할 시기를 놓치게 되었다면, 그것은 그렇게 운명 지어진 것일 뿐만 아니라 동시에 전체 기관이 성장하는 데 있어서의 연차적인 질서를 위험하게 한다.⁷

에릭슨은 8단계를 도표화했는데, 각 단계는 발달에 대한 후성설적後成說的epigenetic 8 관점에 따라 예정대로 나타난다. 에릭슨에 따르면 유기체 안에는 발달의 시계가 있는데, 이것은 정신 안에 있다는 것이다. 이때 후성설이 의미하는 바는 특정 단계의 발달이 출생 시부터 진행되지만 어떤 명쾌한 결과들은 특정한 시기에만 나타난다는 사실이다. 에릭슨은 인간 존재의 '경도상의 전체성the longitudinal whole'을 연구하기 위해서 '후성론epigenesis'의 발생학적 모델을 차용하고 있다.[9] 그는 다음과 같이 그것을 명료화하고 있다. "연속성의 후성론적 본질은 …모든 단계가 바로 앞의 단계로부터 성장하지만, 그러나 그들에게 의존하고 있음에도 불구하고, 그것은 질적으로 다르다고 하는 것이다."[10] 발달 단계는 생성하는 전체성 속에서 생성하는 부분이라고 하는 사실에서 그 불가분리성은 명백해진다. 달리 말하면 다음과 같이 알려져 있기도 하다. "부분의 계속적인 분화는, 그 모든 것은 처음부터 끝까지 어떤 형태 속에 존재하며, 항상 성숙하는 유기체인 하나의 유기체적 전체 속에 존재한다."[11]

후성설에 따르면 언어의 경우처럼 물밑 준비 작업의 결과로 의미있고 상호 인격적인 대화와 같은 특정한 결과들이 일어나는 것이 가능하고, 그 후 특별한 시기에 완전히 성숙한 문법적 언어 구사가 일어난다는 것이다. 하지만 만일 한 측면이 적절한 시기에 나타나지 않고 단계를 벗어나 발전한다면, 그것은 유기체 전체에 불균형을 초래할 수 있다.[12]

에릭슨의 인간발달 8단계에서 그는 각 단계마다 극복해야 할 심리사회적인 과제가 있다고 보았다. 각 단계에는 개인이 가지는 심리적인 상황이 있고, 이 심리적인 요소와 사회적인 요소의 상호작용 속에서 발생할 수 있는 갈등conflicts을 어떻게 대처하는가에 의해서 긍정적 혹은 부정적인 심리사회적 결과를 낳게 된다고 한다.[13] 에릭슨은 각각의 독특한 심리사회적 위기를 적절하게 해결하였을 때 다음 단계의 발달이 바람직하게 이루어진다고 하였다.

에릭슨이 발달단계별로 제시한 심리적 위기는 다음과 같다. 영아기는 신뢰trust대 불신mistrust, 유아기는 자율성autonomy 대 수치심shame과 의심doubt, 놀이기는 주도성initiative 대 죄의식guilt, 학령기는 근면성industry 대 열등감inferiority, 청소년기는 자아정체성identity 대 정체성 혼란identity confusion, 청년기는 친근감intimacy 대 고립isolation, 중년기는 생산성generativity 대 침체성stagnation, 그리고 노년기는 자아통합ego integrity 대 절망despair이다.[14]

인생주기적 관점에서 한 인간의 성장과 발달을 말할 때 요구되는 기본적인 사고는 어느 한 단계는 그 이전에 거쳐온 단계들에 기초하여 존재한다는 사실이다. 그뿐만 아니라 인간은 생득적으로 어느 특정 시기가 되면 발달적으로 자신이 가진 조직이나 체계를 변형해 갈 수 있는 능력을 소유한다고 보기 때문에 인간의 발달은 어떻게 보나 분명하게 구분되는 단계를 보여주고 있고, 따라서 발달은 단계적으로 진행되게 된다.[15] 그러므로 모든 발달 단계는 연쇄적이고 위계적이며 동시에 각 단계는 반드시 순서대로 거치게 된다. 이렇게 볼 때 인생주기적 관점에서 노년기를 살펴본다고 하는 것은 발달적으로 과거에 거쳐온 단계들과 현재에 처해 있는 단계와의 유기적인 관계에서 고찰해야만 할 것이다. 이것은 원만하고 건강한 노년은 노년기에 준비해서 되는 것이 아니고 그 이전의 단계들에서 어떤 삶을 살아왔는가에 근거한다고 할 수 있다.

앞에서 열거한 단계들에서 노년기를 좀 더 자세히 살펴보기로 하자. 영아기로부터 시작하여 유아기, 놀이기, 학령기, 청소년기, 청년

표 1.1 에릭슨의 8단계 심리사회적 발달단계[17]

	1단계	2단계	3단계	4단계	5단계	6단계	7단계	8단계
노년기								자아통합 대 절망
중년기							생산성 대 침체성	
청년기						친근감 대 고립		
청소년기					정체성 대 역할 혼란			
학령기				근면성 대 열등감				
놀이기			주도성 대 죄의식					
유아기		자율성 대 수치심						
영아기	신뢰 대 불신							

기, 중년기를 지나 인생의 마지막 단계로 진입한 노년기는 더 이상의 성장이나 발전이 있기보다는 이제껏 살아온 인생을 뒤돌아보며 이것을 통합해볼 수 있는 회상의 시간을 가지면서 또 다른 세계의 진입을 준비하는 시기이다.[16]

들어가는 말에서 언급한 것처럼 지금은 전 세계적으로 노인 인구가 급격히 증가하고 있는 때이다. 노년층의 증가에 대하여 에릭슨은 사회적인 문제를 제기한다. 그가 제기한 문제는 수명의 연장 자체가

아니라, 노년기에 접어든 많은 사람들이 의미 없는 삶으로 인해 고통받고 있는 현상을 지적한 것이다.[18]

노년기는 필연적으로 쇠퇴를 경험하며 다가올 죽음을 준비해야 하는 시기이다. 쇠퇴와 죽음 앞에서 노인들은 지나간 삶을 되돌아보고 정리할 필요성을 느끼게 된다. 노년층에 절망감을 가져다줄 수 있는 환경적인 요소는 네 가지로 분류할 수 있다. 첫째는 사회 및 경제적인 문제, 둘째는 나이 듦에 대한 심리적 여파, 셋째는 나이와 질병으로 인한 병리적 현상, 그리고 넷째는 일반적으로 느끼는 늙음이다.[19]

에릭슨은 노년기의 심리사회적 양식은 살아온 삶의 과정을 통해서 성숙해질 수 있는 것으로 보았고, 긍정적인 결과를 통합으로 보았으며, 부정적인 관계를 절망으로 보았다.[20] 그러므로 노년기를 건강하고 바람직하게 보낼 수 있는 길은 노년기의 심리사회적 위기를 극복하여 자아통합을 이루는 데 있다고 보았다.

여기서 말하는 통합은 유아기부터 지금까지의 세월을 되돌아보면서 통합적인 관점에서 인생을 관조하고 회상해보는 것이다. 자신의 인생이 여러 가지 고통스런 사건들로 점철되어 있다 할지라도 그 모든 과거의 이야기들을 수용하고, 비록 열악한 환경이었지만 그것으로 인해 오늘의 내가 있다고 고백할 수 있다는 것이다. 다른 말로 인생은 결국 자신의 책임이라는 사실을 수용하는 것이다.[21]

에릭슨에 따르면, 노년기의 통합성은 이전 단계까지의 긍정적인 발달의 연속선상에서 이해해야 한다. 예를 들어 자아정체성의 확립에 실패하여 부정적 정체성을 지닌 사람은 타인과의 관계 속에서 친밀감을 형성하기 어렵다. 이러한 청년기의 단절감은 곧 중년기의 침체감으로 연결되기 쉽다. 이처럼 부정적 발달이 지속된 사람은 노년기 자신의 삶을 긍정적으로 평가하고 통합감을 갖지 못하고 절망으로 떨어질 수밖에 없다.[22]

따라서 자아통합감은 심리적으로 건강한 사람만이 할 수 있다. 일반적으로 사람들은 문제가 발생하면 그 문제의 대소에 관계없이 우선 주위 사람이나 주변 환경을 탓하는 습관이 있다.

노년기의 사람이 자신의 과거를 통합적인 관점에서 뒤돌아본다는 것은 두 가지의 중요한 의미를 함축하고 있다. 첫째는 이제껏 살아온 인생에 대하여 비록 완전한 만족은 아니지만 미소 지을 수 있는 만족을 자신과 타인에게 보여줄 수 있다는 의미이다. 둘째는 자신이 얼마나 이웃들과의 관계에서 책임감과 사회적인 역할을 수행하였는가라는 결과에 대한 관심이다. 빠른 속도로 고령화되어 가는 사회에서 노년기에 더욱 중요한 이슈가 되는 것은 이러한 인정을 받고 통합적인 관점을 가질 수 있는 성공적인 삶의 문제이다.[23]

에릭슨을 좀 더 가까이에서 본다면, 우리는 그가 인간 자아의 마지막 주요 발달의 위기를 통합감 대 절망으로 묘사한 것의 의미가 무엇인지를 물을 수 있다. 통합감은 여러 해 동안 질서와 의미를 추구한 자아의 경향에 대한 인정이다. 그것은 아주 오랫동안 개인 속에 작용해 온 놀라운 통합력을 인정하는 것이다. 에릭슨은 이것을 '자아에 대한 나르시시스적 사랑'이라고 묘사하고 있다.[24]

통합감의 두 번째 측면은 먼 시간과도 친밀하다. 우주의 질서감이 내적으로 느껴진다. 이것은 개개인 자신 속에서도 반영되듯이 인간 투쟁의 우주성을 인정하는 것이다. 그러나 자기 자신의 갈등이 독특한 것으로 인정된다.[25] 세 번째는 자신의 부모에 대한 새로운 감사이다. 부모들은 질서와 성장의 원천이고 지금보다 더 냉정히 평가될 수 있다. 그들의 실패와 성공이 보다 더 균형잡힌 관점에서 보일 수 있다.[26]

어떤 면에서 통합감은 죽음 자체에 직면하여 삶

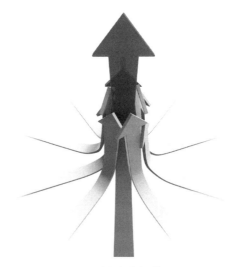

노년기의 자아통합

그 자체를 인정하게 되고, 죽음에 직면하여 인생의 가치를 신뢰하도록 격려할 것이다. 결과적으로 흔히 조부모들이 죽음을 두려워하지 않으면서 자신의 손녀, 손자들에게 삶을 사랑하도록 가장 적절히 격려한다.[27]

에릭슨에게 통합감과 반대되는 것은 절망despair이다. 절망의 의미는 무엇인가? 죽음이 가까이 올 때 두려움, 걱정, 염려, 좌절 등이 죽음에 대해 염려하게 만든다. 절망은 열등감inferiority, 역할 혼돈role-confusion, 고립isolation, 침체stagnation 등과 같은 것의 총체이다. 죽음은 모든 부정적인 것의 절정이 된다. 시간은 소진되었고, 인간이 지지하려고 했던 환상은 붕괴되어 찢어지고 내면의 공허가 노출된 것이다. 제임스 로더James Loder가 제시하는 '노년에 부정과 절망을 낳는 요소들'은 다음과 같다.[28]

1. **신체적 쇠약 이상의 상실들** 개인의 존엄을 상실한다는 것은 자기 가치를 비하시키는 것이다. 성취지향적인 사회에서 비생산적인 존재가 됨으로써 자존감의 상실, 즉 열등감이 자의식을 부식시킨다.

2. **일의 상실** 일을 가진 사람들은 자신의 직업에 깊은 소명의식을 부여한다. 일의 인간적, 윤리적, 종교적 함의는 중요하다. 각 개인이 톱니바퀴의 이처럼 보일지 모르나 직업은 사회의 창조와 질서에 참여하는 것이다. 이 사회에서 직업의 상실은 가치의 상실을 의미한다.

3. **일의 상실의 결과로 인한 현실 이면의 구조의 상실** 일은 시간과 공간을 구성한다. 그 구조 없이는 환상이 통제되지 않는다. 일을 통해 실현되고 일을 통해 개인이 책임을 가진다. 일이 사라질 때 외부의 구조도 사라진다. 따라서 내적 구조가 떠맡아야만 하며, 이것은 절망을 숨기는 것이 덜 가능하다는 것을 의미한다.

4. **독립의 상실** 의존하는 것이 약하거나 나쁘거나 혹은 게으른 것처럼 자율성에서 초기의 독립훈련은 우리로 하여금 사회의 어떠한 의존으로부터 멀리하도록 한다. 독립은 우리의 삶을 관리하는 것을 의미하며, 이 독립적인 관리의 표시가 박탈당하거나 일을 잃거나 혹은 다른 사람들을 의존하게 될 때 사회의 통제와 방향은 우리의 한계를 넘어서며 절망을 향해 움직이기 시작한다.

5. **시간과 삶을 풍성하게 하기 위해 시간이 하는 것의 상실** 여기에 역설이 있다. 새로운 시간은 자신이 원하는 대로 사용할 수 있지만, 장기적 과제를 마칠 만한 충분한 시간은 없다. 사용할 수 있는 새로운 시간이 비조직화되어 있고, 장기적으로 중요성을 가질 과제에 시간을 할

애하기는 어렵다. 또한 현재의 시간은 고통스럽다. 자신의 모자를 잃어버리기 쉬운 때이나, 젊은이 같은 재기 발랄함을 기억하라.

위의 요지는 죽음에 대해 자아가 거부할 때 자포자기의 느낌을 가진다는 것이다. 인생을 통해 자아가 본래 숨기려고 한 것이 '억누른 것의 재출현the return of the repressed'처럼 배가된 힘으로 표면에 나타난다. 절망은 본래 노인판 체면의 상실이다. 거기에는 어떠한 목적도 남겨져 있지 않다. 거울이 보여주듯이 자신의 얼굴조차도 한물 간 셈이다.

에릭슨은 통합적인 면에서 자신의 인생을 받아들이는 노년에게 생기는 미덕을 '지혜wisdom'라 하였다. 지혜란 이제 삶이 결론을 맺는다는 사실을 수용하는 것이고, 이것에 의하여 자신의 삶을 이해할 수 있는 것이다. 에릭슨은 인생은 신뢰 가운데서 태어나서 신뢰 가운데 떠나가야 한다고 했다. 노년기에서도 신뢰를 가지는 것은 정신건강에 매우 중요한 요소이다. 즉 신뢰를 가지고 이 세상에서의 마지막을 정리하고 다가오는 세상에 대한 신뢰를 가지면서 살아가는 것이다.[29] 이러한 관점에서 에릭슨은 지혜라는 것은 죽음의 면전에서도 두려워하지 않고 초연한 관심을 보이는 것이라고 했다.[30] 삶에 대한 초연한 관심이란 젊은 날에 집착했던 모든 것들로부터 관심의 줄을 놓고 초연하게 바라볼 수 있는 것이며, 동시에 세상과 격리되지는 않지만 세상에 대한 집착과 투자를 포기하는 것을 의미한다.[31] 또한 이제껏 살았던 개인적인 인생의 삶을 개체화시켜 자신의 삶에 녹아 있는 지혜를 가지고 후세에 남기는 작업을 하는 것이다.[32]

에릭슨의 이론을 보다 세분화시켜 성인중기 성격발달을 설명한 펙 R. C. Peck의 이론은 노년기에도 살펴볼 만한 가치가 있다.[33] 그는 노인들이 심리적으로 건강하게 기능하기 위해 해결해야만 하는 세 가지 중요한 위기를 강조하였다. 이 위기들을 성공적으로 해결하기만 하면 자신과 인생의 목적에 대한 보다 폭넓은 이해를 할 수 있게 된다.[34] 펙은 자아분화ego differentiation 대 과업역할 몰입work-role preoccupation에 대해 설명하기를, 위기는 이전의 주도적이고 적극적인 활동으로부터 자신을 직장이나 가정에서 분리시켜 자신의 내적인 통정성의 탐색에 더 많은 힘을 기울일 때 극복된다는 것이다. 자신의 일 역할의 상실에 적응해야 하는 사람들은 스스로를 탐색하고 이전에 인생에서 지향하고 구조화했던 것들을 대신할 수 있는 다른 관심사를 찾을 필요가 있다. 그들은 자신의 자아가 직업에서의 자신들의 과업의 총체보다 더 풍부하고 다양하다는 것을 인식할 필요가 있다.

신체초월body transcendence 대 신체몰입body preoccupation의 위기는 노쇠·질병 등에 심리적으로 예속되지 않고 따뜻하고 애정 있는 인간관계와 삶의 예지로 신체적 한계를 극복해야 할 필요성을 지적한다. 행복한 생활의 기본으로 신체적 건강을 강조해 온 사람은 어떤 기능 저하나 고통과 아픔에 의해 쉽게 절망감에 빠지는 것 같다. 그 대신에 사람들과의 관계를 중시하고 완벽한 건강상태에 좌우되지 않으며, 몰두할 수 있는 활동을 강조하는 사람들은 신체적인 불편을 극복할 수 있다.[35]

그리고 자아초월ego transcendence 대 자아몰입ego preoccupation은 다음 세대로의 연결과 역사적 각성을 통해 죽음의 공포를 극복할 때 해결될 수 있는 위기이다.[36] 노년기에 접어들어 지금의 자신과 자신의 인생에 대한 관심을 초월하고 다가올 죽음의 실체를 받아들이는 것은 노인들이 직면하고 있는 가장 어려운 과업일 것이다. 어떻게 자기 자신의 죽음에 대해 긍정적이 될 수 있는가? 자신들이 살아온 길이 지속적인 의미를 획득할 수 있게 해 준다는 것을 인식함으로써 그렇게 할 수 있다. 인간은 본질적으로 다른 사람의 행복과 안녕에 기여함으로써 자아를 초월할 수 있는데, 그것은 다른 어떤 것보다도 더 인간의 삶을 동물의 삶과 구별해 준다고 펙은 말한다.[37]

하인즈 코헛Heinz Kohut은 노인들은 노화과정과 연관된 생물학적·심리적·사회적 손실에 적응하려는 노력을 할 때, 계속적으로 자기애적 손상에 맞서야 한다고 말한다.[38] 특히 노인이 외적 지지기반을 잃으면 자존심과 자부심은 계속적으로 위험한 상태가 된다. 코헛은 노년기의 네 가지 요소로서 경제적 안정, 지지적인 사람들, 심리적 건강, 신체적 건강을 제시한다. 이러한 요인들이 어떤 해로운 영향을 받았을 때 노인은 자존심을 유지할 수가 없고 긴장, 불안, 좌절, 화 그리고 우울증이 발생할 수 있다. 더불어 신체적·심리적 기능에서 지각된 변화는 노인으로 하여금 자신의 삶의 지속성에 대한 확신을 흔들리게 할 수 있다.[39]

다니엘 레빈슨Daniel Levinson은 60~65세 사이 노년으로의 전환기를 '후기 성인전환기'라고 부른다. 펙과 마찬가지로 레빈슨도 신체적 변화와 성격과의 관계에 주목한다.[40] 이 시기에 지나치게 신체의 변화에 반응하게 된다면 죽음에 과도하게 집착하고 우울증에 걸리기 쉽다. 따라서 이 시기에는 창조적인 정신활동을 통하여 감소된 신체활

동에 대한 안정감을 갖는 것이 필요하다.[41]

레빈슨에 의하면, 65세 이상이 되면서 노인들은 자신들이 더 이상 지배 세대가 아니라는 것을 느끼고 권력, 인정 면에서 위기감을 경험한다. 그러나 한편으로는 성장한 자녀들에게 삶의 유용한 지혜와 교훈을 제공할 수 있다. 이 시기에 위엄과 안정 속에서 은퇴하는 것은 중요한 발달 과업이다. 그러한 작업은 외적인 압력과 경제적인 필요에 의한다기보다는 창조적인 힘에 의해 이루어진다. 이제 사회에서 맡은 바 직분을 다하고 드디어 개인적으로 보상을 받는 즐거운 일을 할 수 있는 권리를 얻은 셈이다.[42]

이 시기를 지내면서 사람들은 노화를 인정하고 죽음을 준비하게 된다. 이전 단계의 끝무렵에는 새로운 단계의 시작과 삶에 대한 새로운 이유를 기대했던 반면에, 이제는 죽음이 곧 닥쳐올 것이라는 것을 알고 있다. 이 시기에 노인들은 자아에 대한 궁극적인 관심과 인생이 과연 무엇인가에 대해 최종적으로 마음의 정리를 하게 되는데, 레빈슨은 이것을 삶의 끝자락에서 하게 되는 '다리 위에서의 조망one's view from the bridge'이라고 표현하였다.[43] 이러한 분석은 에릭슨의 자아통합감과 유사하다. 이제 궁극적인 과업은 자아와의 화해로서, 자신을 알고 자신을 사랑하며 자신을 버릴 준비를 하는 것이다.[44]

발달심리학자 헬렌 비Helen Bee는 절망감에 빠진 노인과 긍정적인 인생관을 가진 노인을 비교하였다.[45] 그는 통합적 관점에서 긍정적인 면을 가진 노년은 과거의 경험을 재조직reorganization하여 보고 이해와 인격의 성장을 가지지만, 절망에 있는 노년은 불신뢰, 죄의식, 고립 혹은 이전의 발달 단계에 빠져버린다고 지적하였다.

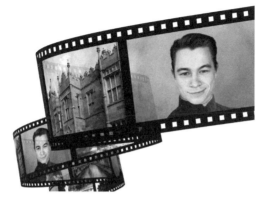

생애 회상

　로버트 버틀러Robert N. Butler는 '노인차별주의Ageism'라는 용어를 만
들어냈는데, 이것은 노인들에 대한 차별과 젊은 성인들이 갖고 있는
노년에 대한 부정적인 고정관념을 말한다. 버틀러에 의하면 젊은 성
인의 50%는 노인들에게 건강이 문제가 될 것이라고 예상하지만 65~
74세의 75%가 자신의 건강이 양호하다고 생각한다. 또한 젊은 성인
의 65%는 외로움이 노인에게 문제가 될 것으로 예상하지만 단지 노
인의 13%만이 실제로 외로움을 경험한다. 노인의 4/5 이상이 적어도
한 가지 이상의 만성질환을 가지고 있는데, 노인에게서 양호한 건강
은 삶의 질을 평가하는 유일한 기준은 아니다.[46]

　버틀러[47]는 노년기 연구, 특히 '생애 회상life review'에 대한 연구를 통
해서 사람들은 생의 마지막에 자신들의 과거를 회상하고 정리한다고
주장한다. 이 회상은 자연스럽고 우주적인 과정인데, 그 안에서 사람
들은 과거의 경험, 특히 후회스러운 것들과 직면하며, 만일 성공적
이라면 이 문제들을 현재의 자기 이해self-understanding 속으로 재통합하

게 된다.[48] 이것은 개인에게 '죄책감 해소, 정신 내부 갈등의 해결, 가족 관계의 화해'뿐 아니라[49] '순수성, 마음의 평온, 지혜'를 가져다준다.[50] 하지만 모든 사람이 그들의 후회스러운 과거를 재통합할 수 있는 것은 아니다. 이 사람들은 점증되는 경직성과 아울러 '혼란스럽고 강한 죄책감과 지속되는 강박관념'을 경험하게 된다.[51]

에릭슨과 버틀러는 모두 평온이나 통합과 같은 감정적인 결과뿐 아니라 과거의 경험들을 기억하고 회상하는 것을 포함하는 비평적인 인지 과정의 관점에서 이론을 전개한다. 에릭슨과 그의 동료들은 이 과정이 어떤 것보다 더 '자아통합 대 절망'과 관련되는 긴장을 해결하는 데 있어 성공과 실패를 좌우한다고 주장한다.

하버드 대학의 신입생이 노인이 되기까지를 추적 조사하여 65세 이상에서 정서적 건강을 연구한 조지 베일런트George Vaillant에 의하면 부모의 죽음이나 이혼 같은 충격적인 초기 경험은 노인이 되어서의 개인적 부적응과 무관하며, 초기 성인기의 현실적 사고방식과 신뢰감은 65세 이상에서 행복감과 연관성을 가지고 있다. 그는 삶의 성숙과 노화에 대한 적응이 방어기전에 달려 있다고 보았다. 방어기전 가운데는 투사, 수동 공격성, 분열, 행동화 환상과 같이 나쁜 영향을 끼치는 것들도 있지만, 삶의 성숙에 긍정적으로 작용하는 억제, 승화, 성숙한 유머, 이타주의와 같은 성숙뿐 아니라 미덕과 관계된 방어기전들도 있다.[52] 성숙한 방어들은 심리적·신체적으로 건강한 성인에게 발견되는 정상적인 적응기전들이다. 억압은 충동이나 갈등에 대해서 생각하지 않는 의식적 결정인데, 현실성 있는 예상과 정상적으로 결부된다. 이타주의는 타인에게 봉사하는 것으로 생산성과 관련되고, 이는 누군가의 인생이 의미 있다는 확신을 갖게 한다. 그리고 유머는 사건과 삶의 부조화와 불일치에 대해서 언급할 수 있는 능력으로, 즐거운 표현과 재치 있는 농담으로 표현될 수 있다.

에릭슨이 말하는 통합은 태어나서부터 지금까지의 자신의 삶을 돌아보면서 통합적인 관점에서 인생을 관조하고 회상해보는 것이다. 자아통합을 이룬 사람은 이제껏 살아온 인생에 대하여 비록 완전한 만족은 아니지만 미소 지을 수 있는 만족을 자신과 타인에게 보여줄 수 있다. 그리고 그는 자신이 이웃들과의 관계에서 책임감과 사회적인 역할을 수행하였다는 자긍심을 가질 수 있다. 그러나 통합을 이루지 못한 사람은 결국 열등감, 역할 혼미, 고립, 침체 등과 같은 부정적인 것들의 총체인 절망에 빠지게 된다.

죽음에 대한 사회심리학적 분석

사람은 한 번 태어나면 누구나 죽게 마련이다. 그때가 언제인지 몰라도 우리는 틀림없이 죽는다. 이것을 부정하거나 거부할 수 있는 사람은 아무도 없다. 다만 사람마다 차이가 있다면 죽음을 어느 정도로 자연스럽게 받아들이면서 죽어가는가 하는 데 있다.

죽음은 삶의 한 과정이다. 죽음은 예고가 없고 남이 대신해 줄 수도 없다. 죽음은 경험해볼 수 없이 단 한 번으로 끝난다. 죽음은 사랑하는 사람과 미워하는 사람 모두와의 이별이다.[53]

독일의 철학자 하이데거Martin Heidegger는 그의 저서 **존재와 시간**Sein und Zeit에서 인간의 존재는 '죽음을 향한 존재Sein zum Tode'이며, 그 죽

존재와 시간

음은 '무nicht'라고 했다. 그리고 그것은 인간이 알 수도 없고, 피할 수도 없으며, 극복할 수도 없는 필연적인 것이라 하여 인간의 허무성을 진술했다.[54]

이러한 죽음의 필연성에도 불구하고 인간은 죽음 문제를 기피하고 죽음에 대해서는 생각하기조차 싫어한다. 임종과 죽음dying and death은 금기로 되어 있는 화제taboo topics이다. 오랫동안 이 문제들은 심리학적으로나 사회학적인 현상들로서는 거의 연구되지 않았다. 이것은 생生을 향한 인간의 본성과 죽음 앞에서 느끼지 않을 수 없는 불안anxiety, 공포, 환상 그리고 그것에 대한 방어 본능 때문이라 할 수 있다.[55] 그러나 임종과 죽음은 역설적으로 표현한다면 노화와 특별한 관계를 맺고 있는 삶의 사실들facts of life인 것이다.

임종의 양상은 생물학적, 사회적, 그리고 심리적인 양상의 세 가지로 구별할 수 있다. 생물학적인 양상은 생리적이고 의료적인 과정들, 즉 정상적으로 발생하는 신체적인 퇴화와 질병을 나타낸다. 사회적인 양상은 임종 · 죽음 · 사별死別과 연관된 사회적 · 제도적 · 문화적인 과정들을 드러내며, 심리적인 양상은 죽어가는 사람의 생각 · 느낌 · 욕구 및 행동을 드러낸다.

죽음을 심리학의 연구대상으로 삼을 때 제기되는 연구 주제는 매우 다양하다.[56] 암이나 심장병 등의 회복 불가능한 만성병 환자가 자신의 죽음을 예고 받고 오랜 시간에 걸쳐서 스스로 죽음을 받아들이기까지 겪는 점진적 과정, 인생 회고 과정, 죽음이 무엇인지를 파악할 수 있는 인지적 능력의 발달 단계, 죽음에 대한 태도와 불안감, 죽음을 예고해 주는 행동 특성, 사망자의 배우자를 비롯한 살아남은 가족들의 적응 과정, 자살과 안락사의 문제, 죽어가는 당사자와 그 가족을 위한 임종 간호hospice care와 죽음의 카운슬링 등 많은 주제들이 거론되고 있다.[57] 또한 죽음과 죽어가는 과정에 있어서 본인의 가족과 친지는 물론, 기독교를 비롯한 여러 종교 성직자들의 역할도 크게 주목받고 있다.

인간이 당면하는 최후의 고비에 있어서 임종dying이야말로 가장 큰 위기이다. 의학과 과학이 발달하고 사람의 수명이 연장될수록 새로운 인간문제에 부딪히고 있다. 즉, 목숨을 연장하는 일, 품위 있게 죽는 일, 환자가 자기 최후의 문제에 관하여 결정을 내릴 권리 등의 논제에서 또 다른 난제들이 제기되고 있다.[58]

정신적으로 손상을 입지 않은 노인들은 그들의 생명이 거의 끝나간다는 것을 인식하고 도움을 요청하지 않을 수 없다. 일반적으로 노인들은 주위 사람들의 죽음을 많이 경험하였고 자신이 불치병이나 사고에 접하기가 훨씬 더 쉽게 되었음을 깨닫는다. 그러므로 노인들에게 죽음에 대한 생각은 익숙하지 않은 것이 아니며, 어떤 사람들에게 있어서는 적어도 죽음에 대한 예상은 그들이 젊었을 때처럼 그렇게 금기로 되어 있지 않다. 그들에게는 살아가는 데 필요한 중요한 이유가 고갈되어 있다.[59]

노인들에게 있어 임종에 대한 깨달음은 서서히 발달하게 된다. 일반적인 상황들에 적응할 시간과 적응에 합당한 기술들을 점점 배울 시간을 갖게 된다. 이러한 적응이 없이는 임종에 대한 깨달음은 고립감, 상실감, 또는 거부감과 연관된 공포감을 불러일으킨다.

노인의 죽음 불안에 대한 의미는 광의적 의미와 협의적 의미로 나누어 설명할 수 있다. 죽음 불안에 대한 광의적 의미는 죽음에 대한 공포, 죽음의 혐오, 죽음의 기피, 죽음의 수용 등으로 정의할 수 있다.[60] 그리고 죽음 불안에 대한 협의적 의미는 존재의 정지에서 오는 두려움과 죽어가는 과정에서 일어나는 사건과 죽어가는 과정에 대해 인간이 보이는 공포, 혐오감, 파멸감, 거부, 부정 등의 부정적 감정을 유발하는 심리적 과정이라고 정의할 수 있다.[61]

죽음에 대한 말년의 불안이 나이가 들면서 줄어들게 되는 데는 적어도 다음과 같은 이유들이 작용하는 것 같다.[62] 첫째, 눈앞의 죽음을 점차적으로 깨달아 가는 과정을 통해 노인은 그의 생각, 느낌, 동기들이 이제는 죽음이라는 사실과 조화를 이룬다는 것을 깨닫게 된다. 둘째, 그는 현재의 새로운 세계와 공감대를 이루지 못해 개인적인 참여와 미래에 대한 전망은 상당히 줄어들게 된다. 셋째, 삶을 유지하는 데 드는 비용은 불리한 입장으로 증가되며 개인적인 존재 가치는 줄어들게 된다. 넷째, 인생의 주인공 대열에서의 이탈의 과정은 삶을 유지하기 위한 유인 자극이나 외부의 압력들을 감소시킨다.

한 사람의 죽음은 그 사람만이 가지는 특수한 종말eschatology이고, 그 사람에게만 있는 지상적 삶의 마지막 마무리이다. 죽음은 누구나 받아들일 수밖에 없는 것이다. 모든 인생은 '출생'에서 시작되어 '죽

출생에서 죽음에 이르는 과정

음'에서 끝난다. 그러므로 죽음은 회피하거나 덮어두어야만 할 문제
가 아니다.

인간의 삶은 출생부터 죽음에 이르기까지 계속되는 변화를 통한
성장의 과정이라 할 수 있다. 각 단계마다의 변화는 인간에게 불안감
을 가져온다. 그러나 죽음을 제외한 대부분의 변화가 인간에게 새로
운 목표의 제시, 미래지향적 계획 등을 수반하는 반면, 죽음만은 그
것에 직면하는 것조차도 거부당한다.

정신병리학자 퀴블러 로스Elisabeth Kübler-Ross는 불치병 환자 200여
명을 대상으로 죽어가는 과정에 대한 심층적인 연구를 시도하였고,
그 결과 죽어가는 과정에는 다음의 다섯 단계가 있다고 주장한다.[63]

부정	분노	타협	우울	수용

죽음의 5단계

1. **부정과 고립의 단계** 회복 불가능한 불치병에 걸렸다는 진단을 받으면, 환자는 이를 인정하지 않으려 한다. 대부분의 사람들이 불치병terminal illness에 걸린 것을 알게 될 때 그들의 첫 반응은 "나는 아니다. 그럴 리가 없다."라는 등의 강한 부정을 한다는 것이다.[64] 이 같은 부정은 갑작스러운 충격과 공포에 대하여 완충작용buffer을 하며 환자로 하여금 자신을 가다듬게 만들고, 시간이 흐르면서 좀 덜 강경한 방어수단으로 대체하는 여유를 주어서 환자를 보호하는 쿠션의 역할을 한다.[65] 이것은 궁극적으로는 부분적으로나마 죽음을 평온하게 받아들일 수 있는 길을 터준다.

2. **분노의 단계** 자신의 병 증세가 점점 더 명확히 드러나면서 부정이 지속될 수 없을 때 환자는 부정 대신 분노와 원망과 적대감과 시기심의 감정이 함께 일어난다. "왜 하필 내가Why me?"하는 원망과 "나같이 할 일 많은 사람이 벌써 죽어야 하다니!"라는 분노가 떠오르는 것이다.[66] 이러한 원망과 분노는 환자 자신이 아직 죽지 않고 살아 있음을 증명하려는 노력으로도 해석할 수 있다. 이 단계에서는 우울한 감정이 분노로 나타나며 이것은 또한 카타르시스catharsis 같은 작용을 한다.[67] 그러므로 이 시기에 환자에게 관용과 이해를 보이지 못하고 환자가 살아 있다는 확증을 주지 못하는 경우 환자는 죽음의 공포와 고통이 점점 커지고 고립되어 분노는 더욱 커지게 된다.[68]

3. **타협의 단계** 환자는 부정과 분노의 시기를 거치면서 이제 자신에게 죽음을 모면할 길이 없음을 점차 인식하게 된다. 그러면 환자는 자기에게 할 일이 남았으므로 그 일이 끝날 때까지만 살 수 있게

해 달라는 타협을 하게 된다. 이 단계는 "어쩔 수 없지. 하지만,"
이라는 말로 표현할 수 있다. 환자는 어린아이처럼 요구, 애걸, 타
협한다.[69] 환자는 생명 연장과 임종의 과정 중에 겪게 되는 육체적
고통의 경감을 소망하며 신과 흥정을 하려 한다. 예를 들면 '남은
생애를 하나님께 헌신하기로', '학문 연구를 위한 장기 기증이나
시신 기증을 약속하겠다'고 언약하는 환자들도 있다. 심리학적으
로 타협은 죄책감과 관계가 있다고 볼 수 있다.[70]

4. 우울의 단계 이 단계는 환자 자신이 여러 가지 사물을 상실함에 따
라 생기는 우울증이다. 더 이상 자신의 죽음을 부정할 수 없게 되
면 환자는 "어쩔 수 없지." 하는 체념과 같은 반응을 보인다. 그리
고 과거의 상실과 이루지 못한 일, 지금까지 저지른 잘못에 대하
여 슬퍼하게 된다. 퀴블러 로스는 우울증 반응을 반응적 우울증
reactive depression과 예비적 우울증preparatory depression으로 나눈다.[71] 반
응적 우울증은 병으로 인하여 상실한 것에 대하여 원통함, 죄의식
등을 수반하고 죽은 후에 자기가 하던 일은 어떻게 될 것인가 등
에 대한 염려 때문에 오는 우울이다. 그다음에는 임박한 상실을
고민하는 데서 생기는 예비적 우울증에 도달하게 되는데, 이는 세
상을 떠나야 할 때 그 일을 위해서 준비하는 우울증이다. 이것은
사실상 주위의 사람들과 사물들과 결별하는 데 필요한 하나의 점
진적이고 자연스러운 과정이다. 그러므로 이 과정은 은총이다. 이
제 환자는 자유롭게 떠날 수 있다. 예비적 우울상태에 있는 환자
는 이미 마음의 준비를 하고 있는 상태이므로 주위의 격려나 위로
가 별로 도움이 되지 않는다. 오히려 이심전심의 관계가 절실히

필요하다.[72]

5. 수용의 단계 앞의 네 단계를 거쳐오면서 환자는 매우 지치고 터널을 지나가는 것으로 묘사된다. 이 단계에서 환자는 혼자 남게 되기 시작할 것이다. 그는 외부로부터의 뉴스에 아무런 방해도 받지 않을 것이다. 그는 더 이상 말도 없으며 많은 방문객을 원하지도 않는다. 의사소통은 무언으로 이루어지게 된다. 때로는 그저 손을 잡아본다든지 침묵을 지킨다든지 하여 죽어가는 사람에게 가까이 다가간다는 것은 의미가 있다. 사랑하는 사람이 가까이 있다는 것을 알기만 해도 죽는 사람에게는 충분한 것이다.[73] 수용 단계에서 어떤 환자는 문자 그대로 평화로운 상태여서 다른 사람과 자신에게 용서를 비는 마음으로 죽음을 맞이하는 경우가 있다. 이 순간 이야말로 인생의 위대한 단계이다. 수용은 인생에서 성장의 여러 단계 중 마지막 성장final growth을 완성하는 일임을 알 수 있다.

이상을 요약하면, 모든 임종환자가 똑같은 순서로 이 단계를 거치는 것은 아니다. 때로는 일부분이 중복되고 어떤 단계는 전혀 나타나지 않는 경우도 있을 수 있다는 것을 염두에 두어야 한다. 오늘날 호스피스(임종간호)에 대한 연구가 활발해지고 제도적 장치가 보편화되고 있는 것은 매우 바람직한 것으로 보인다.

노년기의 중요한 과업 중 하나는 '좋은' 죽음을 준비하는 것이다. 죽음에 대한 태도는 노인들의 신체적 · 감정적 · 환경적 상황에 따라 다양하게 나타나는데, 크게 회피적 태도(불안, 부정, 거리낌, 공포)와 수용적 태도로 나뉜다. 수용적 태도인 '죽음 수용'이란 비교적 쉽게 죽음을 받아들이는 태도로 죽음 직면confrontation of death과 죽음 통합 integration of death이라는 두 가지 요소로 구성되어 있다. 또한 자신의 죽음에 대한 전망을 의식적으로 인식하고, 그 결과들을 긍정적으로 소화하는 것을 말한다.[74]

죽음 수용은 전통적으로 지혜의 속성으로 간주되어 왔다. 에릭슨의 심리사회적 이론의 8단계인 노년기의 지혜로운 사람은 일생의 노력과 성취를 되돌아보고 자신의 삶을 평가하면서 자아통합에 도달한 사람이다. 이들은 후회나 미래에 대한 두려움 없이 자신의 삶과 죽음을 수용하게 된다고 한다.

죽음의 과정이란 생명의 법칙에 의해 생의 마지막을 마감하고 또 다른 세계로의 진입을 의미한다. 죽음이란 출산 후에 신생아가 타자인 어머니를 만나는 것과 같이 인간의 근원이 되는 하나님에 대한 최초의 만남을 가지는 것이다.[75] 노년기의 절망과 죽음에 대한 두려움은 모든 것들이 끝나고 있으며 혼란스럽고 이제는 더 이상 어찌할 수

하나님과의 만남

없다는 처지에 있음을 말한다.[76]

에릭슨은 이러한 관점에서 생의 끝에 궁극적인 관심ultimate concern에 대하여 애착을 불러일으킨다고 하였다.[77] 이 궁극적 관심은 인간의 정체성을 규명하는 데 매우 결정적인 역할을 한다. 에릭슨은 중년기의 생산성을 가진 사람이 곧 '종교적인 인간Homo Religious'이라 했다.

신학적으로 궁극적 관심이란 우주의 근원자요 원인자인 하나님과의 만남을 말한다. 이러한 만남에 의하여 사람이 가진 질문의 답을 얻을 수 있다. 그래서 폴 틸리히Paul Tillich는 목회상담의 주된 목적은 곧 궁극적 관심으로의 토대라고 했다.[78]

자아통합에 근거하여 성취될 수 있는 노년기의 발달 과제

노년기에도 심리사회적 위기가 있다는 것은 이 시기에도 엄밀히 말하여 발달적 변화와 성장이 진행되고 있다는 사실을 반증해 준다. 그러므로 노년기의 발달 과제를 말할 때 가장 우선적으로 지적되는 것이 자아통합이다. 여기서 살펴볼 과제들은 자아통합에 근거하여 성취될 수 있는 것들로 생각할 수 있다.

노년기에도 발달적 변화가 진행된다고 할 때 노년기에 처한 사람들이 실행해야 할 가장 중요한 과제는 자신의 삶에 대한 의미 추구를 계속하는 것이다.[79] 노년기에는 전全존재적인 차원에서 상실에 끊임없이 부딪치게 되는데, 그곳에서 새로운 도전과 적응을 모색하는 삶이야말로 자신의 인생을 의미 있게 살려는 사람들이 보여주는 용기 있는 자세라고 할 수 있다. 물론 이러한 자세는 자아통합이 이루어졌을 때 가능한 것이다.

두 번째 과제는 노인으로서 자신의 새로운 역할에 적응을 잘하는 것을 들 수 있다. 자녀 양육의 역할은 이미 상실되었고 경제적인 주도권도 자녀에게 옮겨진 상태에서 이제는 상징적인 집안 어른의 지위와 조부모로서의 역할에 만족해야 할 상황을 받아들이고 그 속에서 자신을 적응시켜 가야 하는 것이다. 새로운 역할에 대한 가장 힘든 적응은 배우자를 상실했을 때라고 알려져 있다. 이 시기의 노인들은 수많은 변화에 따라 자신의 삶을 재정립하도록 압력을 받게 되는 것이 보편적인 현상이다. 이러한 방향의 전환 내지 적응은 유연성과 창조적인 문제 해결, 강한 자기 가치감과 같은 것을 필요로 한다.[80]

노년기의 발달 과제로 세 번째는 현재의 자신을 있는 그대로 받아들이는 것을 들 수 있는데, 이것 또한 성취해야 할 힘든 과제 중 하나이다. 여기에는 과거의 인생 길에서 경험한 실패들이나 수용하기 어려운 모든 것들을 포함한다. 이것 또한 쉬운 일은 아니다. 따라서 여기서도 인생에 대한 보다 유연한 태도가 요구된다. 이를 위해 통일된 인생 철학―종교적일 수도 있고 어떤 종류의 신념체계일 수도 있는―을 가지는 것이 필요하다.[81]

네 번째로 죽음에 대한 건강한 사고를 확립하고 죽음과 가깝게 사귀는 것이 필요하다. 자아통합을 이룬 사람은 인생 여정의 한 과정으로서 죽음을 당연한 인생의 귀결로 보게 된다. 학자들은 자신의 인생을 있는 그대로 수용한 건강하고 지혜 있는 노인은 불안과 공포 없이 인생의 종말도 수용할 수 있는 마음을 가지게 된다고 주장한다. 삶의 순간순간을 감사하고 만족한 마음으로 받아들이는 사람들만이 인생

성공적인 노화

의 종말에 대한 초월적인 생각을 가질 수 있을 것이다.[82]

마지막으로 노년기에 경험하는 전반적인 신체 기능의 저하와 감소에 자신을 적응시키는 일도 노년기에 성취해야 할 무시할 수 없는 과제이다. 실제로 자신의 신체적인 변화에 자신을 적응시키지 못할 때 노년기의 안정된 삶은 기대하기 어렵다. 뉴먼[B. M. Newman]과 뉴먼[P. R. Newman]은 노년기의 발달 과제를 성공적으로 달성하기 위하여 요구되는 요인으로 유연성, 개방성, 그리고 지적 복합성을 들고 있다.[83]

여기서 우리는 에릭슨이 제시한 '자아통합감'과 이와 유사한 의미로 사용되는 '성공적 노화'에 대해 살펴볼 필요가 있다. 자아통합감은 1960년대 에릭슨의 이론에서 소개되었고, 성공적 노화의 개념은 1984년 맥아더 재단에 의해 지원된 노화의 긍정적인 면에 대한 다학제적 연구의 결과로 자아통합감과 유사한 의미로 창출된 개념이다.[84]

이후 성공적 노화의 다면적 요인에 대한 연구가 활발히 이루어지고 있다.[85]

국내에서는 노년학회를 중심으로 성공적 노화에 대한 인식 및 지각 그리고 경험에 대한 연구가 2,000년대 들어 수행되고 있는데,[86] 자아통합감과 성공적인 노화가 같은 개념으로 상호 혼용되어 사용되고 있다.[87]

그러나 성공적 노화는 자신과 다른 사람 모두를 만족하게 하는 신체적, 사회적, 심리적 안녕의 가능성 또는 수준에 도달하는 것으로 정의되고 있어,[88] 생애를 돌아보는 노년기에 각 발달 단계에서의 과업과 문제 회고를 통하여 인생에 대해서 충만감을 느끼는 자아통합감보다는 노년기에 인생 전반을 정리하고 통합하는 측면이 약하다.

김정순은 자아통합감을 성공적인 노화의 척도로 제시하고 있고,[89] 홍현방은 성공적 노화를 자아통합감으로 정의하고 있어 그의 연구에서는 성공적 노화를 유사개념 내지는 동일개념으로 제시하고 있다.[90]

성공적 노화는 신체적, 심리적 건강상태, 사회적 활동과 경제상태, 사회적 지지, 가족 지지가 영향을 미치는데, 특히 신체적 건강상태와 심리적 건강상태는 성공적 노화에 미치는 영향이 가장 크다.[91] 이는 질병과 장애가 없으면 정신적 기능 유지가 쉽고 정신적, 신체적 기능 유지는 적극적인 인생참여를 가능하게 하기 때문이라고 제시하고 있어[92] 성공적 노화가 인생주기를 통한 노인의 주관적 평가보다도 노년기 사회적 적응력에 더욱 초점을 두고 있음을 알 수 있다.

또한 자아통합감은 신체적 건강을 강조하지 않는 인생주기를 통한 성숙함을 강조한 반면 성공적 노화는 신체적 건강을 강조하고 사회적 활동을 강조하여 노년기의 질적인 삶 측면이 강조되고 있음을 알수 있다. 그리고 성공적 노화는 적극적인 사회활동 참여, 장애의 위험을 감소시키는 것, 신체적·정신적 능력을 최대화하는 것에 더해서 긍정적인 영성을 최대화하는 것이라고 하고 있어[93] 성공적 노화 역시 다면적 요인으로 이해되어야 하는 포괄적 개념임을 제시하고 이를 종합해보면 자아통합감과 유사개념으로서의 성공적 노화, 생활만족, 안녕감의 개념과의 관계는 자아통합감은 노인이 자신이 살아온 인생에 대해서 내리는 주관적 평가가 강조되어 성공적 노화에 선행되는 필요적 요인이 되며 사회적 적응이 강조된 성공적 노화의 결과로 노인의 만족 및 안녕감이 이루어지는 관계임을 알 수 있다.[94]

'성공적인 노화는 어떤 것인가?'라는 질문은 '노년기에 행복하고 만족스러운 삶을 영위하기 위하여 무엇을 어떻게 할 것인가'라는 질문과 관련된다. 그리고 이러한 질문에 에릭슨의 이론은 우리에게 귀중한 지혜를 암시해 준다. 그것은 인생의 각 단계를 건강하고 비교적 만족스럽게 살아온 사람은 노년기에도 그러한 삶을 살 수 있는 가능성이 높다는 것이다. 이런 주장은 결국 우리에게 삶의 어떤 순간도 그냥 버릴 수 없는 귀중한 것이며 그렇기 때문에 그 순간순간의 삶을 열심히 살아야 할 책임을 갖고 있다는 것을 말해 준다.[95]

일반적으로 바람직한 적응이란 한 개인이 일상의 삶에서 스스로 행복감, 자존감, 자신감, 그리고 생산적 활동을 할 수 있는 상태를 유지하는 것이며, 반면에 적응수준이 낮다는 것은 보편적인 적대감, 우울함, 열등감, 무기력, 심한 의존성, 대인 공포 등과 같은 상태에 있음을 의미한다.[96] 그러므로 성공적인 노화도 이 범주에 속한다고 할

노년기의 행복한 삶

수 있을 것이다.

페더만Featherman은 성공적 노화란 삶의 과정에서 변화에 적응하기 위한 개인적, 사회적 자원들의 발달이라고 했다.[97] 수용성, 적극성, 개방성이 높은 사람은 비교적 자신의 노화와 취약한 상황에 적응해서 삶의 질을 높이고 있는 것으로 보인다. 주관적 안녕감이 높은 사람은 노화와 죽음을 담담하게 수용하고 준비한다. 또 학습의욕이 높은 사람은 주관적 안녕감이 높은 경향이 있다. 이는 발테스와 발테스 Baltes & Baltes가 주장한 대로 노화로 인한 감퇴에 대해 선택, 적정화, 보상의 세 가지 책략을 어떻게 사용하느냐에 따라 성공적인 노화가 달려 있다는 것을 시사하고 있다.

노화 과정에 따른 적응양식을 구체적으로 검증한 연구로는 라이카

드 등Reichard, Livson, & Peterson이 은퇴한 건강한 남자 87명을 대상으로 조사한 것이 있는데, 그들은 다음과 같이 다섯 가지 성격적응 유형을 제시한다.[98]

1. **성숙형The matured** 비교적 어려움 없이 노년기에 접어들고 신경증의 특이한 증세가 별로 없으며, 늙어가는 자기 자신을 현실 그대로 받아들이고 일상적인 활동이나 대인관계에 대해 만족을 느낀다. 성숙형의 노인은 자기의 인생이 매우 값진 것이었다고 느끼며 과거에 대한 후회나 미래에 대한 두려움 등이 없고 일상생활과 사회생활에서 매우 활동적이다.

2. **은둔형The rocking-chair man** 일생 동안 지녔던 무거운 책임을 벗어던지고 복잡한 대인관계와 사회활동에서 해방되어 조용히 지내게 된 것을 다행스럽게 여긴다. 은둔형의 노인은 매우 수동적이며 노년기에 이렇게 수동적으로 살고 싶은 욕구를 충족시키게 되어 젊은 시절에 갖지 못했던 좋은 기회를 맞았다고 만족해한다.

3. **무장형The armored** 늙어가는 데 대한 불안을 방어하기 위해 사회적 활동 및 기능을 계속하여 유지하는 사람이다. 무장형의 노인은 노년기의 수동적인 면과 무기력함을 액면 그대로 받아들일 수 없어 계속적으로 활동함으로써 신체적 능력의 저하를 막아보려고 노력한다.

4. **분노형The angry man** 젊은 시절의 인생 목표를 달성하지 못하고 늙어버린 데 대해 매우 비통해한다. 분노형의 노인은 실패의 원인을 자기 자신이 아니라 불행한 시대 · 경제사정 · 부모 · 형제 · 자녀

등 다른 데로 돌림으로써 남을 질책하고 자신이 늙어가는 것을 타협하지 않으려고 안간힘을 쓴다.

5. **자학형**The self-haters 이들도 인생을 실패로 보고 애통해하지만 앞의 분노형과는 달리 실패의 원인을 자기 자신에게 돌리고 자신을 꾸짖는다. 나이가 더 많아질수록 더욱 우울증에 빠지고 자신이 보잘것없는 존재라고 비관하고 심한 경우에는 자살을 기도하기도 한다.

위에 제시된 다섯 가지 적응 유형 가운데 성숙형, 은둔형, 무장형은 비교적 잘 적응한 경우이고, 분노형과 자학형은 부적응의 대표적인 예라고 할 수 있다. 이러한 두 가지 적응형태는 노년기에 와서 갑자기 나타난 것이 아니라 일생을 통한 성격형성 과정의 결과로서 나타난 유형이다.

성인기와 노년기에 있어서 성격특성의 변화와 적응양식 문제를 보다 포괄적으로 취급한 대표적인 연구 중 하나는 노년기의 적응을 몇 가지의 형태로 나누어서 본 뉴가튼B. L. Neugarten과 동료들에 의해 행해진 연구결과이다.[99] 그는 노년기의 적응 형태를 개인의 성격유형과 사회적 역할 활동 간의 관계 및 생활의 만족도를 확인하기 위하여 장기 종단적 방법과 단기 횡단적 방법으로 연구하여 성별에 관계없이 공통적으로 나타난 몇 가지의 적응형태를 제시해주었다.[100]

첫째 형태는 통합형Integrated의 성격 유형으로서 융통성이 있고 성숙한 사람으로, 생활 만족의 정도는 매우 높은 수준을 유지하게 되고 결과적으로 바람직한 노후를 보낼 수 있다. 통합형 노인들의 사회적 역할 활동은 재구성자형reorganizer(은퇴한 후에도 자신의 시간과 생활 양식을 재구성하여 모든 분야의 활동에 적극적으로 뛰어들고 적응에 문제를 경험하지 않음), 초점형focused(재구성자형과 같으나 단지 신중하게 선택한 한두 가지 일에만 집중하여 활동함), 유리형disengaed(신체도 건강하며 생활에의 적응수준도 높지만 자원하여 활동하는 일은 별로 없으며 조용히 지냄)이 있다.

두 번째는 방어형Defended의 성격유형으로서, 여기에 속한 노인들은 불안을 방어하며 충동을 엄격하게 통제하는 특징을 지니며, 생활 만족의 정도는 중간 수준에 있다. 방어형 노인들의 사회적 역할 활동은 계속형holding-on(적응의 수준은 비교적 양호하나 늙음을 두려워한 나머지 활동에 집착함), 위축형constricted(노화에 대한 두려움으로 외부와의 접촉을 제한하고 폐쇄적인 생활을 유지함)이 포함된다.

세 번째는 수동·의존형Passive-Dependant인데, 이들은 매우 강한 의존의 욕구를 갖고 있으며 생활의 만족도는 중간 수준을 유지한다고 알려져 있다. 의존의 사회적 역할 활동은 구원요청형succorance-seeker(몇 명의 가족이나 친지에게 심리적으로 의존하며 보통 정도의 생활 만족도로 살아감), 무감각형apathetic(신체적 건강 유지를 위한 활동 외에는 거의 활동이 없는 가운데 무기력, 무감각하게 되고 완전히 수동적으로 행동함)으로 구분된다.

마지막 유형은 미성숙형Unintegrated인데, 이들은 인지적 결함을 가지고 있고 모든 일에 감정적이어서 생활 만족의 수준은 가장 낮으며 사회적 역할 활동은 사고력이 퇴화하고 정서적으로 통제를 하지 못하는 조직와해형disorganized으로 불리운다.

뉴가튼의 연구에서 강조된 것은 성공적인 노화나 노년기의 만족한 생활은 개인이 갖고 있는 성격유형은 대체로 일관성 있게 지속되며 따라서 노년기의 적응이나 만족도도 개인의 성격유형에 알맞은 활동에 기초한다는 것이다.[101] 바꾸어 말하면 성공적인 노화는 다양한 형태를 갖고 있으며 그것이 비합리적이고 병적인 것이 아닌 한 어떤 한 유형이 가장 바람직한 적응형태라고 할 수는 없을 것이다.[102]

성공적인 노화의 이론 모델을 이끌어내기 위하여 브롬리Bromley는 노화의 속성에 관한 일곱 가지 명제를 심리학적인 관점에서 아래와 같이 제시하고 있다.[103]

● 명제1 정상적인, 최적의 그리고 병리학적 노화normal, optimal, and sick pathological aging 간에는 중요한 차이가 있다. 정상적인 노화는 생물학적인 혹은 정신적인 병이 없는 노화를 말한다. 그러므로 이것은 사회 내에서 명백한 질병으로부터 고통을 받지 않는 사람들의 지배적인 노화 과정에 관심을 둔다. 최적의 노화는 일종의 유토피아적 발달하의 노화나 연령친화적인 환경조건하의 노화를 말한다. 질병 혹은 병리학적 노화는 의학적인 생태학과 질병의 증상에 의해서 결정되는 노화의 과정이라고 볼 수 있다. 고전적인 알츠하이머alzheimer 유형의 치매이다. 이들 세 가지 노화 간의 차이는 분명치 않지만 발전적인 관점에서는 유용하다.

● 명제2 노화에는 수많은 이질성(변산성)이 존재한다. 노화는 정신적, 행동적 및 사회적 결과 변인에 관한 개별적이면서 차별적인 과정이다. 50세처럼 보이고 생각하는 70세 노인이 있을 수 있고

그 반대인 경우도 있다. 노화의 개인 간 이질성의 개념은 노년에 관한 종단적 연구로부터 대부분 지지를 받고 있다.[104] 노화의 사회적 및 생물학에 관한 연구에서는 서방사회에서 노화는 매우 이질적인 과정이라는 관점을 강화해 주고 있다. 하지만 개인들 간의 변산성이 나이가 듦에 따라 증가하는지에 관해서 의견의 일치를 보지 못하고 있는 것은 사실이다.

- 명제 3 많은 잠재적인 예비 자원이 있다. 노년학적인 개입연구 intervention studies와 관련하여 유연성의 개념이 나타난다. 개인의 표적 개입targeted intervention을 받게 되면 자기 치료, 사회적 행동, 혹은 지각된 통제감 영역에서 아니면 인지적 기능의 영역에서 상당히 많은 개인 간 유연성에 대한 증거를 얻을 수 있다. 젊은 사람들과 마찬가지로 대부분의 노인들은 학습, 연습, 혹은 훈련을 통하여 활성화될 수 있는 많은 예비 자원을 소유하고 있다. 이것은 노년기에서 행동의 극대화와 교정 보상의 가능성을 지지하는 것이다. 그리고 잠재적인 예비 자원은 인지 기능의 영역에서도 존재한다. 연구 자료를 통해서 보면, 60세에서 80세 사이의 연령 범위에서 건강한 노인들은 실제 연습에서 이익을 얻을 수 있음을 보여주었고, 종단연구에서 훈련을 받지 않은 사람에게서 발견된 노화에 따른 수행 감소와 비교하여 훈련을 받은 능력에서의 수행은 증가한다는 사실을 보여주고 있다. 더욱이 다양한 인지적 개입은 효과가 있으며, 심지어 최소한의 지시와 실습을 거친 사람에게서도 효과가 있는 것으로 밝혀졌다.[105] 새로운 학습이 가능하다는 사실에 기초하면, 노인들은 새로운 형태의 적응적 수용능력을 계속해서

생성할 수도 있다고 주장할 수 있다. 새로운 학습을 위한 수용능력은 노년기 성장 동안에 확인된 삶의 영역에 의의를 갖는다.[106]

- 명제 4 예비 자원이 한계에 도달한 노화 실패도 있다. 노년의 예비 자원 수용능력에도 불구하고 인지적 예비 자원의 수용능력의 크기와 범위에 대해서 노화와 관련된 한계가 있는 것으로 보인다. 나이 든 사람들은 단순한 혹은 복잡한 선택 반응과제에 대한 반응시간에서 젊은 사람들과 똑같이 최고수행 수준에 도달하기가 어렵다. 대부분의 노인들은 높은 수준의 인지적 수행에 도달할 수 있고 새로운 형태의 인지적 기술을 보일 수 있다. 다른 한편으로, 수행 잠재력의 한계에 근접한 수준에서 수행을 연구할 때 연령차는 커진다. 인지적 및 동기적 예비 자원 수용능력의 감소 범위는 일상 행동과 관계가 있다. 첫째로 예비 자원 수용능력의 감소는 이용 가능한 한계를 넘어선 기능 수준을 요구하는 과제상의 행동에 영향을 끼친다. 둘째로 예비 자원 수용능력의 결과는 일련의 과제에 대해서 누적될 수도 있다.[107] 그러므로 노인들은 주어진 시간 단위 내에서 자신들의 예비 자원 수용능력을 소모하지 않으면서 보다 작은 수의 격렬한 행동을 수행할 수 있을 것이다.

- 명제 5 지식에 기초한 실용성과 기술은 인지적 기제에서 연령과 관련된 저하와 상쇄될 수 있다. 명제 3과 4는 어느 정도 상반된 증거를 제공하고 있다. 명제 5는 이들 두 명제와 연합된 과정들 간의 역동성에 역점을 두고 있다. 지적 기능의 영역은 유동적, 인지적 기제와 결정화된 인지적 실용성을 망라하고 있다. 인지적 기제와 실용성 간의 상호작용을 고려하면, 성공적인 노화가 어떻게 가

능한지를 이해하는 중요한 수단을 제공한다. 시사점은 인지적 실용성이 인지적 기제에서 실패(차이)를 보완할 수 있다는 것이다. 지식은 마음을 풍요롭게 하고 마음의 조절인이 된다. 노화의 관점에서 인지적 기제에 실패한 사람은 실용적 지식의 개발로 대부분 극복될 수 있다. 우리의 해석에서 두드리는 속도는 인지적 기제의 지표이다. 사회는 노화에 기인한 상실(예 : 인지적 기제, 신체적 활력)을 보완하기 위하여 실용적 지식과 기술적 지지체계를 형성하도록 사회재원의 일부를 투자하도록 요구받고 있다.

- **명제6** 노화에 따른 득실 간의 균형은 덜 긍정적이다. 이 명제는 일생의 어느 시기에서의 발달은 이득과 손실 간의 역동적인 상호작용을 반영한다는 관점에서 시작된다. 이러한 역동성은 노년기에 점차로 덜 긍정적인 균형 상태로 이어진다. 발달은 이득만은 아니며, 모든 발달 문화는 전문화이기 때문이다. 또한 이득과 손실 간의 균형이 점점 더 덜 긍정적이 되어가는 이유는 노화와 관련된 적응성 혹은 유연성의 상실과 관련이 있다. 이득과 손실 간의 부적 균형에 대한 현상은 노년에 대한 주관적 기대의 일부이다. 노화에 대한 부정적인 고정관념이 있다는 사실에 기인해서 헤차우신J. Hechausen과 동료들은 성인들은 수많은 상실을 인생의 말기 탓으로 돌린다고 예측하였다. 이득은 바람직한 연령에 따른 기대로, 손실은 바람직하지 못한 것으로 기대되는 변화(건강이 나빠지는 것)로서 정의되었다. 모든 기대를 통합하게 되면, 기대되는 이득과 손실 간의 균형은 연령에 따라 더욱더 덜 긍정적인 패턴으로 이동한다.[108] 동시에 노년기에서조차도 몇 가지 긍정적인 변화가

기대된다. 예를 들어 노년기 동안에 지혜와 존엄성이 나타날 것이라는 기대도 있다.

● 명제 7 자아는 노년기에도 활기찬 상태로 남아 있다. 노화에 대한 부정적인 고정관념 때문에 사람들은 나이 든 사람들이 자신에 대해서 그리고 자신의 삶을 통제할 수 있는 효능감에 대해서 덜 긍정적인 관점을 유지할 것이라고 쉽게 기대할 수 있을 것이다. 그러나 여러 연구들에 의하면 노인들도 평균적으로 자신들의 주관적인 삶의 만족이나 개인적 통제감 혹은 자기 효능감과 같은 자기 관련 측정치에 대한 보고에서 젊은 사람들과 다를 바가 없었다.[109] 노인들이 자신들의 자아와 삶의 만족에 대한 관점에 관해서 물었을 때 젊은 사람들과 다를 바 없었다는 사실은 다음 세 가지 요인에 기인한다고 본다.[110] 첫째는 복수 자아multiple selves의 현상이다. 사람들에게 복수의 자아와 이미지가 있다는 것은 다양한 삶의 상황에 적응하기 위한 효과적인 기제가 된다. 둘째는 목표와 포부 수준에서 변화가 있을 수 있다. 성공과 실패의 경험뿐만 아니라 삶의 단계의 속성에 관한 기대에 근거해서 개인들은 자신의 기대를 새로운 수준에 적응시켜 나갈 수 있다. 셋째로 사회적 비교의 과정이다. 예를 들어 나이 든 사람들이 모집단의 다른 사람들보다도 더 나빠졌을 때조차도, 유사한 상황에서 다른 나이 든 사람들을 비교 대상으로 삼으려는 경향이 있다.[111] 그러나 명제 7은 노년기의 활기가 젊은 층의 그것과 동일하다는 의미가 아니라 단지 현저한 차이가 없다는 사실을 강조한다.

"성공적으로 늙는다는 것은 무엇을 의미하는가? 또 여기에 영향을 끼치는 요인은 무엇인가?"에 대한 견해는 전문가들 사이에도 의견이 일치하지 않는다. 성공적으로 늙어가는 데에는 여러 갈래의 길이 있으며, 사람들이 따르고 있는 유형은 개인의 성격과 그 특유의 생활만큼이나 다양하다. 성공적인 노화를 설명해 주는 두 가지 대표적 이론으로 '이탈(또는 은퇴) 이론disengagement theory'과 '활동 이론activity theory'이 있다.

먼저 '이탈 이론'에 의하면 노화의 특징은 상호 철회이다. 노인들은 스스로 활동과 관여를 줄이고 사회는 은퇴하기를 강요함으로써 나이 듦에 따른 사회로부터의 분리를 조장한다. 이 이론은 노인들이 점차 자기 자신에게 몰두하게 되고 다른 사람들에 대한 정서적 투자를 줄이는 것이 정상인 것처럼 이런 이탈 유형이 정상적이라고 주장한다.[112] 이탈 이론은 50~90세 사이의 중·노년들을 대상으로 연구한 결과에서 발생한 이론이다. 이탈 이론에 따르면 이탈은 일반적으로 노인 스스로에 의해 시작되거나 사회제도에 의해 시작된다.[113] 개인과 사회가 이탈을 늙음의 보편적인 유형으로 간주하는 한, 모든 것은 잘 되어 가는지 모른다. 그러나 70대의 노인이 직장에서 자신의 역할을 주장하며 동료를 당황시키면 문제는 달라진다.[114]

이 이론에 대한 비판적인 입장은 이탈과 관계되는 것은 나이보다는 노화와 관련이 있는 요소들, 즉 건강상태, 배우자 사별, 은퇴 및 빈궁 등과 더 많이 관계되는 것으로 보인다는 주장이다. 이탈은 노화의 결과이기보다는 사회적 환경의 영향을 받은 결과라고 한다.

이탈 이론의 발생 7년 후에 하비거스트R. F. Havighurst와 동료들에 의해 후속 연구가 이루어졌다. 이 연구에서 연령이 증가하면서 사회적

활동적일수록 삶의 만족도 높음

역할로부터의 이탈은 증가했지만 여전히 활동적인 노인들은 높은 수준의 만족감과 행복감을 느끼고 있는 것으로 보고하였다.[115] 노인들이 계속해서 활동적이고 생산적인 삶을 영위한다면 생활 만족도가 저하되기보다는 오히려 높아진다는 연구 결과로 보아 이탈 이론은 별로 지지를 받지 못하는 것으로 보인다.

성공적 노화를 설명하는 또 다른 이론으로 매덕스G. L. Maddox가 제시한 '활동 이론'이 있는데, 이 이론은 노인들이 계속해서 보다 활동적일수록 더 성공적으로 늙어 간다고 주장한다. 이탈 이론과는 달리 이 이론에서는 노인들은 가능한 한 많은 활동을 유지하며, 은퇴나 친구나 배우자의 죽음을 통해 잃어버렸던 것을 대체할 수 있는 그 무엇을 구하면서 가능한 한 오랫동안 중년들처럼 지낼 수 있다고 한다.[116]

활동 이론은 얼마만큼이나 타당한 것인가? 이탈 이론에서 지적한 바와 같이 이것 또한 성공적인 노화 유형 중 하나일 뿐이다. 이 이론이 모든 노인들에게 적용되지는 않는 이유는 모든 활동들이 다 노인들의 자아개념이나 생활 만족도에 영향을 주는 것은 아니기 때문이다.

이탈 이론과 활동 이론의 주된 문제점은 두 이론 모두 성공적인 노화를 단일한 유형으로 특징지으려고 시도했다는 점이다. 그러나 실제로 노인들이 노화에 적응하는 방식은 그들의 활동 및 관여수준보다는 그들의 성격과 일생을 통해 상황에 적응하는 방법에 의해 좌우된다.

다른 하나의 접근법에 따르면, 성공적인 노화는 외적 적응보다는 차라리 내적 만족이라는 말로 정의한다.[117] 사실 생애의 최종적인 발달 과업은 내면적 통합감의 성취나 개인생활의 수용이다. 물론 많은 것이 개인이 실제 성취한 일에 의존하나, 사람이 무엇을 했는가에 대한 개인의 태도나 느낌이 때로는 더 중요할 수 있다. 실제로 인간은 건강하면 건강할수록 더 내적인 만족을 느낀다. 하비거스트와 동료들에 따르면 만족은 최선을 다하려는 태도, 성취욕, 긍정적 자아개념, 낙관적 인생관 같은 징후에서 명백히 나타난다.[118]

성공적 노화에 대한 대표적인 연구자들로는 로우와 칸Rowe & Kahn을 들 수 있다.[119] 이들에 의하면 성공적인 노화와 성공적이지 못한 노화의 차이는 단순히 질병의 유무로 구분할 수 없으며, 단순히 질병이 없는 상태는 '보통의 노화usual aging'로서, 이는 성공적 노화와는 다르다고 하였다. 이에 성공적 노화를 위해서는 다음 세 가지의 행동 요소들이 요구된다. 첫째, 질병 및 장애와 관련된 위험 수준이 낮아야 한다. 둘째, 높은 정신적 · 신체적 기능을 유지해야 한다. 셋째, 적극적인 인생참여의 태도를 지녀야 한다. 그런데 이 세 가지 요소들은 위계적 관계를 가지고 있다. 즉 질병과 장애가 없다는 것은 신체적 기능의 유지를 보다 쉽게 해 주며 정신적·신체적 기능의 유지는 적극적 삶의 태도를 가능하게 한다.[120]

또한 성공적 노화에 대한 각각의 행동 요소들은 그 자체에도 다양한 측면들이 결합되어 있다. 첫째, 질병을 피하는 것은 단순히 질병이 없는 상태가 아니라 질병과 장애의 위험요소가 없다는 것이다. 그러므로 이를 위해서는 질병에 대한 예방이 강조되어야 한다. 이를 위해 로우와 칸은 주기적인 모니터링, 다이어트, 운동 등을 적극 제안하고 있다.[121] 둘째, 높은 수준의 기능성을 유지하기 위해서는 그 만큼의 신체적·정신적 능력이 요구된다. 로우와 칸은 노인들도 젊은 이들과 마찬가지로 독립적이기 원하며 가장 기본적인 일상생활을 해결하기 위해 다른 사람에게 의존하기를 원치 않는다고 하였다. 노인에게 독립성이란 구체적으로 자기 소유의 집에서 계속적으로 거주하고 스스로를 돌볼 수 있으며 일상적인 삶을 수행할 수 있는 능력이다. 셋째, 로우와 칸은 대다수의 노인들이 실제 자신들이 할 수 있는 양보다 적게 활동한다고 지적하면서, 성공적 노화란 할 수 있다는 가능성을 뛰어넘어 실제적으로 얼마나 활동하는지가 중요하다고 하였다. 이것이 '적극적 인생참여'이며 타인과의 관계 및 생산적 활동으로 구성된다.[122] 이러한 '적극적 인생참여' 모델은 기존 노년학의 양대 이론 중 하나였던 '활동 이론'과 유사한 점이 많다. 두 이론은 노인의 사회적 활동을 강조한다는 면에서 매우 유사하며 그러한 측면에서 로우와 칸은 '이탈 이론'에 대해 반대의 입장을 취하고 있다.

행복한 미소

　미국에서 성공적 노화개념을 로우와 칸이 주도하고 있다면 유럽에
서는 발테스와 발테스의 SOC$^{selection, optimization, compensation}$ 모델이 각
광을 받고 있다.[123] 그들은 지금까지 성공적 노화를 대표하는 개념들
이 '장수, 생물학적 건강, 정신적 건강, 인지적 효용, 사회적 수행 및
생산성, 개인 조절 능력, 삶의 만족' 등이었으며 이 특징들이 일반적
다면성을 반영하고 있긴 하지만 개인에 따른 상대적 중요성을 반영
하지 못하고 있다고 지적하였다.

　이에 연령에 따른 손실 및 성취, 발달적 유연성을 고려한 개인 생
애$^{life span}$적 모델을 구성하고자 노력했다. 발테스와 발테스는 이것을
'보상을 수반한 선택적 최적화$^{selective optimization with compensation}$ 모델'로
다음과 같이 구체화하였다.[124]

1. 선택 요소   연령이 증가함에 따라 기능 영역에서 손실이 발생하면 개인의 저항이 증가하며 이에 따른 적응이 요구된다. 우선성이 높은 영역을 선택selection하게 되면 다른 많은 영역이 제거되며 새롭게 변형된 인생의 목적이 자신이 선택한 영역에서 발휘하게 된다. 그러므로 선택 과정은 노화에 관한 개인적 조절 과정이며 동시에 주관적인 만족에 순응하는 과정이라고 할 수 있다.

2. 최적화 요소   최적화optimization는 노인들이 보존하고 있는 능력들을 선택한 다음 그것을 풍부하게 하고 증대시키는 것을 의미한다. 즉 양적·질적 측면 모두에서 노인들이 선택한 것을 최대화하려는 노력을 말한다.[125]

3. 보상 요소   노인들은 어떠한 기능이 요구되는 상황에서 그 능력이 수준 이하로 손실되었거나 제거되었을 때 부정적 영향을 받게 되며 이에 따라 저항이 증가하게 된다. 보상compensation 요소는 이러한 저항을 최소화하기 위한 정신적 측면과 기술적 측면의 노력이다. 예를 들어 정신적 보상 노력은 떨어진 기억 능력을 보상하기 위해 타인의 도움을 받거나 새로운 기억 전략(메모지, 스마트폰 등)을 사용하는 것을 들 수 있으며, 기술적 보상 능력은 보청기, 휠체어, 돋보기 등을 사용하는 것을 들 수 있다.

SOC 모델은 노화로 인한 손상에도 불구하고 중요한 능력을 어떻게 유지할 수 있는지 설명해 준다. 이 모델에 의하면 개인이 나이가 듦에 따라 능력의 변화에 직면하더라도 적합한 활동을 선택하고 자신이 보유한 기술을 최적화하며 손상된 것에 대해 보상함으로써 성

공적 노화를 맞을 수 있다는 것이다.[126]

이러한 선택, 최적화, 보상의 과정은 전 생애에 걸쳐 일어나지만 특히 노년기에 중요한 까닭은 이 시기에 직면하게 되는 신체적, 정신적, 사회적 손상이 다른 시기보다 크기 때문이다. 결국 SOC 모델은 환경과 조건이 어떤가에 상관없이 개인의 부단한 심리적 적응 노력으로써 성공적 노화를 촉진시킬 수 있는 과정을 발견할 수 있는 가능성을 제시하고자 하려는 시도라고 하겠다.[127]

성공적 노화에 관한 '적극적 인생참여 모델'과 'SOC 모델'을 비교해보면, 전자의 경우 실제적 행동을 통해 능력의 감소와 사회적 고립을 예방하라고 권고한다. 로우와 칸은 실제로 이러한 적극적 인생참여 모델에 근거하여 '성공적 노화의 맥아더 연구MacArthur Studies of Successful Aging'라는 주제로 다양한 연구들을 수행했는데, 신체활동을 통해 기능 감소를 예방할 수 있음을 밝혔고 사회구조적 요인들이 노인의 디스트레스에 영향을 미친다는 결과를 제시하였다. 또한 사회적 결속이 강할수록 기능적 퇴화가 더디다는 연구 결과를 발표하기도 했다.[128]

반면 SOC 모델은 감소된 능력에 집착하기보다 보존하고 있는 능력을 최적화하여 주관적 만족을 이끌어냄으로써 생의 만족을 증가시킬 것을 강조하고 있다. 각각의 모델은 성공적 노화의 양적인 측면과 질적인 측면 혹은 실제적, 행동적 측면과 주관적, 심리적 측면으로 대별된다고 분석할 수 있다.[129]

각 모델은 그 제한점이 지적되기도 하는데, 먼저 로우와 칸의 시각은 활동과 사회참여를 지나치게 강조하여 슈퍼 노인을 연상시키는 단점이 있다. 이에 반해 발테스와 발테스는 노화로 인한 신체적, 환경적 변화를 극복하기보다 그것을 긍정적으로 수용하는 것이 더 중요하다고 보았다. 그러나 이 경우 심리적 측면만을 강조하고 있다는 비판을 받기도 한다.

노년기에 요구되는 주요한 적응 중의 하나는 자신의 자아개념에 대한 재정의이다. 많은 노인들은 은퇴 이후에도 여전히 예전의 직업과 자신을 동일시하는 경향이 있다. 이런 노인들은 독립된 자아개념을 확립하지 못한 것이다. 한 개인의 자아개념이란 자신의 사회적 역할과 무관하게 정의될 수 있어야 한다.

자존감은 자신의 존재에 대한 긍정적 또는 부정적 견해인데 자아개념이 자아에 대한 인지적 측면이라면, 자존감은 정서적 측면이라 할 수 있다. 즉, 자신의 존재에 대해 인지적으로 형성된 것이 자아개념이고 자기 존재에 대한 느낌은 자존감이다.[130] 자존감의 이러한 정서적 성격 때문에 은퇴나 사별, 건강상태 등에 의해 노인들의 자존감이 훨씬 더 많은 영향을 받는다. 그러므로 노년기에 자존감을 유지하는 것이 성공적 노화를 위해 무엇보다 중요하다.

노년기 자아개념에 대한 재정의

모건Morgan은 노년기에 자존심을 유지하는 데 필요한 중요한 몇 가지 성격요인을 다음과 같이 제시한다.[131] (1) 자아라는 의미에 대한 재해석이 필요하다. 한 개인의 자아개념이나 자아가치는 개인의 과거의 역할과 독립적이어야 한다. 성격특성, 기술, 능력과 같은 내적 현실에 초점을 맞추는 노인들은 외부 환경의 영향을 덜 받고 자아를 강화시킬 수 있다. (2) 노화 과정, 노년기의 제한성 그리고 가능성 등을 있는 그대로 받아들인다. 노년기로의 사회화는 다른 어떤 단계보다도 더 어렵다. 왜냐하면 역할 모델을 발견하기가 쉽지 않기 때문이다. 따라서 사회나 대중매체가 노화 과정에 성공적으로 적응하는 역할 모델을 제시하는 것이 중요하다. (3) 인생 전반에 걸친 인생의 목표나 기대에 대한 재평가가 이루어져야 한다. 내적·외적 압력에 적절히 반응하면서 인생의 목표를 적당히 수행할 수 있는 능력을 가진 노인들은 노화와 연관된 여러 가지 변화에 성공적으로 적응할 수 있다. (4) 자신의 지나온 과거를 객관적으로 돌아보고 실패와 성공을 담담하게 회고할 수 있는 능력이 필요하다. 인생의 회고는 자신이 살아온 삶에 대한 객관적 평가이며, 인생의 의미를 깨닫게 해주는 회상 과정으로서 인생을 좀 더 의미 있는 것이 되도록 한다.[132]

중·노년기의 성격특성과 그 적응 유형을 볼 때 어떤 측면은 일생을 통하여 계속 유지되지만 다른 측면에서는 변화가 많이 일어난다. 이러한 변화를 근거로 볼 때 노년기의 보다 성공적인 노화를 달성하기 위해서는 윤진은 다음 몇 가지 측면을 고려할 것을 제시한다.[133]

● 노인에 대한 생산적 관점의 확립이 요구된다. 우리는 노인을 더이상 가정·사회·국가에 기여할 수 없는 무능한 사람이 아니라

인생의 마지막 발달 단계에서 성숙한 일생을 정리하는 유용한 존재로 보아야 한다. 어린이나 청소년이 생산능력이 없고 또 생산에 아무런 기여를 하지 않는다고 해서 일반사회가 푸대접을 하지 않는다. 노인도 자기에게 주어진 인생의 단계에서 가정과 사회에서의 역할을 수행함으로써 당당하고 떳떳한 여생을 마칠 수 있도록 해야 할 것이다.

- 노화 과정의 적응 유형에 알맞은 노인복지대책이 요구된다. 앞에서 살펴본 바와 같이 노인들이 모두 같은 형태로 노화를 맞이하고 적응해 가는 것은 아니다. 성숙형과 무장형 노인은 계속 활동하게 도와줌으로써 생활 만족도와 사기를 높여 주고, 은둔형 혹은 구원요청형 노인들에게는 활동을 권하기보다는 조용히 쉬게 하고 여러 가지 심리적 뒷받침을 제공함으로써 행복한 여생을 마치게 할 수 있다.

  또한 분노형·자학형 및 조직와해형 등 부적응상태의 노인들은 거기에 합당한 가족들의 특별보호, 정신치료, 성직자들과의 접촉, 여러 가지 의료복지 혜택 등을 통해 부적응상태에서 벗어나게 해야 할 것이다.

- 노인들 스스로 새 역할을 발견하려는 노력이 요구된다. 모든 노인들, 특히 건강하고 활동을 계속하려는 노인들은 새로운 역할을 찾아야 할 것이다. 노년기에 대인관계가 수반되는 활동에서는 유리되지만 대인관계가 별로 필요없는 활동에서는 유리가 일어나지 않는다. 따라서 노인은 여가선용활동을 겸하여 새로운 역할을 찾으려고 노력하는 것이 바람직하다.

치료적 효과가 있는 인생 회고

그러면 어떻게 하면 성공적으로 노화해 갈 수 있을까? 성공적 노화의 객관적 지표는 신체 · 정신건강, 사회적 성취, 생성감, 적응력 등 매우 다양하다.

그러나 발테스와 발테스는 좀 더 일반적인 지표로 적응력adaptivity, 즉 행동의 가소성plasticity을 들고 있다.[134] 이것은 노화로 인해 찾아온 신체, 환경적인 변화를 수용하고 거기에 얼마나 탄력 있게 적응하는가 하는 개인의 역량이나 준비성이다. 이는 곧 노화에 대한 적응 과정에서 동화와 조절을 균형 있게 사용하는 것을 의미하기도 한다.[135]

성공적인 노화를 위하여 김애순은 다음과 같이 대안을 제시한다.[136] 먼저 일생을 회고해보고 자신의 인생을 정리해보는 것이 도움이 된다. 인생 회고는 자신의 삶을 정리해보는 방법으로 일종의 정신 치료적인 효과가 있다. 예컨대 그동안 상처를 주고받았던 인간 관계들을 생각하며 응어리졌던 감정들을 해소할 수가 있고, 인생의 갈

림길이 되었던 사건들을 되돌아보며 실패와 좌절에 대해서 담담해질 수도 있으며, 다가오는 죽음을 평온한 마음으로 수용할 수가 있다. 이때 무엇보다 중요한 것은 자신의 인생과 늙음을 수용하는 마음의 자세일 것이다.

둘째, 노화로 인한 감퇴를 수용하고 이를 극복하기 위해 적극 노력한다. 신체, 인지 능력의 감퇴를 줄이기 위해 선택selection, 최적화 optimization, 보상compensation 책략을 사용해본다.[137] 즉 노화로 인해 기능이 약화되면 꼭 필요한 기능들만 선택해서 활동 범위를 줄이고, 규칙적인 운동과 소식, 메모하는 습관, 생활의 단순화를 통해서 남아 있는 기능들을 최대한으로 살린다. 그리고 문명의 이기와 지혜를 활용하여 상실된 기능을 보상해본다.

셋째, 친구와 잘 어울린다. 노년의 친구 관계는 정서적 지지를 통해 신체·정신 건강을 증진시키고 사기와 안녕감을 높여 준다. 노년에 자신의 마음을 털어놓을 수 있는 대상이 있다면 삶은 훨씬 더 행복해질 수 있을 것이다.

넷째, 건강 수준이나 성격에 맞는 적합한 역할을 찾는다. 건강하고 활동을 좋아하는 사람들은 교회, 친목 단체, 경로 대학, 자원 봉사 등의 대인관계를 통해 만족감을 얻을 수 있는 반면에, 조용한 성격의 사람들은 꽃 가꾸기, 서예 등 조용한 취미 생활을 통해 만족감을 얻을 수 있다.

노년에 들면서 당면하게 되는 문제를 요약하면 한정적인 문제와 비한정적인 문제로 나눌 수 있다. 먼저, 한정적인 문제는 정년이나 은퇴 또는 노인이 되었다는 이유로 인해서 그동안 해오던 일에서 배제되면서 발생하는 문제이다. 일에서부터 타의적으로 배제된다는 것은 노년층에게 매우 큰 신체적, 정신적, 사회적 충격을 주게 된다. 정년이나 은퇴를 하면서 일에서 떠나 행복감과 해방감을 만끽하는 것은 예외적인 경우이고 보통은 일로부터 배제되어 쉬는 것을 해방감이나 자유로 인식하는 노년은 그다지 많지 않다. 오히려 대부분의 노인들은 일에서 은퇴하고 나면, 그것을 자신이 사회의 구성원으로부터 낙오되고 탈락되는 것으로 인식하는 것이 일반적이다. 다시 말하면, 정년이나 은퇴 또는 다른 사유로 인해서 일을 박탈당하는 순간부터 노년의 정신적, 정서적, 사회적, 신체적, 감정적 쇠퇴 현상이 가속될 수 있다는 것이다.[138]

일의 박탈에서 오는 더욱 심각한 문제는 자신의 존재가치 자체를 부인하게 되는 것이다. 존재가치란 그 자체가 존재인 가치로 각종 일이나 활동, 심력, 지력, 체력, 자기관리 능력, 인간관계 능력이나 취미 활동 등에서 발생한다. 반면에 소유가치란 존재에 덧붙여질 수 있는 가치로 돈이나 좋은 집, 명예, 고급 자동차나 학벌 등으로 얻을 수 있는 것이다.[139] 그런데 인류 역사를 보면 사람이 소유가치를 높인다고 행복하게 되는 것이 아님을 알 수 있다. 사람이 행복해지는 것은 자신의 존재가치를 높일 때인 것이다.

그런데 인간에게 있어서 일은 그 자체로 존재가치를 만들어 준다. 일은 인간이 살아갈 근거이자 당위이며 존재 그 자체가 된다. 따라서 노년에 일을 박탈당하는 순간부터 노인들은 존재가치를 박탈당하고 정신적, 정서적, 사회적, 신체적, 감정적 쇠퇴 현상이 생기게 된다. 이것이 바로 노인이 당면하게 되는 한정적인 문제이며 이 문제를 어떻게 해결할 것인지가 노인문제 해결의 열쇠가 되는 것이다.

노년이 되어 겪게 되는 문제에는 한정적 문제와 더불어 비한정적 문제가 있는데, 이것은 노년을 포함한 모든 세대가 당면하고 있는 문제지만 특히 노년기에 첨예화되는 문제이다. 한정적인 문제를 일로부터의 단절이라 한다면, 비한정적인 문제는 삶의 구성요소들의 쇠퇴라고 정의할 수 있다.

노년층에 접어들면서 문제가 발생하는 삶의 요소에는 심력, 지력, 체력, 자기관리 능력, 그리고 인간관계 능력 등 다섯 가지가 있다.[140] 심력은 인생을 무엇을 위해 살 것인지 결정하고 인생 목표를 세운 다음, 그 목표를 향해 질주할 수 있는 마음의 힘을 말한다. 지력은 자신의 삶을 보다 가치 있는 곳에 사용하기 위하여 가치의 유무, 참과 거짓을 분별할 수 있는 지식의 힘, 즉 지혜를 말한다. 체력은 의미 있는 일이라고 판단한 일을 감당할 수 있고 그 일을 실천할 수 있는 몸의 힘을 말한다. 자기관리 능력은 자신의 적성에 맞는 일, 역할, 활동에 자기 자신의 능력을 기꺼이 쏟을 수 있는 힘을 말한다. 그리고 인간관계 능력은 자신만을 위해 살지 않고 다른 사람을 위해, 즉 다른 사람과 자기 자신의 유익을 희생할 수 있는 힘을 말한다.

위의 다섯 가지가 바로 삶을 구성하고 있는 요소이자 노년의 삶을 구성하고 있는 요소이다. 문제는 노년이 되면서 이들 다섯 가지 구성요소가 제대로 기능하지 않거나 약화되기 시작했거나 또는 이들 요소들 사이에 균형이 깨지기 시작하면서 여러 가지 어려움이 발생한다는 것이다. 인간의 다섯 가지 구성요소의 쇠퇴는 노년기의 성공적 노화에 어려움을 가져다주며 자아통합을 이루는 데 큰 걸림돌로 작

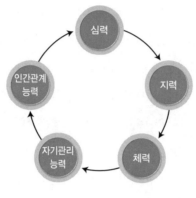

인간의 다섯 가지 구성요소

용할 것이다.[141]

1. **심력의 쇠퇴** 노년기에 접어들면서 남은 인생을 무엇을 위해 살 것인 가 하는 목표가 불분명해지기가 쉽다. 목표를 세웠어도 그곳을 향 해 질주할 수 있는 마음의 힘이 약해지면 살아가는 것이 구차스럽 고 귀찮게 느껴지게 되고, 이렇게 되면 과거에 집착하는 과거집착 증으로 변화되어 나타나기 시작한다. 그 결과로 이미 살아버린 과 거를 지금 살고 있는 현재와 혼동하는 혼돈 상태에 접어드는 일도 생기게 된다.

2. **지력의 쇠퇴** 지력이 약화되기 시작하면서 자신이 알지 못하는 어떤 사항에 부딪쳤을 때, 심한 경우 소외감과 박탈감을 느낄 수 있다. 이러한 지적 자학 상태가 적절한 지력 훈련을 통해 바로 교정이 되지 않으면 그 결과로 자신이 사회 적응 불능자가 아닌지 의심하 기 시작한다. 그래서 감정적으로 쉽게 절망하고 쉽게 불평하며 쉽

게 분노하고 쉽게 신경질적이 되는 노년 우울증의 현상에 접어들기도 한다.

3. **체력의 쇠퇴** 체력이란 의미 있는 일에 자신의 삶을 투자할 수 있는 몸의 힘을 말하는데, 그런 의미에서 가치 있는 일을 하려고 하면 쉽게 피곤해지고 집중력이 떨어지면서 모처럼 하려던 의미 있는 일을 감당하지 못하게 되면 그것을 자신의 삶의 허무와 직결시켜 버리는 경향이 나타난다. 최근 통계를 보면 자살하거나 자살을 시도한 노인 중 약 75% 이상이 체력의 문제로 비관하여 극단적인 선택을 하게 된다고 보고 있다.

4. **자기관리 능력의 쇠퇴** 노인들이 직면하게 되는 문제는 심력이나 지력이나 체력만이 아니다. 적절한 자기관리 능력이 뒷받침되지 않는 한 삶을 의미 있게 구가하기에 어려움이 많은 것은 젊은이나 노년이나 마찬가지지만 특히 노년의 경우가 더 심각한 문제가 된다. 더 안타까운 점은 자기관리 능력이 약화되면 어떤 문제에 직면했을 때 자신의 힘으로 해결하려 하지 않고 방임해버리거나, 다른 사람의 도움만을 기대하는 수동적인 방법으로 처리하려는 자세가 두드러진다는 점이다.

5. **인간관계 능력의 쇠퇴** 인간관계 능력이란 자신만이 아니라 다른 사람의 유익을 위해 살아갈 수 있는 힘을 말하는데, 이를 위해 다른 사람과 좋은 인간관계를 맺고 살아야 하는 것이 우선이다. 문제는 다른 사람과의 불화가 장기간 수정되지 않으면 도착적 경직성의 증세로 악화될 수 있다는 점이다. 이 증세는 자기와 불화한 관계에 있는 상대방이 취하는 입장을 무조건 반대하는 증세를 가리킨

다. 그리고 이 증세가 그대로 방치되면 인간관계가 극히 폐쇄적이 되어 결국에는 확실한 사람이라고 판단되는 사람에게게만 마음의 문을 열고 나머지 사람에게는 전혀 미동도 않게 되는 반폐쇄적인 성향을 보이는 단계까지 악화될 수 있다.

앞에서 살핀 다섯 가지 인간의 구성요소의 쇠퇴가 노년기에 미치는 문제점을 잘 파악하고 이를 해결하는 방안을 찾는 것이 노인문제의 자가적 치료의 핵심이 될 것이다.

어떻게 하면 각종 어려움에 쉽게 노출되는 노년기에 자아통합감을 가질 수 있을 것인가? 노년기에 이른 개인이 성공적 노화에 이르기 위해 무엇보다 사회적 차원에서 노인문제를 해결하려는 노력이 우선되어야 할 것이다. 앞에서 우리는 노년에 접어들면서 직면하게 되는 문제는 한정적인 문제로서의 일의 문제와 비한정적인 문제인 다섯 가지 구성요소의 문제가 있음을 살펴보았다.

먼저 첫 번째 대안인 노년에게 다시 일을 마련해 주는 방안에는 평생 일해 왔던 분야에서 노인도 할 수 있는 일을 다시 찾는 방안으로서의 유급노동과 노년의 잠재된 능력을 발휘할 수 있는 활동, 일, 역할, 자원봉사 일감을 찾는 방안으로서의 무급 봉사활동으로 나눌 수 있다. 노년에게 일할 수 있는 역할이나 활동이 주어진다면 보다 행복하고 의미 있는 노년을 구가할 가능성은 확실히 높아진다. 바로 이러한 이유 때문에 노인복지 제도가 비교적 명확하게 정립되어 있는 미국의 경우 65세 이상 전체 노년 중에서 약 87% 이상이 유급노동이나 무급 봉사활동, 사회활동, 종교활동 등에 참가하고 있다. 그리고 그렇게 참가하고 있는 노인들 대부분이 젊은 시절 못지 않은 행복과 성취를 이루고 있다는 것은 노년과 일과의 함수관계를 시사해 준다.

노년에 접어들면서 직면하게 되는 비한정적인 문제인 다섯 가지 구성요소의 대안으로, 원동연·유동준(2005)은 다음의 다섯 가지 대안적 원리를 제시한다.[142]

- 제1원리 전면적인 대안이어야 한다. 노인의 삶을 구성하고 있는 심력, 지력, 체력, 자기관리 능력, 인간관계 능력 등 다섯 가지 구성요소들을 전면적으로 골고루 회복시키고 강화시켜 주는 대안이어야 한다. 이들 구성요소 중에 어떤 요소가 현저히 금이 가서 작동이 안 되거나, 또는 이들 다섯 가지 구성요소 사이에 균형이 깨지게 될 때, 노인들은 자신의 삶을 무가치하고 무의미하게 인식하는 초기단계에 들어서기 시작한다. 이 현상은 최소량의 법칙으로 설명된다. 즉 다섯 가지 구성요소들 중에서 어느 한 요소라도 구멍이 나 있거나 기능이 저하되어 있거나 또는 구성요소 사이에 균형이 깨지기 시작할 때 그 정도밖에 노년의 삶을 담을 수 없게 되는 것이다. 문제는 노년이 된 지금에 와서 자신을 구성하고 있는 다섯 가지 구성요소, 즉 심력, 지력, 체력, 자기관리 능력, 인간관계 능력 중에서 어느 요소가 망가져 있는지, 어느 요소가 퇴화되어 있는지 자신의 약점, 즉 자신의 최소량을 어떻게 파악할 수 있느냐 하는 것이다.[143]
- 제2원리 상보적인 대안이어야 한다. 아무리 자기 자신만의 잠재된 능력을 찾게 되고 그 능력을 발휘할 일이 주어졌다고 해도 그의

삶을 구성하는 다섯 가지 구성요소가 여기저기 허물어진 상태라
면 행복하거나 의미 있는 노년을 구가하기는 힘들 수 있다. 반면
에 아무리 삶의 다섯 가지 구성요소가 반듯하게 회복되었다 하더
라도 자기 자신의 잠재된 능력에 관련된 일이 아니라면 진정으로
행복한 노년을 영위하기는 마찬가지로 쉽지 않다.[144]

- 제3원리 존재가치를 높이는 대안이어야 한다. 인간을 둘러싼 가치
  에는 존재가치와 소유가치가 있는데, 후자는 존재에 덧붙여질 수
  있는 가치이다. 심력과 지력은 각각 사람의 속성 중 하나이므로
  존재가치에 속한다. 이런 면에서 체력, 자기관리 능력, 인간관계
  능력뿐만 아니라 자신만의 천부적인 능력, 잠재된 강점, 그것과
  연결된 일, 취미 등도 마찬가지로 존재가치에 속한 가치들이다.
  반면에 돈이나 명예, 또는 일류학벌 등과 같은 것들은 존재가치가
  아니라 소유가치이다. 그런데 역사를 살펴보면 사람이 소유가치
  를 높인다고 행복하게 되는 것은 아니라는 것을 알 수 있다. 그러
  므로 자신의 존재가치를 높여야 행복해진다는 것은 역사의 교훈
  이다.[145]

- 제4원리 수요자를 중심에 둔 대안이어야 한다. 고령화 문제에 있
  어서 수요자는 노인이다. 그러므로 수요자 중심의 대안이란 노인
  중심의 대안을 말한다. 그러나 지금까지 우리 사회의 고령화에 대
  한 대안은 대부분 수요자인 노인이 중심에 있지 못했고, 노인의
  사정과 형편과 내면을 제외한 다른 요인들이 정책의 중심에 있어
  왔던 것이다. 따라서 행복하고 의미 있는 노년을 위한 자가적인
  대안이 되려면, 노인들이 직면하고 있는 다섯 가지 구성요소의 문

제와 노년과 일의 문제 등으로 대표되는 노인들의 내적인 문제가
문제 해결의 중심부에 있어야 한다는 것은 당연한 일이다.[146]

- 제5원리 구체적인 커리큘럼을 담은 대안이어야 한다. 인격체인 사
  람을 대상으로 하는 교육에 있어서 당위적인 명제만 있고 그에 해
  당하는 구체적인 적용 커리큘럼이 없다면 그것은 뜻 없는 소리나
  마찬가지이다.

노년기에도 발달적 변화는 진행된다. 자아통합에 근거하여 성취될
수 있는 발달 과제로는 첫째로 자신의 삶에 대한 의미를 계속 추구
해 나가는 것, 둘째로 노인으로서 자신의 새로운 역할에 적응을 잘하
는 것, 셋째로 현재의 자신을 있는 그대로 받아들이는 것, 넷째로 죽
음에 대한 건강한 사고를 확립하고 죽음과 가깝게 사귀는 것, 그리고
마지막으로 노년기에 경험하는 전반적인 신체 기능의 저하에 자신을
적응시키는 일이다.

에릭슨 심리학과 틸리히 신학에서 본 자아통합감의 의의

성공적인 노화에 대한 객관적인 기준을 탐색하려면 일반적으로 두
가지 방법으로 추진해야 할 것이다. 첫째는 이상적 상태의 규범적 정
의에 기초하는 것이다. 이와 같은 규범적 정의에서는 성공에 대한 표
준으로 사용되는 발달적 결과(예 : 정신건강)와 목표를 기술한다. 후
기생애의 핵심적인 주제로서 생산성과 자아통합감을 강조하는 에릭
슨의 전全 생애 성격발달이론이 이러한 접근 방식의 한 예이다.[147] 생

산성과 자아통합을 달성하게 되면 성공적인 노화를 위한 판단의 기준이 되는 것이다. 그러나 이 모델은 '규범적normative'이라는 명칭이 시사하듯이 고도로 표준화된 사회라는 가정에서 출발하고 있기 때문에 보편적이지 못한 문제가 있다. 더욱이 채택된 표준은 중·상류계층의 가치를 반영하고 있다. 성공적인 노화는 특정 사회계층에 한정된 현상이 아니어야 한다. 성공적인 노화에 대한 객관적 측정치를 상세히 기술하려는 두 번째 방법은 적응성(혹은 행동적 유연성)의 개념에 기초한 것이다. 이러한 접근법은 단일 결과, 특정 내용, 혹은 삶의 목표를 포함하지 않기 때문에 더욱 일반적인 것 같다. 따라서 에릭슨의 자아통합감 적용의 보편성에는 주의를 요한다.

또한 에릭슨의 연구는 노화의 양면적 본성을 설명하는 데 많은 도움을 준다. 노화의 양면적 본성은 노년학 연구들에서 많이 나타나는데, 부정적이고 염세적인 시각은 질병과 소외, 가난, 쇠약 등에 초점을 맞추고 노화를 패배와 상실의 최종단계로 이해하는 경우가 많다. 노년은 끔찍한 것으로 보는 연구가들은 노화를 '사회적 문제'로 그리고 노인을 가정과 사회의 자원을 갉아먹는다고 묘사한다. 반대로 다른 연구자들은 "노년은 아름답지 않은가!"라는 관점을 강조하는데, 이런 유형의 연구자는 노화를 장밋빛 그림으로 그리고 노년을 비현실적으로 긍정적으로 그린다. 그들은 노인을 높은 만족감을 갖고 건강하고 안락한 삶을 누리는 사람들로 묘사한다.

분명 양쪽 모두 적합하고 정확한 것이 아니다. 왜냐하면 노화는 대단히 복잡한 과정이기 때문에 그렇게 단순하고 범주적으로 다룰 수 없기 때문이다. 분명히 노화는 긍정적인 측면을 가질 수도 있지만 부정적인 면들도 있다. 에릭슨은 중년의 심리사회적 갈등을 '생산성 generativity 대 침체stagnation'로, 노년의 갈등을 '통합성integrity 대 절망감 despair'으로 설명하였다. 이러한 갈등을 해결하기 위한 많은 시도들은 인생 경로가 아주 복잡하고 다면적임을 확인시켜 준다. 발달의 마지 막 8단계에서 사람들은 "시간과 공간적인 상실만이 아니라 … 자율 권의 약화, 주도권의 상실, 친밀감의 상실, 생산성의 무시 그리고 정 체성의 상실과 과거 정체성의 제한 등"을 호소한다.[148] 지혜는 어른 의 덕목 중 하나로 모든 약화와 상실 가운데서도 자신의 삶을 통합적 으로 볼 수 있게 해 준다.

노화의 위기는 의미의 위기다. "늙는 것이 평생을 걸고 얻을 가치 가 있나?", "노년에서의 삶의 의미는 무엇인가?", "내가 평생 되어 온 것의 의미가 삶의 마지막까지도 유지될 것인가?" 이러한 질문에 응답하기 위해서는 의학적 패러다임 그 이상의 것이 요구된다. 의료 기술의 진보로 인해 인간의 수명은 놀랄 만큼 연장되었지만, 이와 함 께 "영적 불안감 … 삶의 의미와 목적에 대한 혼란 등이 … 특히 노년 기에" 수반되고 있다.[149] 노년기의 위기에 대한 에릭슨의 연구는 노 화와 의미의 위기에 유익한 해법을 주고 있다.

또한 에릭슨의 연구는 인생의 마지막 단계에 대한 이해의 폭을 넓 혀 주고 있다. 에릭슨은 인생의 마지막 단계는 지혜에 몰두하는 것으 로, 개인적 통합성을 성취하거나 아니면 절망에 빠져드는 단계라고 말한다. 묵상적인 삶은 육체적 쾌락이나 부에 대한 집착에서 신중히 분리되어 지혜를 얻으며, 숙고와 명상을 통해 성취를 이루려는 삶이 다. 그래서 삶의 묵상적인 방식은 인생의 마지막 단계에 자연스러운

것으로 보인다.[150]

신新정신분석학파의 일원으로 분류되는 에릭슨은 자아심리학의 입장을 받아들여 인성의 중심 구조를 원초아가 아닌 자아로 보고 그것이 인간 행동의 기초가 된다고 생각하였다. 그는 프로이트와는 달리 건강한 인성과 신경증적 인성을 같은 맥락에 놓고 보지 않았으며, 사회적 · 문화적 · 역사적 요인들이 인성발달에 긍정적인 영향을 준다고 확신하였다.[151]

에릭슨의 연구가 우리에게 주는 통찰력은 그의 심리사회적 관점에서의 인간 발달 8단계 이론 중 노화에 관한 쟁점들이 종교적 차원을 갖는다는 것이고, 그 쟁점들은 완전한 인간이 되는 데 필수적인 것을 다룬다는 점이다. 인생에서 분출되는 한계와 고통에는 어떻게 대처해야 하는가? 권태와 절망에 직면해서는 어떻게 인생의 의미를 확인해야 하는가? 이러한 질문들은 삶의 모든 단계에 공통적이기는 하나, 시간이 다해 가고 삶의 에너지가 쇠퇴할 수밖에 없는 노년기에 더 절박하게 된다.[152] 에릭슨은 가치와 의미 구조에 대한 관심 때문에 종교 영역까지 들어와 분석하게 된 것이 분명하다.

그러나 복음주의 신학의 입장에서 보면 에릭슨의 종교 이해는 사회학자의 영역을 넘어서지 못하고 있는 것으로 보인다. 그가 이해하는 종교의 역할과 기능은 청소년기의 정체감을 형성하는 데 필수불가결한 이데올로기로서의 종교, 프로이트의 초자아의 형성과 비견될 수 있는 노스탤지어로서의 종교,[153] 그리고 실존적 아이덴티티로서의 종교이다.[154] 그는 사회적 및 심리학적 분석을 뛰어넘는 것이 중요하다는 것을 깨달았겠지만 그의 과학적 · 인문학적 접근법으로는 그 이상의 탐구를 감행할 수 없었을 것이다. 그러나 그가 찾아낸 노화의 쟁점들에 대한 적절한 응답을 찾아내기 위해 우리의 시선을 기독교 전통으로 향하게 한다는 면에서 큰 의의를 발견한다.

에릭슨이 찾아내고 다른 노년학자들이 인정한 세 가지 노화의 쟁점은 다음과 같다[155] ─ (1) 노인들이 인생을 마감하려고 할 때 에릭슨이 '통합성'이라고 한 것을 구하려고 하는 욕구, (2) 육체적, 정신적, 사회적 변화 때문에 자유가 점점 더 제한될 때 자율성을 확인하려는 욕구, (3) 일생을 통한 생산성generativity에 대한 욕구와 관계된 것.

위에 언급한 세 쟁점들은 삶의 의미를 유지하는 기초라는 점에서 밀접히 관련되어 있다. 먼저 통합감과 관계되는 문제를 고찰해보자. 에릭슨에 의하면, 인간 발달은 태어나서 노년기까지 8단계로 진행된다. 각 단계에는 상충하는 힘들 사이의 긴장에 따른 위기가 따르는데, 다음 단계로 넘어가려면 성공적으로 타협이 이루어져야 한다. 예를 들면, 유아기에는 불신과 신뢰 사이의 긴장이 있는데, 긍정적 발달이 되려면 이로부터 긍정적 신뢰가 생겨야 한다. 앞에서 말한 대로 이렇게 발달되어야 할 덕목들은 특정 단계에서 매우 중요하며, 그 이후의 모든 단계에서 필수적인 구성요소가 된다.

에릭슨은 노년기 단계의 위기를 자아통합과 절망 간의 긴장으로 설명한다. 그 위기를 성공적으로 해결한다면 얻는 것은 지혜이다. 이 단계는 그다음 단계로의 이행이 없기 때문에 다음과 같은 질문에 직면하게 된다. 즉, 이제껏 내가 이루어 온 '나'의 의미가 지속될 수 있으며 그 의미가 이 마지막 단계에서의 통합성을 줄 수 있겠는가?

에릭슨은 사람이 과거의 삶을 돌아볼 때의 '일관성과 전체성의 인식'을 자아통합이라고 설명한다.[156] 여기에는 개인 삶의 의미를 확인할 수 있는 본질적인 종교적 과업이 포함된다. 그는 이것이 "단순히 개인 성격의 희귀한 자질을 의미하지 않고, 인생의 가장 중요한 맥락에서 주된 상대역이었던 '타인들'을 위한 영원한 사랑을 포함하는 것이어야만 한다"고 주장한다.[157]

에릭슨은 자아통합이라는 목표가 근본적인 인생 과정(예 : 육체적 강인함, 정신적 예리함, 사회적 상호작용 등) 사이에서 '연계의 상실'이 나타나기 때문에 쉽게 얻어지지 않는다고 주장한다.[158] 이러한 힘들과 만나게 되면 삶에 대한 절망으로 갈 수 있는데, 이는 피할 수 없는 갈등이다. 왜냐하면 이는 "인간의 약점에 대한 그리고 치명적으로 반복되는 악행과 속임에 대한 당연하고 필수적인 반작용"이기 때문이다.[159] 에릭슨에 의하면, 이러한 노화 경험의 부정적 차원은 "간접적 파괴나 다소 감춰진 자기 경멸의 위험을 무릅쓸 때에나 부정될 수 있다."[160]

인생의 마지막 단계에서 요구되는 것은 신화myth와 의식화ritualization의 '철학적' 해석인데, 이는 "몸과 마음의 해체에서 질서와 의미를 유지하는" 가운데 여전히 "지혜 속의 항구적인 희망을 옹호할" 수 있게 한다.[161] 에릭슨은 이것이 '강압적 정통주의'의 형태로 뿌리내린 독단으로 잘못 도피하는 것이 되어서는 안 된다고 경고한다. 올바르게 얻은 자아통합으로부터 나타나는 지혜는 "자신의 유일무이한 생애주기가 필연적으로 존재하며 대체할 수 없는 것으로 인정하는 것"이라고 주장한다.[162] 지혜란 "변화하는 운명에도 불구하고 우리의 동일성과 영속성을 유지할 능력"을 사람들에게 주는 덕목이다.[163]

에릭슨은 자아통합감을 획득하려는 도전으로 노년에 대한 심리사회적 관점을 도입했다. 프로이트와는 대조적으로, 그는 성공적인 노화에는 종교적인 차원이 있다는 것을 인정한다. 에릭슨은 인간이 자신의 경험을 이해하고 그 경험을 자아 발달과 긍정적인 관계를 가질 수 있는 의미 구조에 통합시키려 애쓰는 상징체계를 구축하기 위한 주요 통로로서 종교를 고찰한다.[164] 그는 종교가 소외와 악에 대한 인문학적인 분석보다 더 깊은 통찰력이 있다고 믿는다.[165]

임상의로서 에릭슨은 주기 이론의 덕목을 신학적 덕목인 신앙, 희망, 자선과 연관시켰다.[166] 그의 이론은 선한 사람과 이상적인 노년에 대한 하나의 규범적 비전으로 해석될 수 있다.[167] 그는 사회적 및 심리학적 분석을 뛰어넘는 것이 중요하다는 것을 깨달았지만, 그의 과학적 및 인문학적 접근법으로는 그 이상의 탐구를 감행할 수 없었다. 그러한 문제들에 대한 적절한 응답을 찾기 위해서는 구체적인 종교 전통을 살펴볼 필요가 있다. 따라서 우리의 다음 과제는 에릭슨이 제시했던 자아통합감과 절망의 경험을 기독교 전통에서는 어떤 방식으로 이해하는가를 탐구하기 위하여 틸리히P. Tillich의 저술을 살펴보는 것이다.[168]

틸리히의 신학적 방법론은 인간 상황의 실존주의 및 현상학적 분석에 의해 제기된 질문들과 기독교의 계시로부터 나온 대답을 연관시키는 것이다. 틸리히는 인간 상황에 대한 그의 분석은 기독교의 계시와 관계없이 독립적인 관찰을 토대로 한다고 주장했기 때문에 이것이 에릭슨의 사회심리학적 자료를 토대로 분석한 것과 유사하다는 것은 놀랍지 않다. 에릭슨과 틸리히 둘 다 인간 실존의 부정적 및

폴 틸리히

긍정적 양극성을 기술한다. 두 사람은 절망을 인간 여정의 잠재적인 비극적 결과로 기술하며, 육체적·사회적 평안을 넘어서는 통합성 또는 전체성이 필요함을 알고 있다.[169]

틸리히가 인간 상황을 분석하면서 노년에 대해 말한 별도의 언급은 두드러지지 않지만, 그가 분석한 것은 이 연구에 중요성이 있다. 왜냐하면 그가 다룬 종교적 질문들은 노년기에 들어서서야 전면으로 드러날 가능성이 높기 때문이다. 에릭슨이 인식한 것처럼, 활동적인 시기에는 그러한 문제들이 묻힐 가능성이 종종 있지만 마지막 단계에서 일어나는 인생 회고에서 그 질문들은 전면에 부각된다.[170]

틸리히에 의하면 자아통합을 위협하는 것은 모든 유한한 피조물들에게 공통된 불안anxiety에 가장 깊은 뿌리를 두고 있다. 그는 "불안이란 그 자신의 유한성으로 체험된 유한성이다."라고 했다. 이는 인간으로서의 자연스러운 불안이며, 또 어떤 방식이든 모든 생물에서도 마찬가지이다. 이는 무존재nonbeing에 대한 불안, 즉 자신의 유한성을 유한성으로 자각하는 것이다.[171]

틸리히의 존재론ontology에서 그가 사용한 '무존재' 같은 용어들을 이해하기 위해서는 그의 기본적인 세계관을 언급할 필요가 있다. 그는 모든 실존은 '존재 그 자체Being itself'172 안에 있다고 주장한다. 그러나 유한한 존재들은 그 실재reality로부터 멀어지고, 이에 따라 '무존재'의 위협 아래 살아간다. 핵심되는 쟁점은 '존재 그 자체'로부터 멀어진 인간 존재가 어떻게 이를 극복할 수 있느냐 하는 것이다.

틸리히는 인간 실존의 불안은 죄에서 야기되는 것이 아니라 유한성finitude에 불가피하게 수반되는 것이라고 주장한다.173 이러한 불안은 제거될 수 있는 뚜렷한 대상을 가진 공포와 혼동되지 말아야 한다. 불안은 삶의 어느 단계에서라도 완전한 의식으로 부각될 수 있는 모든 삶의 밑바닥에 있는 정체불명의 흐름이다.174

유한성을 두려움의 원인으로 만드는 것은 바로 자기초월self-transcendence이라는 인간 능력이다. 틸리히에 의하면 "무한한 자기초월의 힘이란 인간이 '무존재' 너머에 있는 것에, 즉 '존재 그 자체'에 속한다고 표현하는 것"을 말한다.175

노화 과정은 결국 죽음으로 끝나는데, 이는 인간이 자연적인 유한 질서에 묶여 있다는 가장 구체적인 증거이다. 인간은 유일하게 그 자신의 죽음을 투사하고 삶 대신 자살을 선택할 수 있는 동물이다. 틸리히는 "인간에게 일시성temporality이란 죽어야 하는 두려움을 의미한다. 이것은 매순간 뇌리를 떠나지 않으며 인간 실존 전체의 특징을 결정한다."고 서술했다.176 불안은 죽음에 수반되는 고통에서 생기는 것이 아니라 인간 자신의 존재를 보존할 수 없음을 깨달음으로써 야기된다.

유한성의 또 다른 차원인 공간의 범주category of space도 불안과 관련된다. 인생에 긍정적인 가치가 있는 두 공간, 즉 가정, 국가 등과 같은 물리적 공간과 직업, 사회적 위치 등과 같은 사회적 공간에서 최종적으로 상실되었음을 선고받는다.

불안의 가장 중요한 측면은 유한성과 복합적 관계를 가지는 죄와 죄책감의 경험이다. 죄책감은 죄의 결과지만 죄를 가능하게 한 것은 유한성이다. 기본적인 인간 문제는 유한성과 그것에 수반되는 두려움을 극복하는 것이 아니라, 죄와 그에서 비롯된 죄책감을 극복하는 데 있는 것이다.[177] 죄는 하나님으로부터 독립하여 존재하려는 시도이다. 즉 그것은 인간이 자신의 하나님이 되려는 시도이다. 이러한 시도는 인간의 유한성을 부정하는 것이기 때문에 성공할 수 없다. 그 결과인 죄책감은 인간의 개성이 판단과 자기혐오self-hatred에 의해 위협받는다는 자각이다. 죄책감은 인간의 능력으로는 극복할 수 없다. 틸리히의 용어로는 '무존재'의 위협을 수반하는 것이다.

틸리히는 인간 곤경predicament의 부정적인 결과를 절망despair이라고 설명한다. 이 절망에는 자기혐오와 자기로부터 도피할 수 없다는 자각의 두 가지 요소가 있다. 그는 절망의 본질을 다음과 같이 말한다.

절망은 불가피한 갈등의 상태이다. 그것은 개인의 잠재적인 것과 그리고 또 다른 한편인 운명과 자유의 결합으로 생기는 개인의 실제적인 것 사이의 갈등이다. 절망의 고통은 개인이 실존의 의미를 상실한 것에 대한 책임이 있고, 또 그것을 회복할 수 없다는 고뇌이다. 개인은 자신의 자아 속에 갇히고 자신의 자아와 갈등한다. 개인은 자신의 자아로부터 도피할 수 없기 때문에 결국 도피할 수 없다.[178]

이러한 기술은 에릭슨이 인생 회고에서 자아통합을 얻을 수 없는 비극적인 결과를 절망으로 이해한 것과 참으로 유사하다는 점이 주목할 만하다.

인간 곤경에 관한 틸리히 분석의 기본 전제는 절망에 대한 다음의 기술에서 잘 나타난다. "자신의 영원성으로부터 분리되는 경험이 절망의 상태이다. 이는 일시성의 한계를 지적하는 것이며, 또한 인간적 사랑이라는 중심 행위에서 신성한 삶과 결합되지 못하고 오히려 매여 있는 상황을 지적하는 것이다."[179] 절망과 소외를 극복하기 위한 탐색이 궁극적인 관심사가 될 때, 바로 그때 하나님의 문제가 제기된다.

인간 곤경에 대한 이러한 분석 후에 틸리히는 기독교의 계시에서 답을 찾는다. 이는 틸리히가 '새로운 창조New Creation'를 가능하게 만드는 '새로운 존재New Being'라고 기술한 예수가 그리스도로서 역사적으로 나타난 것에서 발견된다. 틸리히는 이렇게 말한다. "새로운 창조란 분리되었던 것이 재결합되는 실재이다. 새로운 존재는 그리스도 안에서 나타난다. 왜냐하면 그리스도 안에서는 결코 분리가 그와 하나님 사이, 그와 인간 사이, 그Him와 그 자신Himself 사이를 넘어서지 못했기 때문이다."[180]

틸리히는 그리스도인의 증언의 핵심을 다음과 같이 기술한다. "우리는 다만 우리가 보았던 것을 당신에게 보여주며, 우리가 들었던 것을 당신에게 다음과 같이 말하고 싶다. 낡은 창조 가운데 '새로운 창조'가 있으며, 이러한 '새로운 창조'는 그리스도라 불리우는 예수 안에서 나타난다."[181]

예수 그리스도 안에서의 새로운 해석

그리스도로서 예수의 의미를 해석하면서, 틸리히는 '은총에 의한 믿음을 통해 의로움을 인정받음'이라는 종교개혁의 중심교리에 대해 현대적으로 진술하고자 모색하며, 그리하여 어떻게 새로운 창조에 참가하는가를 보여준다. 개신교적 '은총의 형태Gestalt of Grace'의 신학자로서 틸리히는 '하나님의 사랑'을 자아 수용의 원천으로서 지적한다.[182]

자아 수용의 기반으로 노년기 자아통합을 주장한 에릭슨에 답하여 틸리히는 자신의 삶을 전체로 완전하게 받아들이는 능력은 하나님의 은총과 분리되어서는 얻을 수 없다고 주장할 것이다. 그는 다음과 같이 기술한다.

궁극적으로 수용되는 사람은 또한 그 자신을 받아들일 수 있다. 용서받는다는 것과 자신을 받아들이는 것은 동일한 것이다. 자신이나 친구보다 더 크고 상담가나 심리적 조력자들보다 더 큰 수용력에 의해 받아들여진다고 느끼지 못하는 사람은 결코 스스로를 받아들일 수 없다.[183]

그러나 틸리히가 강조한 것처럼, 자기중심적인 인간이 "자신이 받아들여짐을 받아들이는" 것은 어렵다. 그들은 독립적이고 자기 충족적이기를 원한다. 즉 '하나님의 형상image of God'으로 만들어진 유한한 존재보다는, 스스로가 자신의 하나님이기를 원하는 것이다. 믿음이 이러한 교만의 죄를 헤쳐나갈 때에만, 사람은 삶의 불안에도 불구하고 유한한 피조물로서 살아가겠다는 용기를 깨달을 수 있다.[184] 용기는 자생적인 덕목이 아니라 믿음으로부터 나오는 것이다. 틸리히는 다음과 같이 기술한다.

전능하신 하나님에 대한 믿음이야말로 유한성에 대한 불안을 정복하기에 충분한 용기를 탐색하는 것에 대한 해답이다. 궁극적인 용기는 존재의 궁극적인 힘에 참여하는 것에 기반을 둔다. …유한성도 불안도 사라지지 않지만, 인간은 무한성과 용기를 가지게 된다.[185]

이제 에릭슨이 말한 노년에서의 자아통합의 욕구에 대하여 틸리히의 신학이 설명하는 방식을 살펴보는 것이 남아 있다. 에릭슨은 자신이 제기한 쟁점들의 종교적 차원을 인지하였는데, 노년기의 절망이라는 위협에 직면하여 그가 제안해야 했던 최선의 것은 다음과 같은 조심스러운 낙천주의였다. "우리는 좋은 여건하에서는 다소 활발하게 이전 단계의 통합적인 경험들이 통합성의 성숙을 맺도록 하는 인간의 잠재적 역량을 감안해야만 한다.[186]

틸리히는 그의 신학적 관점을 고려해볼 때, 인생을 살았던 대로 스스로 받아들이는 것이 창조적인 노년에 가장 중요하다는 점에서 에릭슨에 동의할 것이다. 그러나 그는 이것이 결코 인간이 성취한 바를 가리키는 것은 아니라고 주장할 것이다.[187] 죄와 죄책감이라는 현실은 노년에 인생 회고를 할 때 여전히 강력하다.

자아통합의 추구를 이해하는 데 틸리히가 기여한 점은 죄책감을 핵심 쟁점으로 인식한 것뿐만 아니라 하나님의 은총을 자아 수용의 기반으로 지적한 것이다. 틸리히는 다음과 같이 썼다. "인간은 그가 받아들여졌음을 확신하는 경우에만 자아 수용의 면에서 스스로를 사랑할 수 있다. 그렇지 않으면 그의 자아 수용은 자의적이며 자기 위안일 뿐이다. 오직 '위로부터의 사랑love from above'에 의해서만 그는 스스로를 사랑할 수 있다."[188]

틸리히의 사상에서는 신앙에서 태어난 용기가 에릭슨의 사상에서 통합성과 유사한 역할을 하는 덕목이다. 에릭슨은 생의 마지막 단계에서는 몸과 마음의 분리에 직면하여 '영원한 희망durable hope'의 기초로서 '철학적 입장philosophical stance'이 요구된다고 인지했다.[189] 틸리히가 기독교 신앙의 영역 안에서 할 수 있는 것은 그러한 희망의 기반을 제공하는 미소스mythos[190]를 명료하게 표현하는 것이다.

노년기의 두 번째 도전은 상실losses의 경험과 자유에 대한 새로운 한계가 늘어나는 것이다. 에릭슨은 이들을 인지하여 다음과 같이 서

술했다. 즉, 노년기에는

세 가지 조직 과정에서 연계가 상실된다. 신체Soma에서는 조직, 혈관, 근육 기관을 연결하는 상호작용의 전면적인 약화, 정신Psyche에서는 과거와 현재 경험에서 연상 일치의 점진적 상실, 기풍Ethos에서는 생식적 상호작용에 책임 있는 기능의 급작스럽고 거의 총체적 손상에 대한 위협이 있다.[191]

이 모든 요인들은 자아통합의 성취를 어렵게 한다. 에릭슨은 의존이 늘어나고 자유가 결핍됨에 따르는 사회적 낙인을 인식한다. 그는 다음과 같이 기술한다.

상호 의존성보다는 오히려 독립심을, 신중한 숙고보다는 오히려 신선한 열정과 열광, 솔직한 단호함보다는 오히려 민첩함과 쾌활함을 자랑스럽게 생각하는 나라에서 지배적인 가치는 당연히 젊음이다. … 따라서 연령차별이 모든 노인들에게 이런 문제를 제기하는 것은 놀랍지 않다.[192]

유한한 인간의 자유가 그 한계에 도달한 지점은 틸리히가 인간 존재에 독특한 '한계 상황boundary situation'이라 불렀던 곳이다. 이곳은 유한한 인간이 초월자와 연결되는 지점이다. 틸리히는 운명과 자유의 주제에 대한 논의를 통하여 제기된 쟁점들에 대답한다.[193] 하나님과 인간의 관계에 대한 증거로서 틸리히가 기술했던 자기초월은 또한 자유의 근원이기도 하다. 틸리히는 "자유는 심사숙고, 결정 그리고 책임으로서 경험된다."고 말한다.[194]

그러나 이러한 자유는 "운명과는 양극을 이루며 상호 의존적"이다.[195] 틸리히는 "운명은 주어진 나 자신이며 자연과 역사와 나 자신에 의하여 형성되는 것이다. 나의 운명은 내 자유의 토대이다. 나의 자유는 나의 운명을 형성하는 데 참여한다."고 말한다.[196]

틸리히에 의하면 인간 미래의 운명은 비록 우리의 과거에 의해 한계가 있음에도 불구하고 우리의 자유와 책임 밖에 있는 것이 아니다. 그는 이렇게 말한다. "우리의 운명은 그로부터 우리의 결정이 생겨나는 것이며, 중심 자아의 무한한 토대이며, 우리의 모든 결정을 참으로 우리의 결정이 되도록 하는 우리 존재의 구체성이다."[197]

자연 질서와 사회 질서 속에는 유한한 존재를 무력하게 만들어 버리는 강력한 힘이 작동하고 있다. 유한성은 자신의 숙명을 전체적으로 통제하지 못한다는 것을 의미하며, 이는 인간이 인간 삶에 내재하는 두려움을 일으킨다. 틸리히는 다음과 같이 기술한다.

> 누구나 그가 내던져진 실존에 적개심을 가지며, 그와 우주의 삶을 결정하는 숨은 힘에 대하여 적개심을 가지며, 그에게 죄의식을 느끼게 만들고 지은 죄로 인하여 파멸을 위협하는 것에 대하여 적개심을 가진다. … 이 적개심보다 더 깊은 곳에는 자기부정, 혐오, 그리고 자기 자신에 대한 증오가 있다.[198]

이러한 '한계 상황'에서 인간은 숙명적인 절망에 항복할 수 있다.

그 결과는 의미 있는 운명을 상실하고 또 자유를 상실하는 것이다. 틸리히에 의하면 "우리의 현재 상황은 깊고 절망적인 무의미함의 감정으로 규정된다. … '무엇 때문에?'라는 질문은 냉소적으로 묵살된다. 자신의 운명이 상실될지도 모른다는 인간의 본질적 두려움은 그러한 운명에 대한 실존적인 절망으로 변형되었다."[199]

틸리히 신학의 중심은 신앙에서 생겨난 용기가 무의미의 위협을 극복하는 데 필수적이라는 것이다. 신앙의 중심은 그리스도 예수를 통해 알게 된 은총을 확인하는 데 있다. "은총은 숙명fate을 의미 있는 운명destiny으로 변형시키며,[200] 죄책감을 확신과 용기로 변화시킨다."[201] 그러한 용기는 삶의 상실과 모호함에 직면하는 책임감 있는 자아를 지원한다. 이는 의미 있는 운명을 가능케 하며, 외부의 힘에 의한 한계에서나마 계속 자유를 발휘하도록 한다.

그런데 노년기에 수반되는 자유의 상실과 한계에 대한 이해에 관하여 의미하는 바가 세 가지 있다. 첫째는 인생의 모든 단계에는 유한한 인간 조건의 일부인 자유를 발휘하는 데 한계가 있음을 인식하는 것이다. 이러한 인식은 인간이 노화에 따른 상실과 한계를 거부하거나 감추거나 위장하지 않도록 용기를 준다. 노화 경험에 대한 둘째 의미는 독립적인 존재로서가 아니라 상호 의존적 존재로서 우리가 창조되었다는 인식이다. 틸리히는 유한한 피조물인 인간은 하나님 그리고 인간 상호 간에 의존한다고 주장한다. 신앙 공동체 내에서는 타인의 존엄성을 파괴하지 않으면서 서로 도움을 주고받을 수 있어야 한다. 노화 경험에 대한 셋째 의미는 틸리히가 삶의 상실과 한계에 직면하여 자유와 함께 의미 있는 운명을 유지하는 방법으로 기독교 신앙을 지목한 점을 주목하는 것이다. 틸리히는 인간이 상실을 용기를 가지고 부딪칠 때 그것이 개인적인 성장을 위한 계기가 될 수 있다고 주장하는 것이다. 이러한 용기는 "그 창조적 근원으로서 하나님을 믿는 것에 뿌리를 두고 있다."[202] 틸리히는 하나님은 "생물적 삶의 소극성에서조차 존재와 의미의 근원으로서" 참여하신다고 주장한다.[203]

틸리히에 의하면 섭리를 믿는 것이 인간 상황을 변화시키는 신성한 개입을 기대하는 것은 아니다. 이는 오히려 "어떤 상황의 조건들이 신자를 파괴할 때, 신성한 조건은 그 파괴를 초월하는 확실성을 그에게 준다"는 믿음이다.[204] 인생의 우여곡절에도 불구하고 초월적인 안도감이 있는 것이다. "신앙이란 '그럼에도 불구하고' 받아들이는 것이며, 이 같은 '그럼에도 불구하고'의 신앙에서 '그럼에도 불구하고'의 용기가 생겨난다."[205]

틸리히는 자신의 운명에 대한 통제력을 완전히 상실하게 되는 때는 인생에 없다고 주장한다. 인간은 삶의 모든 것에 만연하는 통제의 모호성과 결핍을 인정하지만, 그래도 자신의 운명에 대한 책임을 주장할 용기를 가질 수 있다. 오직 자유만이 인간 통제 밖의 환경에 대응하는 태도를 결정하게 될 것이다. 하나님의 계시에서 틸리히는 절망을 극복하고 자유의 수단을 회복하는 희망의 토대를 발견한다.

에릭슨은 만년에 이르러서야 크게 증가한 기대수명으로 보너스 나이를 어떻게 살 것인가에 대해 숙고할 필요가 있음을 인정한다. 그는 65세의 은퇴 연령과 85세 이상의 연령 집단 간의 엄청난 차이를 인식하고, 그의 이론에 제9단계를 추가할 것을 제시한다.[206] 이러한 새로운 유형의 은퇴자들 때문에 에릭슨은 이전 단계에서 규정된 생산성(생성성)이 지속될 필요가 있다는 점을 강조할 필요가 있다고 주장한다. 그는 "… 노인들은 '원대한grand' 생성 기능을 유지할 필요가 있다"라고 적는다.[207] 노인에게는 인생에 계속 참여할 잠재적 세월이 있다.

에릭슨에 따르면 생산성은 자기몰입self-absorption과 충돌한다. 긴장이 성공적으로 극복될 때 보살핌care이라는 덕목이 된다. 생성적인 사람은 자기집착에서 벗어나 타인에 대한 적극적 관심을 가질 수 있는 사람이다. 생성적인 사람은 세계에 대한 신뢰와 미래에 대한 희망으로 그 특징이 드러난다. 의미 있는 일, 친밀함, 사랑 등의 능력이 있다.[208]

성화sanctification에 대한 틸리히의 교리에서 우리는 에릭슨의 생산성에 대한 이해와 유사한 기독교적인 삶에 대한 이해를 발견한다.[209] 성화는 기독교적인 삶에서의 성장 과정이다. "우리 자신을 가치 있게 만들려는 부질없는 시도 속에서, 이러한 시도들의 불가피한 실패에서 나오는 절망에서, 우리는 문득 우리가 용서받았다는 확신을 완전히 이해하게 되며 사랑의 불길이 타오르기 시작한다."[210]

성화의 교리는 영의 내적 삶이 육체적 몸을 다스리는 법에 순응할 필요가 없다는 것을 주장한다. 사도 바울은 이렇게 썼다. "그러므로 우리가 낙심하지 아니하노니 우리의 겉사람은 낡아지나 우리의 속사람은 날로 새로워지도다"(고후 4:16). 틸리히는 이러한 갱생을 성령 임재Spiritual Presence의 덕으로 본다.[211] 틸리히에 의하면 성화 과정에는 네 가지 측면이 있다.[212]

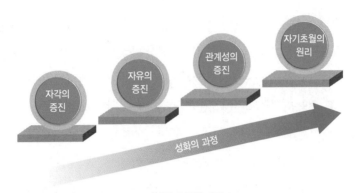

틸리히의 성화 과정

1. **자각의 증진** 틸리히의 '자각의 증진'은 에릭슨이 자아통합의 결과로
   이해하는 '지혜'와 유사하다. "인간은 점점 더 자신의 실제 상황과
   자신 및 자신의 인간성을 둘러싸고 싸우는 힘들을 자각하게 되고,
   또한 이러한 상황에 함축된 해답도 자각하게 된다."[213] 그리하여
   우선순위가 바뀌어 물질의 축적보다는 관계가 더 중요하다는 깨
   달음에 이른다. 이는 자신의 정체성과 운명이 은총의 약속 아래에
   서 확고해진 사람들이 인간 실존의 실패와 허약함을 솔직하게 인
   정하도록 해 준다.

2. **자유의 증진** 틸리히는 이를 양심을 법의 구속력에서 벗어나게 하는
   자유로 해석한다. 더 이상 과거로부터의 규칙에 의해 인생을 살
   필요가 없다. 틸리히에 의하면, 법 아래 살면 위협과 요구에 직면
   하게 된다. 기독교인들은 "성령의 빛으로 주어진 상황을 판단하
   고, 때로는 법에 상충되는 것처럼 보이더라도 적절한 행동을 결정
   하기 위한" 자유를 갖는다.[214]

3. **관계성의 증진** 성화의 셋째 특징은 "자기 은둔의 벽을 허물고" 새

롭고 더 나은 타인과의 관계를 확립하는 힘이다. 이것은 에릭슨이 관대성과 관련시킨 보살핌이라는 덕목과 밀접하게 상응한다. 인간관계는 완전하지 못하고 여전히 소외와 적대감의 제약 아래에 있다. 그러나 '수직적 관계' 그리고 용서에 수반된 화해가 수평적 관계를 복원한다. 틸리히에 의하면 성화의 과정을 거치면 겸손 그리고 "자아수용이 자기높임과 자기경멸을 이겨내는 성숙한 자기 관계성"의 결과가 나타난다.[215] 이는 인간이 실존의 모호함 속에서도 자신과 화해하며 그리고 타인과의 열린 관계 속에서 살아가는 것을 가능토록 해 준다. 하나님을 영접한 모든 기독교인들에게 소명을 요구하는 것은 은총의 선물에 감사하는 마음으로 자신의 삶을 이웃에 쓸모 있도록 하라는 것이다.[216] 소명에 대한 이러한 요구는 직업에서 은퇴했다고 끝나지 않는다. 이는 노년기에 목적과 의미를 부여한다.

4. **자기초월의 원리** 성화의 넷째 측면은 자각, 자유, 관계성 등을 증진한다는 목적은 자아가 존재의 신성한 근원과의 관계를 유지할 때에만 가능하다는 인식이다. 틸리히는 "성화는 궁극을 향한 지속적인 자기초월이 없이는, 즉 신성에 참여하지 않고는 가능하지 않다"고 말한다.[217] 경건한 생활의 중요성을 강조하며 그는 다음과 같이 말한다.

성화에 속한 자기초월은 성령을 체험하는 모든 행동 안에 실재한다. 이것은 혼자만의 기도나 명상에서, 타인과의 영적 경험의 교환에서, 세속 기준의 의사소통에서, 창의적인 정신작업에서, 노동이나 휴식에서, 개인 상담에서, 교회 봉사 등에서도 가능하다. 그것은 마치 다른 공기를 숨 쉬는 것, 보통의 실존 위로 높아진 것과 같다. 그것은 영적 성숙의 과정에서 가장 중요한 것이다.[218]

인생의 종결과 관련된 처음의 두 쟁점과는 달리, 에릭슨과 틸리히는 모두 삶에 계속 관여하여 현재를 확인할 필요가 있다고 보며, 두 사람 모두가 지속적인 성장과 성숙을 향한 움직임의 예상을 견지했다. 노화를 십자가의 체험으로 해석한 사람들도 있지만,[219] 틸리히는 어떤 나이에서든 똑같이 성장, 봉사, 기쁨, 감사에 대한 긍정적 경험이 있을 수 있다고 주장한다. 이는 고난만이 결정적인 것은 아니라는 점을 확인하는 것이다. 틸리히에게 성화의 복적이란 완진함을 이루는 것에 있지 않다는 점에 주목하는 것이 중요하다. "기독교적인 삶은 항상 기복이 있는 행로일 뿐 결코 완전한 상태에 도달하지 못하지만 그 변덕스러운 특성에도 불구하고 성숙을 향한 움직임을 포함한다."[220]

지금은 사회가 노화에 대한 부정적인 고정관념을 취하고 노인들을 위한 창조적인 역할을 찾지 못하는 시대이다. 이때에 기독교적 성화와 소명의 개념은 노년기의 목적을 되살리는 수단이 될 수 있다. 그러한 변화를 위한 동기부여는 사회 가치의 변화를 기다릴 필요가 없으며, 복음의 약속 아래 살고 있는 노인들에게 이미 활용 가능한 것이다. 품위 있고 긍정적인 노화를 위한 은총이 존재한다.

노화의 쟁점들에 관한 에릭슨과 틸리히의 대화의 각 단락에서 노화에 대해 가지는 의미를 기술한 것에 덧붙인다면, 노화에 대한 총체

적인 연구라면 반드시 종교의 역할이 포함되어야 함을 확인하는 것
이다. 에릭슨의 사회심리학적 분석과 틸리히의 현상학적 · 실존적 분
석 모두가 종교는 인간 실존에서 피할 수 없는 차원이라는 것을 확인
한다. 따라서 종교적 차원을 무시하는 어떠한 노화 연구에도 환원주
의還元主義reductionism의 결점이 따른다.[221] 신학은 중요한 인간 경험들에
대해 일관된 설명과 해석을 주려는 이차적 규율second-order discipline로
이해될 수 있다. 노화 과정을 부정하고 두려워하는 문화에 대해 신앙
공동체는 우리가 살아가는 용기를 주는 은총의 하나님에 대한 증거
가 될 필요성이 있다.[222]

주

1. 김태련, 발달심리학 (서울 : 박영사, 1994), 3.

2. 윤진, 성인 · 노인심리학 (서울 : 중앙적성출판사, 2003), 50.

3. Erik Erikson(1902~1994)은 Anna Freud, Ernst Kris, Heinz Hartmann, David
   Rapaport 등과 함께 분류될 수 있다. 그는 독일계 유대인인 양아버지의 성을
   따라 Erik Homburger는 이름으로 자라났다. 그러다가 그는 미국으로 이주하
   기 전에 자신의 성을 Erikson으로 바꾸었다. 그는 청년 시절에 종종 아동들을
   자신의 연구주제로 삼은 예술가였다. 그러다가 프로이트가 있는 비엔나로 가
   서 몬테소리 방식을 연구하였다. 그는 다른 분석가들과는 달리 의학적인 배
   경을 가지지 않고 순수한 직관적 재능과 양심적이고 주의 깊은 사례연구 방
   법으로 연구하였다. 그의 저술들은 영어와 영문학을 가르쳤던 그의 아내의 도
   움으로 이루어졌는데,그녀의 도움은 그의 연구의 문학적인 수준을 높여 주었
   다. 프로이트와 마찬가지로 에릭슨 이론의 강점 중 일부는 그의 이론적인 표
   현력에 힘입은 바 크다. James E. Loder, *The Logic of the Spirit*: *Human Development
   in Theological Perspective* (San Francisco: Jossey-Bass, 1998), 22−23.

4. 윤진, 52.

5. Joan Berzoff, *Inside Out and Outside In: Psychodynamic Clinical Theory and Practice in Contemporary Multicultural Contexts* (New Jersey: Jason Aronson, 1996), 106-107, 임경수, 인간발달 이해와 기독교 상담 (서울 : 학지사, 2004), 89에서 재인용.

6. 임경수, 목회상담과 인간이해 (대구 : 계명대학교, 2005), 37.

7. Erikson, *The Life Cycle Completed: A Review* (New York: Norton & Co, 1982), 27-28.

8. 생물이 개체 발생의 진행과 함께 점차 각 기관을 가지게 된다는 이론.

9. 이정기, "Erik Erikson의 형태분석적 인간 이해", 敎授論叢 16 (1997): 385.

10. Richard Stevens, *Erik Erikson* (New York: St. Martin Press, 1983), 17.

11. Erik H. Erikson, *Childhood and Society* (New York: Norton & Co, 1950), 91-92.

12. James E. Loder, *The Logic of the Spirit: Human Development in Theological Perspective* (San Francisco: Jossey-Bass, 1998), 23.

13. 임경수, 인간발달 이해와 기독교 상담, 89.

14. Erik H. Erikson, *The Life Cycle Completed*, 1-131.

15. R. Evans, *Encounter with Erikson* (New York: Harper & Row, 1967), 21-22.

16. 임경수, 인간발달 이해와 기독교 상담, 222.

17. Erikson, *The Life Cycle Completed*, 56-57.

18. Donald Capps, *Life Cycle Theory and Pastoral Care* (Philadelphia: Fortress Press, 1983), 29-30.

19. Harod Geist, *The Psychological Aspects of the Aging Process* (New York: Robert E. Kriefer Publishing Co., 1981), 4.

20. Donald Capps, *Life Cycle Theory and Pastoral Care*, 38.

21. Ibid., 29.

22. 송명자, 발달심리학 (서울 : 학지사, 2005), 375.

23. Harod Geist, *The Psychological Aspects of the Aging Process*, 40.

24. Loder, *The Logic of the Spirit: Human Development in Theological Perspective*, 320.

25. Ibid.

26. Ibid.

27. Ibid.

28. Ibid., 322.

29. 임경수, 인간발달이해와 기독교 상담, 225.

30. Ibid.

31. Donald Capps, *Life Cycle Theory and Pastoral Care*, 47.

32. 임경수, 인간발달이해와 기독교 상담, 226.

33. R. C. Peck, "Psychological Developments in the Second Half of Life", in B. L. Neugarten, ed., *Middle Age and Aging* (Chicago: University of Chicago Press, 1968), 88-92.

34. 정옥분, 성인발달의 이해 (서울 : 학지사, 2002), 403.

35. Ibid., 404.

36. 이현규, 183.

37. 정옥분, 404.

38. Heinz Kohut, "The Psychoanalytic Treatment of Narcissistic Personality Disorders", *The Psychoanalytic Study of the Child* 23 (1967): 86-113; Heinz Kohut, "Moderator's Opening and Closing Remarks", *International Journal of Psycho-Analysis* 51 (1970): 176-181; Heinz Kohut, "Scientific Activities of the American Psychoanalytic Association: An Inquiry", *Journal of American Psychoanalytic Association* 18 (1970): 462-484.

39. 이호선, 38-39.

40. 정옥분, 404-405.

41. Daniel J. Levinson, "A Conception of Adult Development", American Psychologist 41 (1986): 3-13.

42. 정옥분, 405.

43. Ibid.

44. 이호선, 39.

45. Helen L. Bee, *The Journey of Adulthood* (New York: Mcmillan Publishing Co., 1992), 66.

46. Robert N. Butler, "The Life Review: An Interpretation of Reminiscence in the Aged", *Psychiatry* 26 (1963): 65-76.

47. Ibid.; Robert N. Butler, "Successful Aging and the Role of the Life Review",

Journal of American Geriatric Society 22 (1974): 529-535.

48. Butler, "The Life Review: An Interpretation of Reminiscence in the Aged", 65-76.

49. Robert N. Butler and Myrna I. Lewis, *Aging and mental health: Positive psychosocial approaches* (St. Louis: C. V. Mosby Co., 1982), 326.

50. Butler, "The Life Review: An Interpretation of Reminiscence in the Aged", 65.

51. Ibid., 69.

52. Vaillant, *Aging Well*, 39-82.

53. 권육상 외, 노인생활건강 (서울 : 유풍출판사, 2004), 68.

54. Martin Heidegger, *Sein und Zeit* (Tübingen: Max Niemeyer Verlag, 1972), 8-19.

55. Lily Pincus, *Death and the Family* (New York: A Division of Random House, 1974), 13.

56. 윤진, 319.

57. Ibid., 320.

58. Elisabeth Kübler-Ross, "임종의 네 가지 단계", 성염 역, 신학전망 31 (1975): 16-22.

59. D. B. Bromley, 노인심리학, 김정휘 역 (서울 : 성원사, 1992), 284-285.

60. 서혜경, "한미노인의 죽음에 대한 태도 연구", 한국노년학 7 (1987): 39-59.

61. 신은영, 유시순, "노인의 건강신념에 따른 죽음불안", 노인복지연구 29 (2005): 313. 박민수, "노인의 위기에 대한 목회상담적 접근 : 죽음불안과 종말론을 중심으로", 복음과 상담 37 (2005): 58.

62. Bromley, 노인심리학, 287.

63. Elisabeth Kübler-Ross, *On Death and Dying* (New York: MacMillan Publishing Co., 1974); Elisabeth Kübler-Ross, *Living with Death and Dying* (New York: MacMillan Publishing Co., 1981). E. Kübler-Ross는 스위스 취리히 태생으로 미국 시카고 대학병원 정신과 의사로서 20년간 임종환자들을 돌보아 왔고, 의료인, 성직자, 일반인을 대상으로 그에 관한 훈련을 지도했다. 1965년부터 시카고 신학대학생 4명과 같이 200여 명의 임종환자를 면접한 바 있다.

64. Kübler-Ross, *On Death and Dying*, 38.

65. Ibid., 39-40.

66. Ibid., 50.

67. 이현규, 411.

68. 한동윤, "죽음과 임종을 위한 목회적 관심", 한국교회와 노인목회 (서울 : 한국장로교출판사, 2000), 113.

69. Kübler-Ross, *On Death and Dying*, 82.

70. Ibid., 83-84.

71. Ibid., 86.

72. Ibid., 87-88.

73. 이현규, 412.

74. L. Klug and A. Sinha, "Death Acceptance : A Two-Component Formulation and Scale", *Omega: Journal of Death and Dying* 18, no. 3 (1987): 229-235.

75. Donald Capps, *Life Cycle Theory and Pastoral Care*, 29-30.

76. Erikson, *The Life Cycle Completed*, 61.

77. Erik H. Erikson, *Identity: Youth and Crisis* (New York, NY: Norton & Co, 1968), 140.

78. Paul Tillich, *The Meaning of Health: Essays in Existentialism Psychoanalysis and Religions* (Chicago: Exploration Press, 1984), 117, 임경수, 인간발달 이해와 기독교 상담, 236-237에서 재인용.

79. 사미자, "노년의 심리", 한국교회와 노인목회, 대한예수교장로회 총회교육부 편 (서울 : 한국장로교출판사, 2000), 68-69.

80. B. M. Newman and P. R. Newman, 현대발달심리학, 박아청 역 (서울 : 형설출판사, 1990), 398-399.

81. Ibid., 402-403.

82. 사미자, "노년의 심리", 70.

83. Newman and Newman, 현대발달심리학, 406.

84. I. Kang, "A Study on Perception of Successful Aging", *Welfare for the Aged* 20 (2003): 95-116.

85. 홍현방, 최혜경, 145-146.

86. M. H. Kim, K. R. Shin, M. S. Kang, and I. Kang, "A Study of Successful Aging Experience of Korean Elderly", *J Korea Gerontol Soc* 24 (2004): 79-95.

87. 홍현방, 245-259.

88. 박경란, 이영숙, "성공적 노화에 대한 인식 조사연구", 한국노년학 22, no. 3 (2002): 53-66.

89. 김정순, 31-50.

90. 홍현방, 245-259.

91. J. W. Rowe and R. L. Kahn, "Successful Aging", *The Gerontologist* 37 (1997): 433-440.

92. Ibid.

93. M. R. Crowther, M. W. Parker, W. A. Achenbaum, W. L. Larimore, and H. G. Koenig, "Rowe and Kahn's Model of Successful Aging Revisited: Positive Spirituality-The Forgotten Factor", *The Gerontologist* 42 (2002): 613-620.

94. 장성옥 외 14인, "노인의 자아통합감 개념 분석", 대한간호학회지 34, no. 7 (2004): 11-75.

95. 사미자, "노년의 심리", 75.

96. Bromley, 노인심리학, 266-267.

97. 한정란, 노인교육의 이해 (서울: 학지사, 2005), 111.

98. S. Reichard, F. Livson, and P. Peterson, *Aging and Personality* (New York: Wiley, 1962), 111-114.

99. Neugarten, et al., "Personality and Patterns of Aging", in B. L. Neugarten, ed., *Middle Age and Aging* (Chicago: Univ. of Chicago Press, 1968), 173-177.

100. 김태련, 406.

101. Bromley, 노인심리학, 266-268.

102. 사미자, "노년의 심리", 77.

103. Bromley, 노인심리학, 589-597.

104. B. L. Neugarten, "Kansas City Studies of Adult Life", in G. L. Maddox, ed., *The Encyclopedia of Aging* (New York: Springer, 1987), 372-373.

105. Bromley, 노인심리학, 591.

106. P. B. Baltes, D. Sowarka, and R. Kliegl, "Cognitive Training Research on Fluid Intelligence in Old Age: What Can Older Adults Achieve by Themselves?", *Psychology and Aging* 4 (1989): 217-221.

107. Bromley, 노인심리학, 594.

108. J. Hechausen, R. A. Dixon, and P. B. Baltes, "Gains and Losses in Develop
-ment througout Adulthood as Perceived by Different Adult Age Groups",
Developmental Psychology 25 (1989): 109-121.

109. D. S. Butt and M. Beiser, "Successful Aging: A Theme for International
Psychology", *Psychology and Aging* 2 (1987): 87-94.

110. Bromley, 노인심리학, 597.

111. Ibid.

112. 정옥분, 406.

113. 홍현방, 최혜경, 2.

114. Bromley, 노인심리학, 299.

115. R. F. Havighurst, B. L. Neugarten, and S. S. Tobin, "Disengagement and
Patterns of Aging", in B. L. Neugarten, ed., *Middle Age and Aging* (Chicago:
University of Chicago Press, 1968), 161-172.

116. G. L. Maddox, "Disengagement Theory: A Critical Evaluation", *The Gerontologist* 4
(1964): 80-82, 103; 홍현방, 최혜경, 2.

117. Bromley, 노인심리학, 299.

118. 정옥분, 407.

119. J. W. Rowe and R. L. Kahn, "Successful Aging", The Gerontologist 37 (1997):
433-440.

120. 성혜영, 유정헌, "성공적 노화 개념의 인식에 관한 연구", 한국노년학 22, no. 2
(2002): 76.

121. Rowe and Kahn, "Successful Aging", 433-440.

122. 성혜영, 유정헌, 77.

123. P. B. Baltes and M. M. Baltes, "Psychological Perspectives on Successful Aging:
The Model of Selective Optimization with Compensation", in P. B. Baltes and
M. M. Baltes, eds., *Successful Aging: Perspestives from Behavioral Sciences* (Cambridge:
Cambridge University Press, 1990), 1-34.

124. 홍현방, 최혜경, 4-5.

125. 성혜영, 유정헌, 77-78.

126. L. D. Aldag, "Is Use of Selective Optimization with Compensation Associated with Successful Aging?" *Dissertation Abstracts International: Section B: The Science & Engineering* 58 (1997): 21-50.

127. 성혜영, 유정헌, 78.

128. Ibid., 79.

129. Ibid.

130. 정옥분, 414.

131. J. C. Morgan, *Becoming Old* (New York: Springer, 1979), 1-94.

132. 정옥분, 415.

133. 윤진, 195-196.

134. 홍현방, 최혜경, "성공적인 노화 정의를 위한 문헌 연구", 4.

135. 김애순, "심리적 노화", 노년학의 이해 (서울 : 대영문화사, 2002), 82.

136. Ibid., 82-83.

137. 홍현방, 최혜경, "성공적인 노화 정의를 위한 문헌 연구", 4.

138. 원동연, 유동준, 29-30.

139. Ibid., 31.

140. Ibid., 32-33.

141. Ibid., 33-37.

142. Ibid., 56-72.

143. Ibid., 57-61.

144. Ibid., 62-63.

145. Ibid., 63-68.

146. Ibid., 68-69.

147. Bromley, 노인심리학, 588.

148. Donald Capps, *Deadly Sins and Saving Virtues* (Philadelphia: Fortress Press, 1987), 65-66.

149. T. R. Cole, "Aging, Meaning and Well-Being: Musings of a Cultural Historian", *International Journal of Aging and Human Development* 19 (1984): 65-66.

150. Jane M. Thibault, "Congrgation as a Spiritual Care Community", Kimble, et. al., *Aging, Spirituality, and Religion*, 353.

151. 사미자, 종교심리학 (서울 : 장로회신학대학교출판부, 2004), 48-49.

152. Omar Otterness, "A Neo-Orthodox Perspective", In Kimble, et. al., *Aging, Spirituality, and Religion*, 429-443.

153. 사미자, 종교심리학, 71-72.

154. 김진영, "에릭슨의 '종교적 인간'을 중심으로 본 자기정체성과 종교적 성숙", 일반상담과 목회상담, 장신목회상담회 편 (서울 : 예영커뮤니케이션, 2003), 332-339.

155. Otterness, "A Neo-Orthodox Perspective", 429-443.

156. Erikson, *The Life Cycle Completed: A Review*, 65.

157. Ibid.

158. Ibid.

159. Ibid., 64.

160. Ibid.

161. Ibid.

162. Erik H. Erikson, *Insight and Responsibility* (New York: Norton Publishers, 1964), 131.

163. Erik H. Erikson, *Childhood and Society* (New York, NY: Norton & Co., 1950), 42.

164. Erikson, *Insight and Responsibility*, 103.

165. Ibid., 153.

166. Ibid., 111-112.

167. Omar Otterness, "A Neo-Orthodox Perspective", 431.

168. 파울 요하네스 틸리히(Paul Johannes Tillich, 1886년 8월 20일~1965년 10월 22일) 또는 폴 틸리히(Paul Tilich)는 독일의 신학자이자 루터교 목사였다. 1909년 목사후보생고시에 합격, 수련을 받던 중 브레슬라우 대학교에서 철학박사학위를 받았다. 그가 경험한 다양한 수학은 폴 틸리히를 철학자의 신학자이자 신학자의 철학자라고 불리게 했다. 1911년 신학 분야의 최고 권위인 신학전문직 학위를 받음에 따라 대학교에서 가르칠 자격을 얻었다. 틸리히는 같은 시대에 활동하던 신정통주의 신학자 루돌프 불트만(Rudolf Bultmann)의 영향을 받았다. 불트만은 현대의 남성과 여성에게 우주의 외계인을 그리게 하는, 하늘의 도시나 삼층적 우주 같은 신화적인 용어를 버려야 한다고 주장했

다. 불트만은 그런 신화적 용어들 때문에 많은 현대인들이, 성서와 성서 이야기에 나타나는 고유한 구원의 메시지를 함께 거부하는 경향을 보인다고 생각했다. 그가 보기에 이런 상황을 해결하는 방법은, 그리스도의 구원을 현대적이고 철학적이며 심리학적이고 과학적인 언어로 다시 쓰는 것이었다. 1924년 폴 틸리히는 마르부르크 필리프 대학교의 부교수가 되어 학생들을 강의하여 학자로서의 삶을 시작했다. 다음 해에는 **종교적 정황**을 출판하여 학계에서 유명해졌고, 1929년 프랑크푸르트 대학교의 철학과에서 사회학 정교수로 되어 학생들을 가르쳤다. 당시 그가 가르친 내용은 칸트, 헤겔, 아퀴나스 등 철학자들의 가르침, 사회윤리학 등이 있다. 하지만 이러한 학자로서의 삶은 나치의 박해로 끝나게 된다. 독재자 히틀러의 등장은 나치에 의해 종교 사회주의 이론가인 폴 틸리히의 학자로서의 삶을 마감하게 했다. 그는 비유대인 중에서는 최초로 교수직을 박탈당했고, 그의 책들은 소각당하는 수모를 당했다. 다행히 미국 유니온 신학교에서 틸리히를 1년간 철학부 교수로 모시겠다는 입장을 보였다. 틸리히는 히틀러의 독재와 홀로코스트로 고통 받는 동족들과 유대인들을 버릴 수 없다고 생각했지만, 나치의 박해가 극심해지면서 1932년 10월 가족과 함께 미국에 가야 했다. 도미 당시 틸리히는 고향에 다시 돌아가고 싶어했지만 1933년 12월 나치에 의해 교수직을 완전히 박탈당하고 말았다. 다행히 학교 측에서 1934년 5월 교수로 재임명한 덕분에 학생들을 가르치는 일을 계속할 수 있었고, 신학, 심층심리학, 문학, 춤, 철학 등 해박한 학식을 학생들에게 가르칠 수 있었고, 학생들은 그의 해박하고 창의력이 있는 강의에 감동받았다. 당연히 그는 유니온 신학교의 '스타'가 되었다. 틸리히는 1948년부터 1963년까지 출판 활동에 몰두하여 개신교 시대(*The Protestant Era*)의 영문판, 설교집 흔들리는 터전(*The Shaking of Foundations*), 조직신학 1권 등이 출판되었고, 특히 **존재에로의 용기**(*The Courage to Be*)는 독자들의 사랑을 받았다. 그의 설교집 흔들리는 터전, 영원한 지금, 새로운 존재는 김광남의 번역으로 한국에도 소개되었다. 그 외에 한국어로 번역되어 소개된 틸리히의 저서로는 교회사 강의문을 책으로 묶은 그리스도교 사상사(*The Christian Throught*)가 있다.

169. Omar Otterness, "A Neo-Orthodox Perspective", 432.

170. Ibid., 433.

171. Paul Tillich, *The Courage to Be* (New Haven & London: Yale University Press,

1952), 35-36.

172. 틸리히가 하나님을 지칭하는 비상징계 용어임. 상징계(symbolic)란 프랑스 구조주의 철학자 자크 라캉이 인간 언어를 통해 인간의 욕망을 분석하는 이론을 정립하면서 인식의 세 차원을 상상계(imaginary), 상징계(symbolic), 현실계(real)로 분류한 것 중 하나임. 유아기에는 거울에 비친 자기 모습을 보듯이 이미지 차원의 상상계 속에서 살아가다가, 언어를 습득하고 언어체계를 본떠서 만든 구조화된 상징체계 속으로 넘어가 상징세계에도 도달함. 현실계는 한 차원 높아 포착하기 어려운 단계로 철학적 정교함이 요구되며, 언어행위나 언어체계 밖에 존재하는 잔여 영역이라 볼 수도 있음. 여기서 비상징계(nonsymbolic)는 문맥상 현실계를 의미하는 것으로 보임.

173. Paul Tillich, *Systematic Theology*, vol. 1 (Chicago: University of Chicago Press, 1951), 212.

174. Omar Otterness, "A Neo-Orthodox Perspective", 434.

175. Tillich, *Systematic Theology*, vol. 1, 212.

176. Ibid.

177. Omar Otterness, "A Neo-Orthodox Perspective", 429-443.

178. Paul Tillich, *Systematic Theology*, vol. 2 (Chicago: University of Chicago Press, 1957), 75.

179. Ibid., 78.

180. Paul Tillich, *The New Being* (New York: Charles Scribner's Sons, 1955), 25.

181. Ibid.

182. Omar Otterness, "A Neo-Orthodox Perspective", 434.

183. Tillich, *The New Being*, 12.

184. Omar Otterness, "A Neo-Orthodox Perspective", 435.

185. Paul Tillich, *Systematic Theology*, vol. 1, 304.

186. Erikson, *Insight and Responsibility*, 65.

187. Omar Otterness, "A Neo-Orthodox Perspective", 429-443.

188. Paul Tillich, *Love, Power, and Justice* (London: Oxford University Press, 1954), 121-122.

189. Erikson, *The Life Cycle Completed: A Review*, 64.

190. mythos란 아리스토텔레스의 '시학'에서 이야기의 순서를 정한 plot의 의미로 쓰였으며 로고스와 대비되는 말. 통상 어떤 집단이나 문화에 특유한 믿음이나 가치관을 말함.

191. Erikson, *The Life Cycle Completed: A Review*, 65.

192. Erik H. Erikson, Joan M. Erikson, and Helen Q. Kivnick, *Vital Involvement in Old Age* (New York: W. W. Norton & Co., 1986), 301.

193. Paul Tillich, *Systematic Theology*, vol. 1, 184-186.

194. Ibid., 184.

195. Ibid., 185.

196. Ibid.

197. Ibid., 184.

198. Paul Tillich, *The New Being*, 21.

199. Paul Tillich, *Systematic Theology*, vol. 1, 223.

200. 숙명(fate)과 운명(destiny)은 인간 통제 밖의 힘에 의하여 정해진 일들이 발생하는 불가피성이라는 측면에서는 동일하나, 숙명은 선택의 여지가 없고, 운명은 인간의 선택과 참여의 여지가 있다는 점에서 약간의 차이가 있음.

201. Paul Tillich, *The Shaking of the Foundation* (New York: Charles Scribner's Sons, 1948), 156.

202. Paul Tillich, *Systematic Theology*, vol. 1, 300.

203. Ibid., 300.

204. Ibid.

205. Paul Tillich, *The Courage to Be*, 172.

206. Erikson, *The Life Cycle Completed: A Review*, 62-63.

207. Ibid., 63.

208. Omar Otterness, "A Neo-Orthodox Perspective", 439.

209. Paul Tillich, *Systematic Theology*, vol. 3 (Chicago: University of Chicago Press, 1963), 228-237.

210. Paul Tillich, *The New Being*, 13.

211. Paul Tillich, *Systematic Theology*, vol. 3, 228.

212. Ibid., 228-37.

213. Ibid., 231.

214. Ibid., 233.

215. Ibid., 234.

216. Ibid.

217. Ibid., 235.

218. Ibid., 236.

219. S. Sapp, *Full of Years, Aging and the Elderly in the Bible and Today* (Nashiville: Abingdon, 1987), 141.

220. Paul Tillich, *Systematic Theology*, vol. 3, 237.

221. Otterness, "A Neo-Orthodox Perspective", 441-442.

222. Ibid., 442.

하나님의 형상론에서 본
자아정체감의 상실과 회복

02

이 장에서는 노인의 자아통합감을 하나님의 형상이라는 입장에서 고찰한다. 첫째, 성경을 통해서 하나님의 형상을 고찰한 후, 성경에 나타난 노화와 죽음 이해를 살펴볼 것이다. 둘째, 칼빈과 후크마를 중심으로 개혁주의 신학에서 하나님의 형상으로서의 인간이 어떻게 논의되는지를 조사할 것이다. 특히 개혁주의 신학은 창조 시의 하나님의 완전한 형상이 타락에 의해서 훼손되고, 그리스도를 통해서 회복되는 창조ㆍ타락ㆍ구속의 도식하에서 이해하고 있다. 이러한 논의들은 하나님의 형상에서 본 노인의 자아통합감을 이해하는 것에 도움을 줄 것이다.

하나님의 형상과 자아통합에 관한 성경적 고찰

아래에서는 자아통합과 절망 그리고 죽음에 대한 성경적인 관점을 분석해보고, 성경적인 인간론에 있어서의 삼중 구조(창조, 타락, 회복)를 자아정체감의 상실과 회복의 관점에서 살펴본 후에, 대표적인 성경구절의 해석을 통해 회복된 자아가 어떻게 자아통합으로 나아갈 것인가를 제시하고자 한다. 여기서 성경적인 관점이라 하면 종교개혁과 역사적 복음주의 신학의 관점을 의미한다. 복음주의 신학의 근거는 성경이다Sola Scriptura. 복음주의 신학의 핵심 주장은 성경의 절대적 권위와 무오성無誤性을 받아들이는 것이다.[1]

하나님의 형상에 관한 성경적 고찰

하나님의 형상이라는 말이 유대-기독교가 인간을 이해함에 있어서 결정적인 영향을 끼쳐 왔지만, 구약성경에서 인간이 하나님의 형상으로 창조되었다는 사실을 구체적으로 설명하는 구절은 모두 세 곳에 불과하다(창 1:26-27; 창 5:1-2; 창 9:6). 그런데 이 세 번의 기록은 모두 흔히 '원역사primeval history'라고 부르는 창세기 1-11장에 속해 있다.

창세기 1:26-27을 보면 '형상ṣelem'이라는 단어가 강조되어 세 번 사용된다는 사실을 확인할 수 있다. "하나님이 가라사대 우리가 우리의 형상을 따라 우리의 모양대로 사람을 만들고… 하나님이 자기 형상 곧 하나님의 형상대로 사람을 창조하시되, 남자와 여자로 창조하시고…"(창 1:26-27). 창세기에서 다른 생물에 관해서는 '종류대로' 창조했다는 사실이 강조된다. 따라서 인간은 종류대로 창조된 생물과 달리 하나님의 형상대로 창조된 존재이다.[2] 하나님께서는 다른 동물들을 창조하실 때에 각기 그 종류대로 만드셨으나, 인간에 대해서만 하나님의 형상을 따라 하나님의 모양대로 창조하셨다. 그래서 창세기 1:27에는 다음과 같이 '창조하다(바라)bara'라는 동사가 반복된다.

> 하나님이 인간을 그의 형상대로 창조하시니라
> 그가 그의 형상대로 그를 창조하시되
> 남자와 여자로 그들을 창조하시니라

인간의 창조와 관련하여 '창조하다'라는 동사가 이처럼 반복되는 것은 창세기 1장의 창조 이야기가 '인간의 창조'에 초점을 맞추기 원

했다는 것을 보여준다.[3]

하나님의 형상을 이야기할 때 하나님의 모양이 함께 거론된다. 교부들은 형상과 모양을 구분했다. 이레니우스[Irenaeus]는 형상과 모습을 구분했다. "형상이라는 말로써는 아담이 이성과 의지의 자유를 갖춘 존재임을 의미했고, 모습이라는 말로써는 아담이 성령의 역사로 말미암아 초자연적인 은사를 누리었음을 의미했다." 그는 타락 후에 인간에게서 형상은 존속하고 모양은 상실되었다고 주장했다.[4] 어거스틴[Augustin]도 인간이 타락한 이후에 '모양[similitudo]'은 상실되었지만 '형상[imago]'은 상실되지 않았다고 보았다. "여기에서 모양은 타락과 함께 잃어버린 본래적인 의本來的義[justitia originals]를 의미하며 형상은 인간이 타락하면서도 없어지지 않은 인간 본연의 것, 즉 이성, 의지의 자유를 뜻한다."[5] 그러나 성경을 자세히 살펴보면 형상과 모양에 차이가 없음을 알 수 있다. 원래 마소라 텍스트에는 형상과 모양이라는 말이 아무런 접속사 없이 사용되고 있다. 그러나 70인 역[LXX]과 벌게이트 역[Vulgata]에서는 카이[και]와 에트[et]를 삽입하여 둘을 구분하는 것처럼 보이게 만든다.[6] 또한 창세기 1:26에는 형상과 모양이 함께 사용되었고, 창세기 1:27에는 다만 형상만 사용되었지만, 창세기 5:1에는 모양만을 언급한다. 그리고 창세기 5:3("자기 모양을 따라 자기 형상대로")에서는 형상과 모양이 함께 사용되었지만 창세기 1:26과 역순으로 사용된다. 그러므로 교부들의 해석과 달리 성경 본문에서는 형상과 모양이라는 용어가 교환 가능한 용어라는 사실을 알 수 있다.

그렇다면 성경 본문에서 형상이란 무엇을 뜻하는가? 형상을 뜻하는 히브리어 첼렘은 문자적인 의미로 '잘라내어진 것[that which is cut out]'

을 의미한다. 그러나 모양은 보다 추상적인 의미를 가진다. 그래서 하나님의 형상이 반드시 엄격하게 물리적인 것을 의미할 필요는 없다.[7] 그럼에도 불구하고 형상이라는 말 자체는 구체적인 의미를 가진다. 특히 형상은 주로 어떤 것, 즉 원형Urbild을 본떠서 만든 모형Abbild을 의미한다. 헤르만 군켈Hermann Gunkel은 하나님의 형상이라는 말을 하나님과 인간의 외형적 모습의 유사성을 의미한다고 보았다. 폰 라트Gerhard von Rad는 고대 근동의 왕이 먼 지역을 직접 통치하기 어려울 때 자신의 형상을 세웠던 점을 착안하여 인간이 '하나님의 형상'의 기능을 한다고 주장했다.[8] 이러한 의견들에 대해서 브루그만Walter Brueggemann은 다음과 같이 설명한다.[9]

> 인간 안에 반영되어 있는 하나님의 형상이 자신의 형상을 세우는 왕의 행위를 따르고 있다는 점에는 일반적인 의견일치가 이루어져 있다. 왕이 자신의 형상을 세우는 이유는 자신의 모습을 드러낼 수 없는 곳들에까지 자신의 주권적인 통치가 미치고 있음을 강조하기 위해서이다…. 인간 피조물은 자신의 보살핌에 맡겨진 모든 다른 피조물들에게 자유와 권위를 행사함으로써 하나님의 하나님 되심을 증거한다.

브루그만의 지적처럼 하나님의 형상이 통치를 상징한다는 점에 있어서는 많은 학자들이 동의하고 있다.

하나님의 형상에 관한 논의에서 주요한 논쟁점은 '타락 이후에 하나님의 형상이 남아 있는가?'이다. 타락 이후에 하나님의 형상이 완전히 상실되었고, 그리스도를 믿을 때 그 형상이 새롭게 창조된다고 과격하게 해석하는 학자들도 있다. 그러나 최인홍은 창세기 5:1을 근거로 해서 타락 이후에 하나님의 형상이 훼손되었지만 전적으로 상실되었다고는 생각할 수 없다고 주장한다. 왜냐하면 타락 이야기가 기록된 창세기 3장 이후에도 인간은 여전히 하나님의 형상을 따라 지음받은 존재로 불리기 때문이다(창 5:1-3; 창 9:6).[10]

하나님의 형상은 신약성경에서도 논의된다. 야고보서 3:9에서 야고보는 "이것으로 우리가 주 아버지를 찬송하고 또 이것으로 하나님의 형상대로 지음을 받은 사람을 저주하나니"라고 말씀하고 있다. 여기에서 "하나님의 형상ὁμοιωσιν대로 지음을 받았다"고 할 때, 형상은 사실상 구약성경에서의 '모양'(데무트)에 해당되는 말이다. 첼렘의 헬라어 번역은 에이콘εικων이었다. 그러므로 번역의 일관성을 부여하기 위해서는 "하나님의 모습대로 지음받은 사람을 저주하나니"라고 하는 것이 더 낫다. 그러나 앞에서 살펴본 것처럼 형상과 모양은 교호적으로 사용할 수 있는 단어이기 때문에 본문은 하나님의 형상을 논할 때에도 유효하다.

신약성경에서는 야고보뿐 아니라 바울 역시 하나님의 형상에 대해서 전하고 있다. 사도 바울은 하나님의 형상을 말할 때 그리스도 뿐 아니라 그리스도의 백성이 점진적으로 변화되어 가는 과정의 결과와 연관시킨다.[11] 사도 바울은 고린도후서 4:4에서 "그리스도는 하나님의 형상이니라"라고 말씀하고 있다. 골로새서 1:15에서도 "그는 보이지 아니하는 하나님의 형상이요 모든 피조물보다 먼저 나신 이시니"라고 전하고 있다. 두 구절 모두 하나님의 형상이라고 할 때 에이콘εικων[3]이라는 용어를 사용한다.

신약성경에서 형상과 모습이 무엇을 뜻하는가는 에베소서 4:22-24과 골로새서 3:9-10에 잘 드러나 있다. 에베소서 4:22-24에서 하나님의 형상은 "의와 진리와 거룩함"으로 설명되고 있다. 이 구절은 하나님의 형상이 회복된 가운데 있는 새로운 아담이라는 모티프를 함축하고 있다.[12] 골로새서는 '자기를 창조하신 이의 형상을 따라κατα εικονα του κριοαντος αυτον'라고 직접적으로 말씀하면서 하나님의 형상을 보다 분명하게 밝힌다. '자기를 창조하신 이'라고 할 때 그것은 하나님을 의미함과 동시에 그리스도를 의미한다. 하나님이 인간을 재창조할 때, 하나님은 인간을 그리스도의 패턴을 따라서 재창조하신다.[13]

노화와 죽음에 대한 성경적 고찰

노화를 성경적 관점에서 연구하는 성경학자들은 노인의 삶에 가능성이 있음을 분명히 밝힌다. 그들은 노화를 실증적으로 연구하는 사회과학자들과 달리 해석학적인 인식론을 노화연구의 방법론으로 선택한다. 비록 사회과학자들이 해석학적 관점을 취하는 성경적 관점의 연구자들에 대해 '데이터가 없다'고 비판할지라도, 성경학자들의 연구는 종교적 차원에서 종교적인 안락과 도전을 본질적으로 제시하고 있다. 특히 그들은 현대 문화의 개인주의적 편향성을 비판하면서 인간 공동체에서 노인의 역할을 강조하고 있다. 이에 한 걸음 더 나아가 성경학자들은 사회과학자들이 노화의 과정을 더 심층적으로 이해하려면 노화, 영성, 종교를 연구해야 한다고 제안한다.[14]

기독교 전통에는 노화의 경험에서 제기되는 문제에 대하여 말할 의미 있는 것이 있는가? 이 시대 문화에 나타난 노화의 현실과 노년에 대한 부정적인 고정관념 때문에 노화문제는 노년을 위한 참된 의미 구조를 주장하는 믿음 체계에 도전이 되고 있다. 따라서 삶의 여정에 대한 통찰을 성경적인 증언으로 탐구하는 것이 중요하다. 복음의 약속 아래에서 늙어간다는 것은 무엇을 의미하는가? 노화에 관한 성경적 · 신학적 관점은 무엇인가? 성경은 성공적 노화와 죽음에 대해 어떻게 말하고 있는가? 아래에서는 이와 같은 물음을 가지고 노화를 성경적으로 고찰하였다.

성공적 노화에 관한 성경적 이해

노화에 대한 복음주의적 관점의 한 측면은 인간은 하나님에 의해 창조되고 서로 관련되는 신성한 질서의 한 부분이라는 믿음이다. 그러

노화에 대한 성격적 고찰

므로 노화에 대한 신학적 성찰들은 인간 실존과 경험이라는 영역으로만 제한할 수 없다.[15] 신학자 하이네켄Martin J. Heinecken이 말한 것처럼, "… 독립된 '노화 신학'은, 전체로서의 신학적 방향성으로부터 분리된 것은 있을 수 없다."[16]

복음주의 전통에서 노화에 관한 신학적 성찰은 보통의 정서적 경험 혹은 인간 이성에 기초한 것이 아니다. 오히려 신학적 성찰은 성경에 기초하며, 신앙고백적으로 믿어지고, 삶의 어떤 특정 측면에도 모두 적용된다. 복음주의자들은 성경의 성구를 하나님의 영감을 받아 기록된 말씀으로서[17] 연구한다는 약속에 주로 신학의 기반을 두고 있다. 성경을 신앙과 실천의 권위의 주요 원천으로 보는 이러한 약속으로부터 분명한 교리적 입장이 형성된다.[18] 성경은 저자가 하나님의 말씀을 영감을 받아 기록한 것으로 받아들이므로, 창세기에서 타락은 세상의 파멸과 죄를 설명하며, 그리스도의 죽음과 부활은 타락한 세상을 구원하기 위한 하나님의 계획이 이행된 것이고, 그리스도를 믿는 것은 구원에 절대적으로 필요하며, 천국과 지옥은 실재한다.

성경은 노화의 의미에 대하여 풍부한 자료를 가지고 있다. 구약에서 온 몇 가지 개념 중에는 인류를 위해 하나님이 계획하신 일의 일부로서 노화가 불가피하다는 인식이 포함되어 있는데, 이는 구약의 각 권에서 거의 다 찾아볼 수 있다.[19] 또한 나이 들면서 여러 가지 잃어가는 것들에 대한 인식도 포함된다.[20] 비록 불완전하지만 나이 들면서 많은 것을 잃는 것에 대한 반대급부는 지혜가 늘어난다는 것이다.[21]

성경에 나타난 노인의 지위 및 특성들로는 다음과 같은 것들이 있다. 첫째, 성경은 노인을 공경의 대상으로 묘사한다(출 21:15-17, 레 19:3, 잠 23:25, 막 7:10-12, 롬 16:13). 구약에서 노년을 의미하는 히브리어 야시스yasis는 '나이 든'이라는 뜻과 함께 '존경할 만한'이라는 의미를 지니고 있다. 둘째, 성경은 노인의 존귀함을 강조한다. 성경에 따르면 백발은 영광스러운 면류관이며 하나님께서 주신 축복이다. 셋째, 성경은 노인을 지혜의 원천으로 묘사한다(칭 21:1-8, 신 32:7, 삼하 19:31-39, 욥 12:12, 시 92:14-15, 욜 2:28, 고후 4:16).[22] 넷째, 성경은 노인을 돌봄의 대상으로 표현한다(사 46:3-5, 말 4:4-6, 딤전 5:3-4, 9-10, 약 2:14-17). 성경은 자녀들에게 부모에 대한 책임과 의무를 강조한다.[23]

이처럼 성경적 관점에서 볼 때 노인은 현대 사회가 보는 부정적인 관점과는 다르게 공경의 대상, 지혜의 상징, 하나님의 축복의 전달자, 영적으로 정신적으로 성숙해 가는 존재, 지혜와 인격이 통합된 존재이다. 따라서 늙는다는 것은 서글픈 인생의 단계가 아니라 인격의 통합과 완성의 최종 단계로 접어드는 의미 있는 여정이고 하나님의 온전하신 뜻의 일부이다.

기독교적인 관점에서 중요한 점은 신앙의 경륜을 쌓은 노인들은 때때로 우리의 경험의 세계 너머로 볼 수 있다는 점이다. 그러므로 노년의 은사를 인지하고 수용하는 것은 노인을 돌보는 것보다 더 중요하다. 달리 말하면, 우리가 노인들에게 줄 수 있는 최선의 것은 그들의 은사를 사용하고 그들을 사랑하는 것이다.[24]

성경적 관점에서 노화 과정을 이해하는 데 중요한 몇 가지 고려 요인이 있다.[25] 첫째, 삶은 정적靜的이지 않다는 점이다. 발달, 성장, 변화 등은 하나님이 창조한 우주 어디에든 있다. 둘째, 노화는 인간 실존을 위한 하나님의 의도적인 계획이다. 아담과 하와는 "생육하고 번성하여 땅에 충만하고 땅을 정복하도록"(창 1:28) 창조되었다. 이것은 수태, 출생, 성장 등 일련의 개념을 함축한다. 그래서 별도로 노화만 쇠락衰落의 부정적 결과로 간주되지는 않는다. 그러나 실제로 쇠락은 노화 과정에 영향을 미친다. 신학적 관점에서, 노화를 창조질서의 일부로 받아들이는 것은 개인 연령에 상관없이 가치가 있음을 의미한다.

성경의 저자들은 인간이 창조주와 특별한 관계를 차지하고 있다는 점에 만장일치로 동의한다. 하나님의 형상으로 이루어졌다는 것이 인간을 나머지 피조물과 구분해 놓았다(시 8:5-6). 이것은 특히 성경이 나이 든 사람들을 가리킬 때 바로 그렇다. 레위기의 저자는 "너희는 센 머리 앞에서 일어서고 노인의 얼굴을 공경하라"(레 19:32)고 우리에게 말한다. 욥은 "늙은 자에게는 지혜가 있고 장수하는 자에게는 명철이 있느니라"(욥 12:12)고 말했다.

하나님의 형상Imago Dei에 관한 성경적 이해는 하나님의 속성에 부합하는 인간의 특질 혹은 특성을 강조한다. 이레니우스는 '하나님의 형상'을 인간의 합리성과 자유로 이해했고, 어거스틴은 그 형상을 기억과 지능이 부여된 영혼soul으로 보았다. 또한 루터도 인간의 타락으로 그 형상을 잃어버렸다고 믿었지만 인간이 초기 상태에 가졌던 하나님과의 특별한 관계를 인간의 타락 이후에도 하나님은 잊지 않으셨다고 확인했다. 따라서 인간의 타락 이후에도 모든 생명은 존경받고 경외되는 것이다.[26]

인간 본성에서 하나님의 형상에 관한 성경과 신학의 가르침이 중요한 점은 각 개인이 하나님의 피조물로서 인정되고 존중되어야 한다는 점이다. 이것은 하나님의 형상으로 만들어진 사람이 노화 과정을 거쳐도 본래의 가치를 잃지 않는다는 것을 의미한다.

성경은 인간의 궁극적 가치가 인간의 성취에 기반을 두지 않는다는 것을 분명히 하고 있는 데 반하여, 행함·노동·성취 등은 대개 성공 지향의 문화에서 높은 점수를 받는다. 그러나 생산성이 노인들에게 항상 가능한 것은 아니다. 죽을 때까지 활동적이고 생산적인 것이 바람직스럽기는 하지만, 이것이 사람의 가치를 결정하는 기준은 아니다.

'희망'은 성경적 가르침을 관통하는 실마리이다. 그리스도인은 일생을 통하여 희망을 가지고 노화 과정을 기꺼이 맞이하는 자이다. 미래에 대한 이러한 신앙과 희망을 가지고, 개인은 청년 지향적인 문화 속에서도 부끄럽지 않게 나이 들어가는 노화를 확신하면서 살 수 있다. 성경적 관점에서, 삶은 정점으로 향하는데 각 시기마다 뭔가 우리에게 줄 것이 있음을 인식한다는 것은 참 희망적이다. 기독교의 희망은 사람들이 피할 수 없는 것에 대비할 수 있도록 해 준다. 그리스도인의 희망은 하나님이 시간, 삶, 노화를 거룩하게 하도록 항상 현존한다는 것이다.

죽음에 대한 성경적 고찰

죽음의 문제만큼 인간에게 시급하고 중대한 문제도 없다. 독일의 철학자 하이데거Martin Heidegger는 그의 저서 **존재와 시간**에서, 인간의 존

죽음에 대한 성경적 고찰

재는 세계 내 존재로서 '죽음을 향한 존재Sein zum Tode'이며 그 죽음은 '무nichts'라고 했다. 그리고 그것은 인간이 알 수도 없고 피할 수도 없고 극복할 수도 없는 필연적인 것이라 하여 인간의 허무성을 진술했다.[27]

기독교에서의 죽음의 이해는 그 우선되는 기반이 성경이다. 이 성경적 기반은 후기의 신학적 사유思惟를 통하여 해석될 뿐 다른 어느 요인에 의해서도 결코 대치될 수 없다.[28] 성경에서 죽음은 단지 삶의 마지막에 일어나는 생물학적 사건이 아니라 삶 속에 있는 현실로서 파악된다.

성경에서 '죽음'을 의미하는 헬라어 단어로 가장 많이 사용된 것은 '싸나토스θάνατος'인데 이것은 생물학적 사망, 즉 육신의 몸에서 생명이 끝나는 것을 의미하거나 하나님과의 관계가 단절된 것을 의미한다.[29] 여기서는 노화와 관계된 죽음을 거론하므로 전자의 의미이다. 그리고 죽음에 대립되는 개념인 '생명'은 생물학적 기능으로서의 이 땅의 생명을 의미하는 프시케^{ψυχή}와 내적인 물리적 생명 또는 하나님으로부터 주어진 선물로서의 생명을 뜻하는 조에^{ζωή}가 있다.[30]

구약성경은 죽음의 기원을 아담의 범죄로부터 연유된 것으로 말한다(창 3:19). 초기 구약 시대에는 죽음과 죄악의 관계에 대한 이해가 확실하였고(창 2:16-17), 생명과 죽음이 하나님의 손에 달렸다는 일반적 확신이 있었다. 구약성경에서 말하는 생명이란 하나님과 관계를 맺고 있는 것을 의미하는 반면에, 죽음은 무관계의 상태를 의미한다. 한스 발터 볼프$^{Hans W. Wolff}$는 구약성경에서 죽음이 하나님의 영향력이 더 이상 미치지 않는 무자비한 영역이요 하나님이 멀리 떠나 있는 곳으로 묘사되어 있다고 주장한다.[31] 구약성경에서는 죽음의 보편성과 아울러 죽음과 연관된 인생의 허무함을 말하고 있다. 인간은 죽을 수밖에 없는 존재로 만들어져 있으며(창 3:19-20), 인생은 한갓 그림자요 허무일 따름(욥 14:1-12)이라고 말하고 있다.

이스라엘에서 '스올^{sheol}'(음부)이라 불리는 죽은 자들의 나라는 비교적 후기에 이르러서야 신학적으로 사유되기 시작하였다. 스올은 '전적으로 힘이 없고 도움의 손길이 없는 그림자 같은 상태'(사 14:10), '일도 없고 계획도 없고 지식도 없는 곳'(전 9:10), '다시 되돌아 올라오지 못하는 곳'(욥 7:9)을 말한다. 히브리인들에 있어서 죽음이란 하나님의 영, 곧 생명의 원천이 떠남을 의미한다.

바울서신에서 사도 바울은 먼저 죽음의 기원과 죽음의 지배하에 있는 인류를 이야기한다. 인류의 시조인 한 사람의 잘못으로 말미암아 죄가 세상에 들어왔고, 죄를 통하여 죽음이 왔다(롬 5:12, 고전 15:21). 모든 인간은 '아담 안에서 죽게'(고전 15:22) 되었고, 따라서 죽음이 세상을 지배하게 되었다(롬 5:14). 그러나 죄 그 자체는 인간 속에 탐욕을 공범자로 가지고 있다. 그 공범자는 육이고, 육의 욕망은 죽음이며 죽음의 결실을 맺는다(롬 7:5, 8:6). 하나님의 피조물인 우리의 몸은 죄에 의해 '죽을 몸'(롬 7:24)이 된다. 율법은 우리에게 죄를 이길 힘이 없는데도 죄를 인식시킬 뿐 아니라 동시에 죄인을 죽음으로 단죄한다. 그리하여 율법은 '죽음의 권세'가 되었다(고전 15:56). 따라서 바울은 죽음의 불가피성을 궁극적으로 극복되어야 할 하나의 악의 상태로 보았다. 구체적으로 말하면, 죽음은 죄의 정욕에 휘말려서 '육신으로' 산 삶의 결과요(롬 7:5), 육신의 '생각'의 결과요(롬 8:6), '육신대로'(카타 사르카, 롬 8:13) 산 삶의 결과인 것이다. 제임스 던James Dunn은 바울신학에서 죽음이란 부패 과정의 종착점이요 썩을 것의 최종적인 파멸이라고 주장한다(고전 15:42, 50).[32]

둘째로 바울은 우리의 죽음을 취하신 십자가의 예수 그리스도를 논하고 있다. 그리스도는 '율법 아래에'(갈 4:4) 태어나셨고, 죄 많은 인간의 몸을 몸소 취하셔서 자기 백성과 온 인류와 유대紐帶를 같이 하셨다. 하나님은 우리를 위해 그리스도를 죄인으로 만드시고(고후 5:21) 인류가 받아야 할 죽음의 벌을 그리스도가 지게 하셨다. 셋째로 바울은 죄와 죽음 사이의 관계를 세례의식을 통해 표시하고 있다. 그는 말하기를 "그리스도 예수와 합하여 세례를 받은 우리는 그의 죽으심과 합하여 세례를 받은 줄을 알지 못하느냐?"(롬 6:3)라고 했다. 넷째로 바울은 죽음으로부터 승리하신 그리스도를 나타내고 있다. 성경이 예고한 죽은 자들의 부활은 그리스도에게서 실제로 성취되었고(고전 15:14), 죽음은 '부활이요 생명이신' 그리스도 앞에서 철저히 물러났고, 사망은 극복되었다.[33] 따라서 우리가 죽는 죽음은 죄에 대해서와(롬 6:11) 율법에 대한(갈 2:19) 죽음이며 이 세상의 모든 원리에 대한 죽음이다. 또한 바울의 죽음관은 예수 그리스도의 삶을 따르는 것으로, 사랑과 헌신을 실천하면서 자신의 모든 것을 그리스도를 위해 바치는 것을 의미한다.[34]

포어그림러Herbert Vorgrimler는 요한복음이 예수를 믿는 사람들의 죽음을 예수 그리스도와 맺은 인격적인 관계의 빛 속에서 보고 있으며, 죽음에 대해 낙관적인 견해를 피력하고 있다고 해석한다.[35] "내 아버지 집에 거할 곳이 많도다"(요 14:2). "내가 어디로 가는지 그 길을 너희가 아느니라"(요 14:4). 요한복음은 지금 여기에 존재하는 인간 존재의 특성을 미래의 시기에 가서는 생물학적 죽음도 뛰어넘는 부활에 강조점을 두고 있다. "내 말을 듣고 또 나 보내신 이를 믿는 자는 영생을 얻었고 심판에 이르지 아니하나니 사망에서 생명으로 옮겼느니라"(요 5:24). "아들을 믿는 자에게는 영생이 있고 아들에게 순종하지 아니하는 자는 영생을 보지 못하고 도리어 하나님의 진노가 그 위에 머물러 있느니라"(요 3:36). 즉, 죽음은 신앙 안에서 이미 극복되었으며 지속하는 생명은 현존하는 실재이다.[36] 요한복음은 새로운 가능성에 대해 죽음으로부터의 해방의 모형pattern을 새롭게 제시한다. "내가 진실로 진실로 너희에게 이르노니 한 알의 밀이 땅에 떨어져 죽지 아니하면 한 알 그대로 있고 죽으면 많은 열매를 맺느니라"(요 12:24). "내 살을 먹고 내 피를 마시는 자는 영생을 가졌고 마지막 날에 내가 그를 다시 살리리니"(요 6:54).

신약성경의 죽음 이해를 요약하면,[37] 신약성경은 죽음을 인간 생명의 자연스러운 정상 상태가 아니라, '죄'라 하는 결정적 요인 때문에 인간 생명 속에 들어온 비정상 상태라고 보았다.[38] 신약성경은 죽음을 인간의 죄성에 대한 하나님의 심판으로 이해하고 있다. 죽음은 죄의 값이며 죽음이 찌르는 아픈 가시의 힘은 죄가 지닌 힘 때문이라고 했다(고전 15:55). 따라서 '죄'가 극복되어야 하듯이 죽음 또한 마지막으로 멸망받아야 할 원수(고전 15:26)로서 이해되었다. 인생 전체의 의미는 죽음에 의해서 최종적으로 결정된다. 만일 죽음에 의해서 모두가 무無로 돌아간다면 인생의 의미를 어디서 찾을 것인가! 그러나 죽음을 새로운 삶의 입구라고 생각한다면, 인생의 모든 수고도 결코 헛되지는 않을 것이다. 그러므로 사후의 생명을 믿는다는 것은 현재의 삶에서 의의를 찾아내는 일이다.

죽음이라는 것은 하나님의 인류 창조 질서의 마지막 단계이고, 죽음 후의 세계라고 하는 것은 새로운 창조이다. 나사로의 부활 사건에서 보듯이[39] 성경은 생명은 인간의 손에 달려 있는 것이 아니라 생명의 주인이신 하나님께 있음을 분명히 보여준다. 또한 인생은 이 땅에서 죽을 수밖에 없는 인생들이지만 영원한 삶, 곧 영생을 이 땅에서 누리며 살 수 있음을 분명히 가르치고 있다.[40] 영생은 영원한 생명이며 영적 생명을 의미한다. 그러므로 죽음도 하나님의 경륜 속에서 이루어지는 하나의 성장growth이요 은총의 사건이다. 보베트Bovet가 말했듯이 "죽음이란 그저 마지막이 아니라 새로운 시작이다. 저편에 이미 잠들어 있는 자들에게뿐만 아니라 여기 지상에 남아 있는 자들에게도 그렇다."[41]

하이델베르크 요리문답 42문을 보면, "우리의 죽음은 죄에 대한 형벌이 아니라 죄에 대해 죽는 것이요 영생에 들어가는 것이다."라고 했다. 이런 의미에서 그리스도인의 죽음에는 두 가지 측면이 있다.[42] 첫째, 죽음은 죄 짓는 삶의 종료를 의미한다. 조직신학자 루이스 벌코프Louis Berkhof는 죽음을 하나님께서 자기 백성들을 성화시키기 위해 사용하시는 정화의 절정the culmination of chastisements이라고 정의한다.[43] 죽음을 이런 관점에서 볼 때 그것은 성화의 단계에 들어가는 것을 의미한다. 다시 말해서 죄를 짓지 않는 상태unable to sin에 들어가는 것이다. 성화의 과정에서 완성이 이루어지는 것이 죽음이다. 둘째, 죽음은 영원한 삶에 들어가는 것을 의미한다. 죽음은 그리스도인의 영광스러운 새 출발이다. 예수님의 죽으심으로 말미암아 사망의 모든 고통이 제거됨으로써 죽음은 우리에게 영원한 삶에 들어가는 것을 의미한다. 그러므로 그리스도인은 죽음을 두려워하는 사람들이 아니라 죽음을 사모하는 자들이다.

신약성경이 죽음의 주제를 다룰 때 강조하는 것은 파멸적 세력인 죽음의 권세는 예수 그리스도의 십자가와 부활을 통하여 이미 극복되었다는 점이다. 예수 그리스도는 생명의 주이시며 부활의 주이시다. 예수님의 부활은 죽음의 한계를 깨뜨리는 하나님의 무한한 능력과 죽음의 영역에 대한 하나님의 주권의 선포이다. 예수님의 부활로 말미암아 그리스도인들은 영원한 생명-부활을 얻게 된다. 성경은 이 사실을 분명하게 선포하고 있다.

"나는 부활이요 생명이니 나를 믿는 자는 죽어도 살겠고 무릇 살아서 나를 믿는 자는 영원히 죽지 아니하리니"(요 11:25-26).

예수 그리스도의 부활은 죽음의 폐기이며 영원한 생명의 시작이다. 하나님은 죽음을 원하시지 않고 생명을 원하신다. 그분은 죽은 자들의 하나님이 아니라 산 자의 하나님이시다. 하나님의 아들 예수 그리스도는 죽어가는 생명들을 살리시는 분이시다. 그분은 생명이시고(요 14:15) 생명의 떡이시다(요 6:35).

자아의 통합과 회복에 관한 성경적 고찰

성경 가운데 자아의 통합과 회복에 관련된 구절들이 있는데, 이것들은 자아의 통합과 회복과 관련된 성경말씀은 하나님의 형상이 어떻게 회복되는가를 구체적으로 드러낸다. 아래에서는 신약성경을 중심으로 하나님의 형상의 훼손으로 말미암아 분열되고 왜곡된 자아가 어떻게 회복되는가를 살펴볼 것이다. 그 궁극적인 지점은 종말시기에 모든 피조물이 회복되는 것이다. 그러나 종말시기의 회복에 관한 소망의 말씀 이외에도 목회상담적으로 귀중한 자원을 성경에서 얻을 수 있다.

목회상담의 자원 성경

산상설교 중 팔복의 첫 번째 구절에 나타난 '가난한 자'는 갈급한 자아를 가리킨다. 슈테게만 형제Ekkehard W. Stegemann and Wolfgang Stegemann는 '가난한 자'로 번역된 헬라어 '프토코스$^{\pi\tau\omega\chi\acute{o}\varsigma}$'를 사회경제적으로 절대적 빈민 계층을 의미한다고 주장했다. 그들은 두려움에 쭈그리고 움츠러드는 사람, 거지 신세로 전락한 사람을 뜻한다.[44] 그러나 마태복음에서는 '심령이 가난한 자'라고 되어 있는데, 이는 기난한 사람들의 마음상태를 가리킨다.[45] 이런 면에서 볼 때 마태복음에서 말하는 '심령이 가난한 자'는 마치 자신에게 자원이 없어서 손을 하늘로 쳐든 거지들과 같다. 이들의 욕구는 하나님과의 관계를 통해서만 충족될 수 있다.

요한복음 6:35은 타락에 의해 생기게 된 내적 욕구가 어떻게 충족될 수 있는지에 관해 구체적인 가르침을 제공한다. "나는 생명의 떡이니 내게 오는 자는 결코 주리지 아니할 터이요 나를 믿는 자는 영원히 목마르지 아니하리라"(요 6:35).

본문에서 '나는 생명의 떡이다'라고 할 때 이는 요한복음에서 나타나는 '에고 에이미$^{\varepsilon\gamma\omega\ \varepsilon\iota\mu\iota}$'로 표현되는 말씀 중 최초의 것이다. '나는 ~이다'는 말씀은 공관복음서의 말씀과 대조되는 요한복음의 특징이다.[46] 여기서 예수님은 그분과의 개인적인 관계를 통해서만 채워질 수 있는 더 깊은 영적 욕구를 상징하기 위하여 음식과 물에 대한 기본적인 욕구를 사용하신다. 본문에서 '온다'는 말은 '믿는다'는 말로 대체될 수 있으며, 믿을 때 결코(매우 강력한 어법이다) 목마르지 않으며 주리지 않는다.[47] 모든 욕구들은 그분 안에서 채워진다는 것을 말씀하신 것이다. 예수님은 생명의 떡이다. 그래서 커원Kirwan은 소속감과 자존감 또는 통제력이 없는 배고프고 목마른 사람들은 인간 영혼의 모든 깊은 욕구를 충족시키고 만족시키기 위하여 예수님께로 나아가야 한다고 주장한다.[48]

이어서 예수님은 37절에서 거부된 자아의 문제를 말씀하신다. "아버지께서 내게 주시는 자는 다 내게로 올 것이요 내게 오는 자는 내가 결코 내쫓지 아니하리라." 예수님은 자신에게 오는 자를 결코 거부하시지 않을 것임을 약속하신다. 그런 다음 40절에서 예수님은 전인격의 재창조에 대해 말씀하신다. "내 아버지의 뜻은 아들을 보고 믿는 자마다 영생을 얻는 이것이니 마지막 날에 내가 이를 다시 살리리라 하시니라." 우리는 이 말씀에서 갈급한 자아는 생명의 떡으로 완전히 충족되며, 거부된 자아는 이제 무소선적으로 받아들여지고, 전인격은 부활로 재창조된다는 언약을 받은 것이다.

로마서 8장에서 우리는 분열된 자아의 양쪽 부분에 내재되어 있는 문제를 다루고 있는 구절을 발견한다. "너희는 다시 무서워하는 종의 영을 받지 아니하고 양자의 영을 받았으므로 우리가 아빠 아버지라고 부르짖느니라"(롬 8:15). 예레미야스Joachim Jeremias는 '아빠'는 아람어 'abba'라는 단어로서 '아버지'를 나타내는 유아들의 언어였지만, 신약성경 시대 이전에는 성인들도 자신의 아버지를 '아빠abba'라고 불렀다고 주장한다.[49]

하나님은 진정한 아버지이시다. 우리는 갈보리에서 보여준 사랑을 통하여 자존감을 되찾게 되고, 성령의 내주하심을 통하여 통제력을 회복하게 된다. 따라서 '아빠' 관계 안에서 갈급한 자아의 모든 부족함은 충족된다.[50]

마찬가지로 로마서 8장은 '거부된 자아'를 다룬다. 바울은 타락의 결과로 나타난 인간의 비참한 상태인 거부된 자아의 부정적인 힘을 7장에서 언급한 다음, 8장 초두에서 "이제 그리스도 예수 안에 있는 자에게는 결코 정죄함이 없나니 이는 그리스도 예수 안에 있는 생명의 성령의 법이 죄와 사망의 법에서 너를 해방하였음이라"(롬 8:1-2)라고 기뻐한다. '정죄κατακριμα'가 없다는 말씀은 죄의 세력을 근절시키는 것뿐 아니라 죄책과 죄의 형벌에서 믿는 사람을 구원하는 개념을 생각한다고 판단해야 한다.[51] 거부된 자아는 정죄로부터 벗어나 생명의 성령의 법 안에서 통합된 자아가 된다. 또한 로마서는 "우리 주 그리스도 예수 안에 있는 하나님의 사랑에서" 우리를 결코 끊을 수 없다고 선언한다(롬 8:39). 성령의 역사를 통하여 우리가 하나님과 연합하면 거부된 자아의 엄청난 부정적 힘은 말소되며, 분열된 자아의 문제들은 완전히 제거된다.

하나님은 거부된 자아의 문제들을 어떻게 처리하셨는가? 그 해답은 예수님 자신이 우리의 거부된 느낌을 대신 받으셨다는 것이다.[52] 아담과 달리 그리스도는 타락하지 않았으며 그분의 통합된 자아는 분리되지 않았다. 그렇지만 주목할 만한 것은 예수님이 십자가 위에서 심판과 거부와 수치를 스스로 감당하셨다는 것이다. 나무에 달리신 예수님은 흑암 속에서 우리가 그 고통을 겪지 않아도 되도록 거부된 자아의 본질을 겪으셨다. 그 결과 우리는 이제 우리가 마땅히 받아야 할 심판에서 벗어났으며, 거부에서 벗어났고, 수치에서 벗어났으며, 타락의 모든 결과에서 벗어났다.[53]

사도 요한은 요한일서에서 거부된 자아의 부정적인 힘으로부터 자유를 누리는 비결을 가르쳐준다. "사랑 안에 두려움이 없고 온전한 사랑이 두려움을 내쫓나니 두려움에는 형벌이 있음이라 두려워하는 자는 사랑 안에서 온전히 이루지 못하였느니라"(요일 4:18). 본문에서 사용된 '두려움$^{\Phi o \beta o \varsigma}$'이라는 단어는 신약성경에서 하나님께 대해서 사용될 때와 자기와 연관해서 사용될 때 구분된다. 하나님께 대해서 사용될 때에는 두려움과 경외의 의미를 지닌다(롬 3:18, 고후 7:1, 빌 2:12). 그러나 자기와 관련하여 사용될 때에는 사랑과 확신의 결여를 뜻하게 된다.[54] 형벌에 대한 두려움은 거부된 자아의 한 요소이다. 그러나 그리스도의 사랑은 징벌과 버림받음에 대한 두려움을 제거한다. 우리 믿음의 창시자이자 완성자이신 예수님을 바라보면 모든 두려움과 불안을 지닌 거부된 자아는 완전히 도말될 것이며, 갈급한 자아는 그분께 더욱 가까워질 것이다.

예수 안에서의 통합된 자아

아래에서는 노인의 자아통합과 관련되는 몇몇 성경구절을 목회 상담학적 관점으로 접근하여 복음주의 신앙에서 본 자아통합에 대한 추가적인 성경적 근거를 찾아보려 한다.

고후 4:16
"그러므로 우리가 낙심하지 아니하노니 우리의 겉사람은 낡아지나 우리의 속사람은 날로 새로워지도다"

바울은 '낙심하지 아니하는' 자신의 논지를 전개하기 위한 전초로서 '겉사람은 낡아지나 우리의 속사람은 날로 새로워지도다'라고 언급한다. 여기 '겉사람'이란 명백히 본장 7절과 10절, 그리고 11절에서 각각 언급된 '질그릇', '몸', '죽을 육체'를 지칭하는 것이다. 그러므로 이것은 '옛사람'과 구별되어야 한다. '옛사람'이란 예수 그리스도로 말미암아 중생을 필요로 하는 대상을 의미하지만, 겉사람이란 단순히 시공간적인 한계를 지니고 이 시대를 살아가는 연약한 육체를 지칭하는 것이다. 그 육체는 시간이 흐를수록 죽음의 문턱에 가까이 가게 된다.[55]

여기서 '낡아지나'로 번역된 '디압데이레타이diaptheiretai'는 본래 '파괴하다', '못쓰게 하다'라는 뜻을 지닌 원형 '디압데이로diaptheiro'의 현재 수동태이다. 수동태가 쓰인 것은 육체의 물리적인 파괴, 곧 죽음으로 치닫는 것이 인간의 힘으로는 어찌할 수 없는 거역하지 못하는 것임을 보여주며, 계속과 반복을 나타내는 현재형이 쓰인 것은 이와 같은 일이 잠시도 멈춤 없이 지속적으로 일어나고 있음을 단적으로 보여준다. 이것의 가장 좋은 예가 '노화' 현상이다.

그러나 육체가 지닌 부패의 속성을 전제한 바울은 그럼에도 불구하고 속사람은 날로 새로워진다고 규정한다. 여기서 속사람이란 명백히 겉사람과 대조되는 표현이다. 속사람은 인간의 영적 · 도덕적 부분을 일컫는 것임을 알 수 있다.[56] 그리고 '새로워지도다(아나카이누타이)'의 원형인 '아나카이누anakainoo'는 반복의 의미를 지니고 있는 '아나ana'와 질적 측면에서 새롭다는 의미를 지닌 '카이노스kainos'의 합성어에서 유래한 동사로서 '다시 반복적으로 새롭게 하다'라는 의미이다. 본문에서는 수동태로 쓰여져서 외적 요소에 의해 날마다 새로워지는 상태를 나타낸다. 그 외적 요소는 말씀과 성령의 신령한 은혜라 할 수 있다.

본문에 따르면 그리스도인들의 속사람은 외적 환경의 열악함에도 불구하고 거기에 굴복하지 않는다. 그 환경에는 70세, 80세, 90세의 노년의 신체적 · 사회적 조건까지 포함된다. 제아무리 칠흑과 같은 어둠이 엄습한다 할지라도 정오의 빛보다 더 밝은 빛은 그리스도인들의 갱신을 도모할 것이며, 결국 모든 참된 그리스도인들이 그리스도의 장성한 분량에 이르기까지(엡 4:15, 골 3:10) 날로 새로워지는 그 역사를 쉬지 않을 것이다.

요 21:18-19

"내가 진실로 진실로 네게 이르노니 네가 젊어서는 스스로 띠 띠고 원하는 곳으로 다녔거니와 늙어서는 네 팔을 벌리리니 남이 네게 띠 띠우고 원하지 아니하는 곳으로 데려가리라. 이 말씀을 하심은 베드로가 어떠한 죽음으로 하나님께 영광을 돌릴 것을 가리키심이러라 이 말씀을 하시고 베드로에게 이르시되 나를 따르라 하시니"

예수께서 부활 후 갈릴리 호숫가에서 베드로에게 하신 말씀이다. 본문에서 예수는 베드로의 수난을 말씀하고 있다. 게리 버지Gary M. Burge에 따르면 '네 팔을 벌린다'는 말씀은 십자가를 지시할 수밖에 없다. 왜냐하면 초기 기독교 저자들이 이 용어를 십자가의 죽음을 묘사할 때 사용했기 때문이다.[57] 헤르만 리덜보스Hermann Ridderbos 역시 노인의 삶에 적용하는 것도 고려하지만 궁극적으로는 그의 죽음을 가리키는 것이라고 본다.[58]

그러나 본문이 모든 노인들에게도 적용될 수 있는 말씀을 담고 있다고 보는 학자들도 있다. 버나드J. H. Bernard는 이 말씀을 실제로 젊은 날의 민첩함과 대비되는 늙었을 때의 무력감으로 해석하고, '네가 팔을 벌리리니'라는 말씀도 늙은 사람이 옷 입는 것을 다른 사람이 도와줄 때 취하는 포즈라고 생각했다.[59] 에른스트 핸첸Ernst Haenchen 역시 이 본문이 노인의 무력감을 묘사한다고 주석한다. 그는 본문의 '원하지 않는 곳'은 무덤을 의미한다고 설명한다. 그에 따르면 노인과 죽음의 연결은 일반적이다.[60]

노년의 쇠약 때문에 그들이 '원하지 않는' 길에 내려놓을 수 있다. 베드로 같은 유형의 제자인 경우에는 노화의 축소를 수용하는 것이 바로 주님을 따르는 길이었다. 노년기에는 전인적인 축소가 불가피하다. 일상생활을 하는 데는 물론, 개인적인 자존심에 필수적인 기능조차 수행하기 어려운 때가 찾아온다. 고령은 심각한 종교적 성찰이 필요한 쇠약과 고통의 시기이다. 그러나 십자가 아래 살고 있는 기독

교인들에게 노화에서 나타나는 수치는 그리스도를 본받아서 겸손의 덕목을 발전시키는 계기가 된다.[61]

예수께서 "자신을 비우고" 겸손하게 "죽음, 십자가의 죽음까지도" 받아들인 것처럼(빌 2:5-8), 노인들도 자신의 육체적 쇠퇴와 의존을 수용함으로써 그리스도의 고통을 공유하는 것이다.

롬 8:19-25

"피조물이 고대하는 바는 하나님의 아들들이 나타나는 것이니 피조물이 허무한 데 굴복하는 것은 자기 뜻이 아니요 오직 굴복하게 하시는 이로 말미암음이라 그 바라는 것은 피조물도 썩어짐의 종노릇 한 데서 해방되어 하나님의 자녀들의 영광의 자유에 이르는 것이니라 피조물이 다 이제까지 함께 탄식하며 함께 고통을 겪고 있는 것을 우리가 아느니라 그뿐 아니라 또한 우리 곧 성령의 처음 익은 열매를 받은 우리까지도 속으로 탄식하여 양자 될 것 곧 우리 몸의 속량을 기다리느니라 우리가 소망으로 구원을 얻었으매 보이는 소망이 소망이 아니니 보는 것을 누가 바라리요 만일 우리가 보지 못하는 것을 바라면 참음으로 기다릴지니라"

19-22절은 인간을 제외한 모든 피조 세계도 고통 가운데서 성도의 종말론적 영광 및 피조물 자신의 영광을 간절히 기다리고 있다는 것을 의인법을 사용하여 매우 생생하게 보여준다. 인간을 제외한 만물이 인간의 타락으로 인하여 자기 구실을 제대로 하지 못하는 가운데 하루 속히 그 썩어짐 가운데 건짐 받아 회복되기를 고대하고 있다는 것이다. 피조물이 이러할진대 하나님의 자녀된 성도들이 구원받아

장차 나타날 영광에 참여하기를 고대해야 하는 것은 더 이상 강조할 필요가 없다.

여기서 '하나님의 아들들이 나타나는 것'(19절)은 중생한 그리스도 인의 종말론적 영광에의 입성과 종말론적인 천국의 드러남을 의미한 다.[62] 다른 피조 세계가 그들 자신과 관계도 없어 보이는 인간의 종말 론적 영광을 그토록 열망하는 이유가 무엇인가? 그 이유는 "피조물 은 허무한 데 굴복해서 그 상태에 있기 때문이다."(20절, 필자 번역). 케제만Ernst Käsemann에 따르면 피조물이 허무mataiotes에 빠지게 된 것 은 죄로 인한 하나님의 저주의 결과이다.[63] 이 구절을 '창세기 3:17- 18에 대한 바울의 주석'이라고 해석하는 학자도 있다.[64] 그러나 창세 기를 보면 여자의 후손이 뱀의 머리를 상하게 할 것이라는 '원복음 proto-evangelium'의 약속의 말씀이 있다. 그러한 약속의 말씀이 있었기 때문에, 피조물은 비록 허무에 굴복했다고 하더라도 희망을 잃었던 적이 한 번도 없었다.[65] 제 만물은 그리스도가 재림하여 만물을 회복 시키시는 종말의 날까지 함께 탄식하며 함께 고통하며 기다리고 있 다. "그 바라는 것은 피조물도 썩어짐의 종노릇 한 데서 해방되어 하 나님의 자녀들의 영광의 자유에 이르는 것이니라"(21절). 여기에는 '성령의 처음 익은 열매를 받은 우리'도 포함되어 있다.

건강한 사람은 더 강한 유혹을 받기도 하며 유혹에 빠지기도 하고 상처를 받는다. 혼돈과 불확실은 고통스러운 것이지만, 그것들은 하 나님을 의지하고 살아야 한다는 깨달음을 준다. 타락한 세상에서 상 처를 받는다는 것은 정상적일 뿐 아니라 반드시 필요한 것이기도 하 다. 그래서 우리는 신음하면서 살 수밖에 없는데, 바울은 22절에서 이렇게 표현한다. "피조물이 다 이제까지 함께 탄식하며 함께 고통을 겪고 있는 것을 우리가 아느니라." 존 스토트John R. W. Stott는 피조물의 상황을 시간의 순서를 따라 세 가지로 정리한다. 첫째, 피조물의 과거는 죄로 말미암아 허무한 것에 굴복한 상태였다. 둘째, 피조물의 미래는 썩어짐의 종노릇에서 해방되어 하나님의 자녀의 영광에 이르는 것이다. 셋째, 피조물의 현재는 미래의 영광을 가리키며 탄식하고 있다는 것이다.[66]

그렇기 때문에 온전한 기쁨은 미래적이며 종말론적이다. 따라서 바울은 다음과 같이 말할 수 있었다. "우리가 소망으로 구원을 얻었으매 보이는 소망이 소망이 아니니 보는 것을 누가 바라리요?"(24절). 소망은 신앙의 한 특성이며, '탄식', '기다림', '인내'를 동반한다.[67] 소망은 '약속'과 연관되어 있으며 종말론적, 묵시사상적 특성을 가진다.[68] 우리는 때로 가장된 기쁨을 강요당하기도 하지만 구원받은 사실을 깊이 인식할 때 진실한 기쁨이 가능하다.[69]

그리스도인에게 요구되는 믿음은 바라는 것들, 즉 미래적인 것이 현재를 조명하고 재해석하는 힘이다. 바울은 25절에서 "만일 우리가 보지 못하는 것을 바라면 참음으로 기다릴지니라"고 했다. 소망의 실현은 현재의 상태 너머에 미래에 있다. 진정한 소망은 미래에 있는 것이기 때문에 "보이는 소망은 소망이 아니라"(24절)는 말은 옳다. 바울에 따르면 우리의 궁극적인 소망은 "우리 몸의 속량"이다(23절). 우리 몸의 속량(구속)은 곧 부활의 몸을 덧입는 것을 말하며, 이것이야말로 구원 과정의 완성을 의미한다.[70]

개혁주의 신학에서 본 하나님의 형상과 자아통합

칼빈의 하나님의 형상 이해

중세시대의 스콜라주의적 인간론에 대한 반발로서, 16세기의 종교개혁운동의 인간론은 좀 더 성경적 가르침으로 복귀하게 된다. 따라서 종교개혁자 존 칼빈John Calvin의 하나님의 형상론에 대한 이해는 매우 중요한 의미를 가진다.

존 칼빈

칼빈은 **기독교 강요**에서 인간이 하나님의 형상이란 사실에 대하여 세 가지 관점에서 다루었다. 첫째는 1권 15장에서 창조 시에 하나님께서 인간에게 주셨던 하나님의 형상을 다루었고, 둘째는 2권 1-5장에 걸쳐 인간의 타락에서 하나님의 형상이 어떻게 타락했는지를 다루었으며, 3권 1-20장에서 중생에서 성화의 전체 과정을 하나님의 형상의 회복의 과정으로 설명한다.[71] 칼빈은 이와 같이 하나님의 형상을 창조와 타락 그리고 그리스도를 통한 회복이라는 관점에서 구원사적으로 이해하고 있다.[72]

하나님의 형상

칼빈은 형상과 모양을 분리해서 생각하지 않는다. 모양이라는 말은 단지 형상이라는 말을 더 잘 설명하기 위해서 덧붙인 말에 지나지 않는다. 히브리 어법에는 반복이 많은데 한 가지를 말하기 위해 두 낱

말을 쓸 때가 있다는 것이다. 그래서 그는 첼렘을 영혼의 본체로, 데무스를 영혼의 성질로 구분하는 사람들을 비판한다.[73] 칼빈에 의하면, 하나님의 형상은 일차적으로 인간의 영혼 속에서 찾아져야 한다. "비록 하나님의 영광이 인간의 외형 속에서도 빛나고 있긴 하지만, 그러나 의심할 여지없이 하나님의 형상이 자리 잡고 있는 좌소는 인간의 영혼 속이다."[74] 칼빈은 골로새서 3:10과 에베소서 4:24에 근거하여 인간 속에 있는 하나님의 형상은 참된 지식, 의로움, 거룩성을 포함하고 있다고 결론짓는다.[75] 칼빈의 하나님의 형상론은 현대에 와서 관심이 크게 모아지는 관계론적 하나님 형상 개념이 명확하게 나타나지 않고 불멸하는 영혼의 능력Seelenvermogen과 연관하여 정의한다. 칼빈은 그리스도의 구원의 사역과 성령의 사역을 통한 "영혼의 조명", "마음의 정직성", "전인全人의 완전성"을 이마고 데이Imago Dei라 정의하여, 의義와 거룩을 이마고 데이의 몸체라 부른다.[76] 인간이 태초에 갖고 있었던 "초자연적 은사들" … 타락을 통해 상실하게 된 것들… 은 믿음, 하나님의 사랑, 이웃을 향한 자선, 성결과 의로움을 향한 열정 등이었다.[77] 그러므로 타락하기 전의 인간은 완전한 상태로 하나님의 형상을 소유하고 있었다고 칼빈은 말한다.

하나님의 형상의 훼손

그렇다면 타락한 인류는 아직도 어떤 의미에서 하나님의 형상인가? 언뜻 보기에 칼빈은 이 질문에 대해서 '아니요!'라고 대답하는 것처럼 보인다. 왜냐하면 때때로 칼빈은 하나님의 형상이 죄로 말미암아 파괴되었다, 타락에 의해서 말소되었다obliterated, 죄에 의해서 씻겨져 없어졌다wiped out or lost, 취소되었다cancelle, 깨끗이 없어졌다blotted out라고 말하고 있기 때문이다.[78] 그러나 그럼에도 불구하고, 칼빈은 하나님의 형상이 완전히 사라진 것이 아니라고 본다. 칼빈은 하나님의 형상이 타락에 의해 전적으로 사라진 것annihilated이 아니라 그 형체가 알아보기 힘들게 되었다deformed고 말한다.[79] 이성과 의지도 타락한 인간 속에 계속해서 남아 있는데, 이와 같은 "자연적 은사들"은 전적으로 상실되지는 않았어도 죄로 인해 부분적으로 약화되기도 하고 부패되기도 했다고 말한다.[80] 죄가 비록 하나님의 형상을 기형적으로 만들고 왜곡시키긴 하였으나 타락한 인간은 아직도 하나님의 형상의 소유자로 간주되어야 한다고 주장한다.[81]

그렇다면 인간의 타락이 하나님의 형상에 끼친 영향력에 대해서는 칼빈은 어떻게 말하는가? 그의 대답은 다음과 같다. "하나님의 형상이 전적으로 사라져버리거나 파괴된 것은 아니라고 인정한다 하더라도, 죄로 인한 그 오염이 너무나도 심하여 이제 남아 있는 것은 끔찍하게 기형적이 된 형상일 뿐이다."[82] 형상이 이렇게 왜곡된 것은 곧 인간이 하나님과 동료 인간으로부터 소외되었다는 것을 뜻한다.

하나님의 형상의 회복

이제 우리의 관심은 '인간 속의 하나님의 형상은 어떻게 새롭게 되는가'에 대한 칼빈의 답변이다. 칼빈은 그렇게 부패한 하나님의 형상이 그리스도로부터 회복되기 시작했다는 점을 밝힌다. "구원을 되찾는 출발은 우리가 예수 그리스도로부터 얻는 그것의 회복 가운데 있으며, 그 이유에서 그는 둘째 아담이라고 불리운다. 왜냐하면 그가 우리를 참된 완전성 가운데로 인도하기 때문이다."[83]

하나님의 관점에서 보면 하나님의 형상이 새로워지는 것은 성령의 사역이며, 특히 하나님의 말씀을 도구로 사용하시어 새롭게 하신다.[84] 인간의 관점에서 보면 하나님의 형상이 새롭게 되는 것은 믿음으로 성취되는 일이다.[85] 믿음은 하나님의 말씀에 대한 우리의 응답이다. 그리고 이 응답은 오직 우리 마음속에서 일하시는 성령의 사역을 통해서만 가능하다.

하나님의 형상의 이와 같은 회복에는 역동적인 측면이 있다. 형상은 일순간에 회복되지 않고 점진적으로 이루어진다. 이러한 형상의 갱신은 곧 그리스도를 닮는 것을 의미한다. "우리는 그리스도께서 하나님의 가장 완전한 형상이신 사실을 보여줄 수 있는 방법을 알게 된다. 만일 우리가 그분을 닮아간다면 우리가 참된 경건과 의로움과 순결 그리고 지성을 소유한 하나님의 형상으로 회복될 것이다."[86] 그는 고린도후서 3:18을 근거로 하나님의 형상의 회복의 더욱 뚜렷한 모습은 그리스도의 형상으로 점차 회복되어 가는 것으로 "참된 경건, 의, 순결, 지성에 이르기까지 하나님의 형상을 지니게 된다."고 해석한다.[87]

이처럼 하나님의 형상의 갱신이 점진적이라면 언제 완전하게 새로워질 것인가? 칼빈은 대답한다. 장차 올 세상이 도래하기 전까지는 이루어지지 않는다. 그러나 장차 하늘에서 그 충만한 광채를 회복할 것이다.[88]

후크마는 칼빈의 사상을 정리하면서 다음의 몇 가지 가르침을 높이 평가한다.[89] (1) 본래적 하나님의 형상의 온전성, (2) 인간 속의 하나님의 형상에 미친 타락의 파괴적 결과들, (3) 그러나 타락한 인간은 아직도 하나님의 형상을 보유하고 있는 존재이다, (4) 형상과 모습을 구별하기를 거절한 점, (5) 하나님의 형상이 새롭게 되는 것은 인간 속에 역사하시는 하나님의 사역인 동시에 그 하나님에 대한 인간의 책임적 반응이다, (6) 하나님의 형상이 새롭게 되는 것은 점진적이고도 동적이며 장차 오는 삶이 도래하게 될 때에 비로소 완성된다.

후크마의 하나님의 형상 이해

후크마의 개혁주의적 인간 이해에서 인간은 하나님의 형상으로 이해된다. 그는 하나님의 형상으로서의 인간을 세 방향에서 고찰한다. 첫째, 그는 성경의 가르침을 최우선적으로 연구한다. 그는 구약성경에서 창세기와 시편을 중점적으로 고찰하며, 신약성경에서는 바울서신과 야고보서를 주로 참조한다. 둘째, 그는 하나님의 형상이 역사적으

A. 후크마

로 어떻게 이해되어 왔는가를 살펴본다. 그가 검토한 신학자들은 이레니우스, 칼빈, 바빙크Bavinck, 바르트Barth, 브루너Brunner, 베르카우어Berkouwer 등이다.[90] 셋째, 성경의 가르침과 역사적인 해석을 조사한 후크마는 이를 신학적으로 요약해서 제시한다.

성경의 가르침에 대한 고찰

하나님의 형상에 관한 성경의 가르침을 전개하는 후크마는 먼저 구약성경에서 몇 개의 구절을 해석하여 이 구절들이 한결같이 사람이 하나님의 형상으로 지음받았으며 이 형상 안에 사람은 지금도 존재하고 있다는 것을 지지한다고 주장한다. 구약성경에 의하면 사람은 타락 이후에도 아직도 하나님의 형상을 지니고 있는 존재라는 것이다.[91]

하나님은 자기의 형상으로 사람을 창조하셨다. 이 사실이야말로 구약과 신약의 분명한 가르침이다. 후크마는 성경이 예수 그리스도를 가리켜 하나님의 온전한 형상이라고 부르고 있다는 사실을 매우 흥미로워 한다. 고린도후서 4:4을 해석하면서 후크마는 하나님의 영광이 그리스도의 얼굴 안에 나타낸 바 되었고, 따라서 우리가 그리스도를 바라볼 때 우리는 곧 하나님의 영광을 보는 것이라 했다.[92]

후크마에 따르면, 그리스도는 전혀 죄가 없으신 분이시기에(히 4:15) 우리는 그리스도 안에서 완전한 상태에 있는 하나님의 형상을 보게 된다. 그러므로 하나님의 형상이 무엇을 의미하고 있는지를 잘 알려면 하나님의 온전한 형상이신 예수 그리스도를 바라보아야 한다.[93] 후크마는 타락한 인간의 하나님의 형상이 회복되어야 할 필요성에 대하여 로마서 8:29과 고린도후서 3:18을 제시한다.[94] 하나님의 백성이 얻는 구속의 목표는 그들이 온전히 그리스도의 형상을 따라 닮는 것이다. 그리스도의 형상을 닮아가는 것이 하나님께서 우리를 향하여 예정하신 목표라고 로마서 8:29이 말하고 있는 반면에, 고린도후서 3:18은 이러한 변화가 이생에서 계속되는 과정이며 이러한 변화는 성령의 역사라는 점을 강조한다고 해석한다.

후크마는 그리스도인들이 하나님의 형상을 닮아 점점 자라가야 한다는 사상을 '옛사람'을 벗어 버리고 '새사람'을 옷 입는다는 것에서 찾는다.[95] 후크마에 따르면, 골로새서 3:9-10과 에베소서 4:22-24에서 '옛사람', 곧 '옛 자아'는 죄에 종노릇하는 우리의 본성을 가리키는데, 그리스도인은 죄에 종노릇하였던 옛 자아를 벗어버리고 새로운 자아$^{νεος\ ανθρωπος}$를 입었다고 말한다.[96] 아직 새로운 자아가 완전하지는 않지만 이 '새 자아'는 "자기를 창조하신 이의 형상을 따라 지식에까지 새롭게" 되고 있다고 바울은 말한다(골 3:10). 신자가 입게 된 새 자아는 "진리의 거룩함으로 하나님을 따라 지으심을 받은 새 사람"(엡 4:24)이다.

하나님을 좀 더 가까이 닮아 새로워지는 일은 구속의 과정을 통하여 우리 안에 역사하는 성령의 사역이다. 후크마는 새로워지는 일은 일차적으로 성령의 사역이지만 동시에 하나님을 따라 닮아 새롭게 되는 일이 사람의 책임임을 강조한다.[97] 그는 고린도전서 15:49와 요한일서 3:2을 통하여,[98] 신약에서의 하나님의 형상은 종종 종말론적인 관점에서 이해되는 개념이라는 사실을 주장하며, 우리의 최종적인 성화는 우리가 전적으로 하나님과 같아지는 것이며 하나님을 완전하게 닮는 일, 즉 하나님의 온전한 형상이신 예수처럼 되는 것임을 주장한다.[99]

하나님의 형상에 관한 성경의 증거에 충실한 해석을 통하여 후크마는 다음과 같이 결론짓는다. 첫째로 하나님의 형상은 상실될 수 없는 인간 본질과 실존의 한 부분이지만, 둘째로 하나님의 형상은 인간이 죄로 타락하게 되었을 때 굴절되고 일그러지게 되었으며 성화의 과정을 통하여 회복되고 새로워지게 되는 그 무엇이다.[100]

본래적 형상

헤르만 바빙크Herman Bavinck에 따르면, 성경은 사람은 하나님의 형상을 지니고 있거나 보유하고 있는 것이 아니라 사람이 바로 하나님의

형상이라고 말씀하고 있다. 그러므로 하나님의 형상은 인간의 전체성entirety 의 관점에서 이해되어야 한다.[101] 벌코프는 좁은 의미에서의 하나님의 형상은 인간이 죄로 타락하게 됨으로써 전적으로 상실하게 되었으나, 넓은 의미에서의 하나님의 형상은 상실된 것이 아니라 부패되고 삐뚤어져 버렸

헤르만 바빙크

다고 했다.[102] 이러한 구분은 인간을 두 가지 측면으로 관찰하고 있는 방법인데, 하나는 구조적 측면에서요 또 다른 하나는 기능적 측면에서이다.

하나님의 형상은 인간의 전인성全人性을 포함하고 있기 때문에 당연히 인간의 구조성(이성, 도덕성과 같은 것들)과 기능성(하나님을 예배하는 행위, 인간을 사랑하는 일, 자연만물을 다스리는 일 등)의 양면을 모두 포함한다. 이 두 종류의 측면은 하나님의 형상이 갖고 있는 근본적 측면들이라 할 수 있다. 바빙크는 다음과 같이 말한다.

하나님의 형상을 넓은 의미와 좁은 의미로 나눠 생각함으로써 개혁주의 신학자들은 본체와 질, 자연과 은총, 창조와 구속 사이의 연관성을 가장 분명하게 주장하고 있는 것이다.[103]

사람이 창조될 당시에는 구조적 혹은 광의적 의미에서 본 하나님의 형상을 소유하고 있었으며, 동시에 기능적 혹은 협의적 의미에서 본 하나님의 형상도 생생하게 나타냈었다. 그러나 타락 이후 사람은 구조적 의미의 하나님의 형상은 그대로 보유하긴 했으나 기능적 의미의 형상은 상실하게 되었다. 타락한 인간들은 아직도 하나님이 그들에게 부여하신 재능과 능력들을 소유하고 있으나 이제 이러한 재능들은 죄악의 불순종의 방법들로 사용되고 있는 것이다.[104]

그리스도께서 하나님의 참 형상으로서 삼중적(하나님, 사람, 자연) 관계 속에서 그 역할을 다하신 것처럼 우리도 그러해야 한다. 인간이라는 의미는 우리의 방향이 하나님께로 향하여 있다는 것을 의미하며, 동료 인간을 향하여 있다는 것을 말하고, 또한 만물을 지배한다는 것을 의미한다.[105] 이 삼중적 관계는 인간에게만 있다. 또한 인간은 세 가지 관계의 각각에 있어서 하나님을 반영하고 있기 때문에 하나님 형상의 올바른 기능은 이 세 가지 관계를 통해서 전달되어야 한다고 결론내릴 수 있다.[106]

성경의 전체적 관점에서 하나님의 형상을 이해하려면 창조와 타락과 구속의 틀 아래에서 하나님의 형상을 살펴보아야 한다.[107] 인간이 타락하기 이전에 '본래적 형상the Original Image'이 존재하였다. 최초의 인간 부부는 순전함과 순종으로 하나님을 반영했다고 할 수 있다. 그렇다고 그들의 원상의 상태가 완전하거나 불변의 완성단계를 말하는 것은 아니다. 그들은 여전히 성장과 연단의 필요성을 갖고 있는 존재였다. 그런데 그들은 하나님의 명령을 불순종했고, 그들 자신과 뒤따르는 인류 전체를 죄악의 상태로 빠뜨려 버린 것이다.[108]

변질된 형상

인간의 불신의 죄는 영적 부패를 가져왔다. 영적 부패는 인간의 영혼과 정신의 부패를 말한다. 이것은 인간의 존재가 태생부터 부분적이 아니라 전적으로 부패total corruption하였고 또한 완전하게 부패한 것을 말한다. 이 부패는 일시적인 선행으로 치유되지 못하며, 오직 복음을 통하여 믿음으로 말미암아 치유되고 의롭게 된다. 이것이 기독교에서 말하는 구원이다. 영적인 부패는 지속적으로 인간의 삶이 존재하는 한 벗어날 수 없다. 오직 예수 그리스도의 십자가의 피로 말미암아 치유될 수 있다.[109]

인간의 타락 이후 하나님의 형상은 모두 없어진 것이 아니라 '변질된 형상the Perverted Image'이 되었다. 구조적 측면의 형상은 여전히 존속했으나 ⋯ 재능, 재질, 역량 등은 파괴되지 않았다⋯ 이제 인간은 이 것들을 하나님의 뜻과는 어긋난 방향으로 사용하기 시작했다.[110] 하나님의 형상의 변질이 인간이 위치한 세 가지 관계성 속에서의 인간의 기능에 어떠한 영향을 미쳤는가?

타락한 인간은 참된 하나님을 경배하는 대신에 우상들을 섬기게 되었다. 인간은 하나님께 순종함으로 살기보다는 하나님과 그의 법도를 무시하며 사는 '반항 속의 인간'이 되었다. 하나님 형상의 변질은 두 번째 관계인 인간과의 관계에 큰 영향을 미치게 되었다. 타락한 인간은 그의 교제의 역량을 타인의 삶을 풍요롭게 하는 데 사용하기보다는 자신의 이기적 목적을 이루기 위해 다른 사람들을 임의로 조작하기 위한 도구로 사용하게 되었다. 변태적 현상은 세 번째 관계인 인간과 자연과의 관계에도 영향을 미쳤다. 인간은 더 이상 하나님께 대한 순종 속에서 땅을 지배하는 것이 아니라 자신의 이기적 목적을 위해 땅과 땅의 모든 자원들을 착취하게 되었다.[111] 그러므로 인간 속에 심겨진 하나님의 형상은 인간 타락 이후 모든 점에 있어서 변질되어 버렸고, 제 기능을 하지 못하고 있다. 그러나 아직 하나님의 형상이 인간 속에 있다. 우리가 기능적 의미의 하나님의 형상을 손실했다는 것은 구조적 의미의 하나님의 형상을 보유하고 있다는 것을 전제로 하고 있다.[112]

새롭게 된 형상

인간의 타락으로 하나님의 형상이 변질된 이래로 그 형상은 갱신과 회복의 필요성을 갖게 되었다. '새롭게 된 형상the Renewed Image'은 구속의 과정 속에서 얻어지게 된다. 이 회복은 '거듭남'이라 불리는 중생regeneration에서 시작된다. 그리고 그 형상의 회복은 성경에서 말하는 성화의 단계 속에서 계속된다.[113] 그러므로 인간 속에 있는 하나님의 형상의 회복은 기본적으로 성령의 사역이다. 사람은 타락으로 인해 영적으로 죽은 자이기에 먼저 성령께서 그에게 중생을 통한 새 생명을 주셔야만 한다. 더 나아가 이 회복은 성경에 나타난 대로 하나님의 말씀의 선포와 가르침과 연구를 통해 일어나게 된다.

하나님의 형상의 갱신과 회복이 첫째로 의미하는 바는 이제 인간은 하나님을 향해 올바른 방향으로 서 있을 수 있다는 것이다. 여기에는 하나님에 대한 올바른 예배와 인간의 모든 필요를 하나님께 간구하는 것과 하나님의 축복에 대한 감사가 포함된다. 갱신과 회복의두 번째 의미는 이제 인간은 그들의 이웃을 향해 올바른 방향으로 서있을 수 있게 되었다는 사실이다. 여기에는 이웃을 자기 자신처럼 사랑하는 것을 포함하고, 이웃을 위한 기도와 이웃의 안녕과 복리에 대한 깊은 관심을 갖는 것을 의미한다. 이 두 번째 관계에서 하나님의형상이 회복된다는 것이 의미하는 바는 사람은 이제 그 자신보다는다른 사람을 위해 살 수 있게 되었다는 것을 말한다. 하나님의 형상이 새로워진다는 세 번째 의미는 이제 인간은 하나님의 피조세계를바르게 지배하며 돌볼 수 있게 되었다는 것이다. 다시 말하면 책임성있게 순종하는 자세로 그리고 순수한 마음으로 땅과 자원에 대한 지배를 행할 수 있는 능력을 부여받았다는 것이다.[114]

앞에서 살펴보았듯이 하나님의 형상의 회복은 사람의 생애 가운데서 완전히 이루어지지는 않는다. 그리스도인들은 이 땅에서 살아 있는 동안 진정으로 새로워지기는 하나 완전히 새로워지지는 않는다. 신자들은 미완성의 새 사람들이다. '온전케 된 형상the Perfected Image'은종말의 부활의 이쪽 언덕에서는 볼 수 없다. 하나님 형상의 종국적완성은 그의 구속받은 백성을 향하신 하나님의 계획의 절정이다. 기독론적 인간관의 최상을 보려면 최초 창조 시의 인간으로 돌아가서는 안 되며, 오히려 미래에 영화롭게 된 인간에게로 돌아가야 할 것이다. 왜냐하면 그리스도께서는 그의 구원 사역을 통해 타락 이전의 아담보다도 더 높은 곳으로 우리를 인도하시기 때문이다.

주

1. 황봉환, 180-207.

2. 박준서, "하나님의 형상에 관한 성서적 이해", 기독교사상 369 (1989): 104-106.

3. Walter Brueggemann, 창세기, 강성열 역 (서울 : 한국장로교출판사, 2008), 69.

4. J. N. D. Kelly, 고대 기독교 교리사, 김광식 역 (서울 : 도서출판 한글, 1980), 196 -197.

5. 유병우, "하나님의 형상(Imago Dei)의 회복으로서의 신유 : 오순절 신학을 중심으로", 오순절 신학논단 5 (2007): 45.

6. 최홍석, "하나님의 형상에 관한 소고", 신학지남 54 (1987): 116.

7. Christian D. von Dehsen, "The Imago Dei in Genesis 1:26-27", *Lutheran Quarterly* XI (1997): 268.

8. Gerhard von Rad, *Genesis* (Philadelphia: Westminster, 1961), 58.

9. Brueggemann, 창세기, 70.

10. 최홍석, 121-122.

11. Peter T. O'Brien, *Colossians, Philemon* (Waco, Texas: Word Books, 1982), 43.

12. Andrew T. Lincoln, *Ephesians* (Waco, Texas: Word Books, 1990), 287.

13. Peter T. O'Brien, *Colossians, Philemon*, 191.

14. Kimble, et al., *Aging, Spirituality, and Religion*, 388.

15. Fred Van Tatenhove, "Evangelical Perspectives", in Kimble, et al., *Aging, Spirituality, and Religion*, 417.

16. M. J. Heinecken, "Christian Theology and Aging: Basic Affirmations", in Clements, *Ministry with the Aging*, 77-90.

17. 디모데 후서 3:14 이하를 보라.

18. Van Tatenhove, "Evangelical Perspectives", 417-428.

19. 창 3:19; 왕상 2:2; 사 40:6-7; 시 39:4; 전 3:1-2 등.

20. 창 27:1; 왕상 1:1-4; 삼하 19:35; 전 12:1-8 등.

21. 신 32:7; 욥 12:12; 32:6-7 등.

22. 호태석, 황정혜, 교회와 노인복지 (안양 : 갈릴리 출판사, 2002), 52.

23. 설은주, 고령화 시대의 노인 목회 : 노인 목회의 이론적 기초와 실천적 모델 (서울 : 예영커뮤니케이션, 2005), 61. 부모에 대한 노인 부양의 형태는 경제적 부양과 정서적 부양, 서비스 부양으로 나눌 수 있다. 경제적 부양은 노인들이 가장 필요로 하는 부양의 형태이다. 정서적 부양이란 노인의 고립감과 불안을 해소하고 인격적, 정서적 욕구의 충족을 제공하는 정신적 측면의 부양을 말하며, 서비스 부양이란 가정 내에서의 신체적 독립과 가사 운영 및 가정생활에 필요한 청소, 심부름, 신체적 부축, 시중 등을 제공하며 노인의 감정과 정서를 달래주는 것을 말한다.

24. Rowan A. Greer, "Special Gift and Special Burden: Vies of Old Age in the Early Church", S. Hauerwas, Carole B. Stoneking, Keith G. Meador, and D. Cloutier, eds., *Growing Old in Christ* (Grand Rapids: Eerdmans, 2003), 37.

25. Ibid.

26. M. Luther, *Lectures on Genesis: Chapter 6-14*, vol. 2, *Luther's Works* (St. Louis: Concordia, 1955), 141.

27. Martin Heidegger, *Being and Time* (New York: Harper & Row, 1962), 8-19.

28. Herbert Vorgrimler, 오늘의 그리스도교적 죽음이해, 심상태 역 (서울 : 성바오로출판사, 1982), 63.

29. 조석민, "인간의 생명과 죽음의 의미: 요한복음 11:1-44을 중심으로", 성경과 신학 38 (2005): 47.

30. Ibid., 45.

31. Hans Walter Wolff, *Anthropology of the Old Testament*, trans. Margaret Kohl (Philadelphia: Fortress Press, 1974), 107.

32. James D. G. Dunn, 바울신학, 박문재 역 (고양 : 크리스챤 다이제스트, 2003), 206.

33. Bruce M. Metzger, *The New Testament its Background, Growth and Content* (Nashville: Abingdon Press, 1965), 227.

34. 한동윤, 106.

35. Herbert Vorgrimler, 83-84.

36. Lloyd R. Bailey, *Biblical Perspectives on Death* (Philadelphia: Fortress Press, 1979), 83-85.

37. 한동윤, 108.

38. 롬 5:12; 고전 15:22; 롬 6:23.

39. 요 11장을 보라.

40. 조석민, 65.

41. Edward Thurneysen, 목회학 실천론, 박근원 역 (서울 : 한국신학연구소, 1982), 248.

42. 오우성, 박민수, 상담으로 풀어본 신학 : 신학과 상담학의 대화 (대구 : 계명대학교 출판부, 2005), 222-224.

43. Louis Berkhof, *Systematic Theology* (Grand Rapids: Eerdmans Publishing Co., 1953), 670-671.

44. Ekkehard W. Stegemann and Wolfgang Stegemann, 초기 그리스도교의 사회사, 손성현, 김판임 역 (서울 : 동연, 2008), 161-162.

45. Donald A. Hagner, 마태복음, 채천석 역 (서울 : 도서출판 솔로몬, 1991), 213.

46. Dwight M. Smith, 요한복음의 신학, 최흥진 역 (서울 : 한들출판사, 1999), 156-158. 서술적인 '나는 ~이다' 말씀은 예수의 신분을 밝히기 위해서 구약성경의 표상과 주제를 끌어온다.

47. George R. Beasley-Murray, 요한복음, 이덕신 역 (서울 : 도서출판 솔로몬, 2001), 260.

48. William T. Kirwan, *Biblical Concepts for Christian Counseling: A Case for Integrating Psychology and Theology* (Grand Rapids: Baker, 1984), 111.

49. Joachim Jeremias, 신약신학, 정광욱 역 (서울 : 도서출판 엠마오, 1992), 106-107.

50. Kirwan, *Biblical Concepts for Christian Counseling*, 112.

51. 이한수, 로마서 1 (서울 : 도서출판 이레서원, 2002), 610.

52. Kirwan, *Biblical Concepts for Christian Counseling*, 112.

53. Ibid.

54. Stephen S. Smalley, *1, 2, 3 John* (Waco, Texas: Work Books Publisher, 1984), 260.

55. Ralph P. Martin, *2 Corinthians* (Waco, Texas: Word Books Publisher, 1986), 91에
서도 겉사람(outward person)을 수많은 어려움에 처하고 죽음의 선고를 받은
죽을 수밖에 없는 운명(mortality)을 가진 존재로서의 인간으로 파악한다.

56. 성종현, "바울의 인간, 죽음, 부활 사상", 장신논단 20 (2003): 94. 성종현은 겉
사람을 지상적 육체적 몸으로 속사람을 보이지 않는 인간 내면의 영혼으로 해
석한다.

57. Garry M. Burge, NIV 적용주석 : 요한복음, 김병국 역 (서울 : 도서출판 솔로몬,
2010), 758.

58. Hermann Ridderbos, *The Gospel of John: A Theological Commentary*, trans. John Vriend
(Grand Rapids, Michigan: Eerdmans Publishing Company, 1992), 667.

59. J. H. Bernard, *The Gospel According to St.* John vol. 2 (Edinburgh: T. & T. Clark,
1928), 708.

60. Ernst Haenchen, *John 2: Chapters 7-21*, trans. Robert W. Funk (Philadelphia:
Fortress Press, 1984), 226-227.

61. Drew Christiansen, "A Catholic Perspective", in Kimble, et. al., *Aging, Spirituality,
and Religion*, 412.

62. 19절에서 '나타나는 것(apokalypsin)'은 '감추어져 있던 것의 나타남'이라는 의
미인데 롬 1:17을 따르면 종말론적인 천국의 드러남을 의미할 수 있다. James
D. G. Dunn, 로마서 1-8, 김천, 채천석 역 (서울 : 도서출판 솔로몬, 2003),
783.

63. Ernst Käsemann, 로마서, 한국신학연구소 역 (서울 : 한국신학연구소, 1986),
384.

64. Douglas J. Moo, NICNT 로마서, 손주철 역 (서울 : 도서출판 솔로몬, 2011),
704.

65. Ibid., 705.

66. John R. W. Stott, 로마서 강해 : 온 세상을 향한 하나님의 복음, 정옥배 역 (서울 :
IVP, 1996), 311-315.

67. J. Christian Beker, 사도 바울 : 바울의 생애와 사상에서의 하나님의 승리, 장상 역 (천
안 : 한국신학연구소, 1998), 234.

68. Ibid., 235-237.

69. Larry Crabb, 인간이해와 상담, 윤종석 역 (서울 : 두란노, 1993), 264f.

70. James D. G. Dunn, 바울신학, 박문재 역 (서울 : 크리스챤 다이제스트, 2003), 656−659.

71. 이은선, "칼빈의 하나님의 형상론 이해", 한국개혁신학 32 (2011): 200−201.

72. 이오갑, "칼빈의 하나님의 형상론", 조직신학논총 3 (1998): 110.

73. John Calvin, *Institutes of the Christian Religion*, trans. Ford Lewis Battles and ed. John T. McNeil (Philadelphia: Westminster Press, 1960), I. 15. 3. 이하.

74. Calvin, *Inst*. I. 15. 3.

75. Ibid., I. 15. 4.

76. 권호덕, "하나님의 형상과 현대인의 딜렘마", 신학지남 60, no. 4 (1993): 187.

77. Calvin, *Inst*. II. 2. 12.

78. Anthony A. Hoekema, 개혁주의 인간론, 류호준 역 (서울 : 기독교문서선교회, 1990), 78. 이 단어들은 Calvin, *Commentary on Genesis*, 1:26; 3:1; *Commentary on Ephesians*, 4:24 등에서 유래한 표현들이다.

79. Calvin, *Inst*. I. 15. 4.

80. Calvin, *Inst*. II. 2. 12.

81. Ronald S. Wallace, *Calvin's Doctrine of the Christian Life* (Grand Rapids: Eerdmans, 1961), 148−152.

82. Calvin, *Inst*. I. 15. 4.

83. Ibid.

84. T. F. Torrance, *Calvin's Doctrine of Man* (London: Lutterworth, 1949), 80.

85. Ibid., 81.

86. Calvin, *Inst*. I. 15. 4.

87. 이은선, 213.

88. Ibid.

89. Anthony A. Hoekema, *Created in God's Image* (Grand Rapids: Eerdmans, 1986), 48.

90. Ibid., 33−65.

91. Ibid., 11−19.

92. Ibid., 21.

93. Ibid., 22.

94. 롬 8:29, "하나님이 미리 아신 자들을 또한 그 아들의 형상을 본받게 하기 위하여 미리 정하셨으니 이는 그로 많은 형제 중에서 맏아들이 되게 하려 하심이니라.", 고후 3:18, "우리가 다 수건을 벗은 얼굴로 거울을 보는 것 같이 주의 영광을 보매 그와 같은 형상으로 변화하여 영광에서 영광에 이르니 곧 주의 영으로 말미암음이니라."

95. Hoekema, *Created in God's Image*, 25-28.

96. 골 3:9-10, "너희가 서로 거짓말을 하지 말라 옛 사람과 그 행위를 벗어 버리고 새사람을 입었으니 이는 자기를 창조하신 이의 형상을 따라 지식에까지 새롭게 하심을 입은 자니라", 엡 4:22-24, "너희는 유혹의 욕심을 따라 썩어져 가는 구습을 따르는 옛사람을 벗어 버리고 오직 너희의 심령이 새롭게 되어 하나님을 따라 의와 진리의 거룩함으로 지으심을 받은 새사람을 입으라."

97. Hoekema는 해당 성구로 엡 5:1 ("그러므로 사랑을 받는 자녀 같이 너희는 하나님을 본받는 자가 되고"), 빌 2:5 ("너희 안에 이 마음을 품으라 곧 그리스도 예수의 마음이니") 등을 제시한다.

98. 고전 15:49, "우리가 흙에 속한 자의 형상을 입은 것 같이 또한 하늘에 속한 이의 형상을 입으리라", 요일 3:2, "사랑하는 자들아 우리가 지금은 하나님의 자녀라 장래에 어떻게 될지는 아직 나타나지 아니하였으나 그가 나타나시면 우리가 그와 같을 줄을 아는 것은 그의 참모습 그대로 볼 것이기 때문이니."

99. Hoekema, *Created in God's Image*, 30-31,

100. Ibid., 32.

101. Ibid., 65.

102. Ibid., 68-69.

103. Herman Bavinck, *Gereformeerde Dogmatiek*, vols. 4 (Kampen: Kok, 1918), 2:594, Hoekema, *Created in God's Image*, 70에서 재인용.

104. Ibid., 72.

105. Ibid., 73-81.

106. Ibid., 81-82.

107. Ibid., 82.

108. Ibid., 82-83.

109. 김영종, "영적 부패의 치유", 기독교학 저널 4 (2007): 154-165.

110. Hoekema, *Created in God's Image*, 83.

111. Ibid., 84-85.

112. Ibid., 85.

113. Ibid., 86.

114. Ibid., 86-88.

복음주의 심리학에서
본 하나님의 형상과 자아통합

03

앞에서 살펴본 대로 에릭슨은 후성설적epigenetic 인간론에 기초하여 심리사회발달이론을 전개하였고, 8단계 중 마지막 단계인 노년기에 이루어야 할 과업으로 자아통합을 제시하였다. 여기서 후성설이 의미하는 바는 특정 단계의 발달이 출생 시부터 진행되지만, 어떤 명쾌한 결과들은 특정한 시기에만 나타난다는 이론이다.[1]

그러나 성경은 인간이 하나님의 형상으로 창조된 완전한 존재였으나 범죄하여 타락함으로써 하나님의 형상에 손상을 입었고 자아정체감을 상실했음을 보여준다. 앞 장에서 본 것처럼 성경의 전체적 관점에서 하나님의 형상을 이해하려면 창조와 타락과 구속이라는 틀 아래에서 하나님의 형상을 살펴보는 것이 필요하다. 인간이 타락하기 전에 본래적 형상이 존재하였다. 이제 예수 그리스도께서 구속의 사

변질된 형상

본래적 형상

새롭게 된 형상

하나님의 형상과 자아통합 과정

역을 완수함으로써 타락한 인간은 그리스도 안에서 상실한 자아정체
감을 회복하고, 이를 통해 통합된 자아에 이를 수 있을 것이다.

　아래에서는 특히 커원Kirwan의 이론을 중심으로 최초 인간의 자아
정체감 상실의 결과와 그리스도 안에서 이루어진 자아정체감의 회복
에 관해 복음주의적 관점으로 고찰하고자 한다. 그리고 복음주의 신
앙이 노인의 자아통합에 어떻게 기여하는가를 고찰할 것이다.

하나님의 형상으로 창조된 인간 : 본래적 형상

창세기는 천지창조의 이야기로 시작된다. 모든 피조물 가운데 인간
은 그들만 하나님의 형상으로 창조되었기에 특별한 입상에 있다. "하
나님이 자기 형상 곧 하나님의 형상대로 사람을 창조하시되 남자와
여자를 창조하시고"(창 1:27). 하나님께서 '생기生氣'(창 2:7)를 불어넣

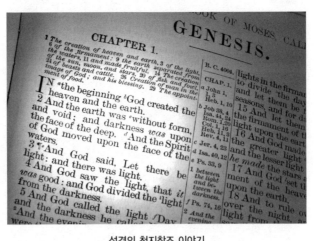

성경의 천지창조 이야기

은 결과 인간은 신의 성품에 참예하는 자(벧후 1:4)로서 동물왕국을 능가한다. 그 당시에 아담과 하와는 완벽한 조화를 자신 안에서, 하나님과 그 밖의 피조물들과 그리고 서로와의 관계에서 즐겼다.

인간에 대한 그리스도인의 견해 중 가장 기본적인 가정 중의 하나는 하나님을 창조주로 믿는 믿음이며, 이것은 곧 인간이 자율적 혹은 독립적으로 존재하지 않는 하나님의 피조물임을 지적해 준다.[2] 즉 인간은 피조물인 동시에 하나의 인격체, 곧 피조된 인격체created person인 것이다. 모든 비기독교적 인류학들은 인간의 피조성을 거부하기 때문에 사람에 대해 그릇된 개념을 주고 있다. 어떠한 개념이건 인간이 중심적으로 하나님께 연관되어 있을 뿐만 아니라 그에게 온전히 의존하고 있으며 우선 그를 신뢰하도록 지음을 받은 존재임을 부인한다면 그것은 진리라고 할 수 없다.[3]

일반 심리학이나 상담학에서는 인간이 하나님의 창조 질서 아래 있는 존재로서 창조자와의 관계를 가진 위치에 있다는 점에 대해서는 말하고 있지 않다. 프로이트S. Freud의 정신분석적 접근에서는 인간의 운명은 무의식 속에 잠재해 있는 어린 시절의 심리 성적인 사건들에 의해 결정된다고 한다. 행동주의적 접근에서는 인간이 환경의 자극에 반응하는 존재로 보고 있다. 한편 실존주의적 접근이나 로저스 C. Rogers의 인간중심적 접근에서는 인간이 무한한 가능성을 가지고 태어났고, 이를 실현할 수도 있음을 강조한다. 그리고 현대 정신분석학의 대상관계적 접근에서는 인간은 환경으로부터 단절되거나 도피하고자 하는 존재가 아니라 오히려 환경과 적극적으로 관련을 맺으려는 노력 속에서 많은 갈등을 경험하고 만들기도 한다고 주장한다.[4]

그러나 그리스도인에게 있어서 인간의 삶에 있어서 가장 중요한 요소는 하나님과의 관계이다. 이런 관점에서 볼 때 인간의 존재 질문에 대한 해답은 심리학만으로는 발견될 수 없다.

복음주의 심리학자 커원에 의하면, 타락하기 전 인류의 정신적, 정서적 상태를 주목해보면 처음에 이들은 자신의 존재와 자아에 대한 명확한 의식을 갖고 있었다. 다른 말로 하면 이들은 강력한 자아상을 가졌다고 말할 수 있을 것이다.[5] 근본적으로 자아정체감은 "나는 누구인가?"라는 질문에 대한 답변이다. 하나님은 아담과 하와에게 피조물을 다스릴 책임을 부여하셨고(창 1:26-29), 그들을 축복하셨으며, 자신이 창조하신 모든 것을 "심히 좋다"라고 선포하심으로 그들을 긍정하셨다. 첫 두 사람이 하나님과 가진 대인관계는 그들의 자아 selfhood를 정의했다.

커원은 건강한 자아개념은 강한 정체감의 발달에 기본적이라고 보았다.[6] 자아를 나타내는 헬라어는 'ego'(나)이다. 우리는 이 단어를 바울 사도가 자신의 인생을 되돌아보면서 하는 말에서 찾아볼 수 있다. "전제와 같이 내가 벌써 부어지고 나의 떠날 시각이 가까웠도다 나는 선한 싸움을 싸우고 나의 달려갈 길을 마치고 믿음을 지켰으니"(딤후 4:6-7). 바울은 그의 전체적인 인간성을 나타내는 데 'ego'라는 단어를 사용하였다.

커원에 의하면 강한 자아 정체감을 확립하기 위한 또 하나의 필수 사항은 자아와 세계를 정확하게 볼 수 있는 준거 틀frame of reference이다.[7] 아담과 하와 안에 있는 특정한 준거 틀은 이들이 하나님과 세계 그리고 자신들을 완벽하게 볼 수 있게 해 주었다. 왜냐하면 이들은 하나님의 형상대로 만들어졌기 때문이다. 그들의 세계는 완벽한 태도, 생각, 행동 그리고 느낌을 가능하게 하는 세계였다.

의식의 첫 순간부터 두 사람은 인생과 세계를 하나님의 시각에서 볼 수 있었다. 외부적으로 하나님의 임재하심이 명백했고, 내면적으로 하나님의 형상이 그들의 사고와 감정을 주관하고 지시했다.[8] 그 결과는 확고한 자아상이었다. 이것은 한 사람의 정체감이 하나님 안에 온전히 있을 때만 가능한 것이다.

커원은 아담과 하와가 가졌을 절대 진리에 대한 지각을 확인하고, 그 지식이 건강한 태도를 드러내도록 했음을 역설한다.[9]

> 아담과 하와는 하나님의 특별한 창조물로서 자신에 대해 진정한 평가를 내릴 수 있었다. 우리와 달리 그들은 자신을 이해할 수 없는 것에 대해 걱정하거나 이들이 왜 그렇게 생각하고 느끼며 행동하는지를 알고 싶어 하지 않았다. 이들은 현실을 부인하고 억제하며 억압함으로 왜곡할 필요를 느끼지 않았다.[10]

현실에 대한 확고한 지식은 그들에게 건강한 태도를 드러내도록 해 주었다. 태도는 한 사람이 누군가 또는 어떤 것에 대하여 갖는 감정 혹은 느낌이다. 아담과 하와는 '부끄러움'을 느끼지 않았다(창 2:25). 수치심은 흔히 열등한 느낌, 부족한 느낌, 그리고 악한 느낌과 연관되어 있다. 수치심과 죄책감은 불가피하게 우리의 자존감을 붕괴시키고 때로 불안증과 우울증을 유발한다. 그러나 아담과 하와는 이런 것들을 전혀 경험하지 않았다.

그들은 하나님과의 교제의 즐거움을 알고 있었다. 그들은 하나님이 의도하신 모든 것이 되기 위한 유일한 조건이 순종임을 알고 있었다. 아담과 하와는 모든 것이 어떻게 되어야 하는지에 대한 정확한 감각을 갖고 있었을 가능성이 높다.

자아정체감의 상실 : 변질된 형상

하나님의 형상대로 창조되었음에도 불구하고 아담과 하와는 하나님과 동등하게 되고 싶은 욕심으로 금지된 열매를 먹었다. 그 결과 인류 안에 있던 하나님의 형상이 깨어졌다. 이때로부터 정신적 고뇌와 심리적 투쟁이 시작되었고, 혼란과 왜곡이 개인 정체감을 특징짓게 되었다.

인간의 타락 이후 하나님의 형상은 모두 없어진 것이 아니라 변질되어 일그러져 버렸다. 앞에서 살펴본 것처럼 구조적 측면의 하나님의 형상(인간의 재능, 재질, 역량 등)은 여전히 존속했으나 이제 인간은 이러한 재능들을 하나님의 뜻과는 어긋난 방향으로 사용하기 시작했다. 변한 것은 인간의 구조가 아니라 그가 역할을 감당하는 방식, 다시 말해서 그가 지향해 가는 방향이 바뀌게 된 것이다. 헤르만 바빙크Herman Bavinck는 이를 다음과 같이 잘 표현하고 있다.

> 타락을 통해 인간은 하나님의 형상의 모습을 더 이상 나타내 보일 수 없는 재생불가한 마귀가 된 것은 아니다. 그는 인간 그대로 남아 있으나 그의 모든 능력, 재질, 재능들은 변질되었으며, 이런 능력들의 형태,

본질, 성향, 방향 등이 너무도 크게 바뀌었기에 하나님의 뜻을 행하는
대신에 육체의 법을 만족시킬 뿐이다.[11]

개혁주의 신학 전통에서는 이렇게 하나님의 형상이 일그러지고 손
상되었으며 절단되었고 불구가 되었으며 병으로 찌들어 흉측하게 되
었다고 본다. 그 결과 타락한 인간은 참된 하나님을 경배하는 대신에
우상들을 섬기게 되었고, 자신의 이기적 목적을 이루기 위해 다른 사
람들을 임의로 조작하기 위한 도구로 사용하게 되었으며, 자신의 이
기적 목적을 위해 땅과 땅의 모든 자원들을 착취하게 되었다.

그러므로 인간 속에 심겨진 하나님의 형상은 인간 타락 이후 이런
모든 점에서 변질되어 버렸고 제 기능을 하지 못하고 있다. 그러나
아직 하나님의 형상이 인간 속에 있다. 이제 타락의 결과 일어난 인
간의 자아정체감의 상실에 대하여 살펴보자.

아담과 하와는 하나님께 불순종하였기 때문에 그들의 자아감을 상
실하였고, 더 이상 교제와 사랑으로 하나님과 연합되지 못했다. 그들
안에 있는 하나님의 형상은 더럽혀지고 말았고, 그 결과 그들은 참조
점reference point으로서의 하나님을 상실했다. 이제 그들 자신의 자아가
그들의 사고, 감정, 행동이 공전하는 축이 되었다. 그들의 정체감은
더 이상 하나님 중심이 아닌 자기 중심적이 되었다.

아담은 이전에 그에게 안정감과 사랑을 느끼게 해 주었던 진리, 곧
하나님의 임재에 대해 두려움을 느꼈다(창 3:10). 혼란스럽고 방향감
각을 상실했으며 당황한 그는 오늘날 우리가 개인적으로 그리고 집
단적으로 직면하는 수많은 정신장애의 원형이 되었다.[12] 로널드 랭

Ronald Laing은 아담이 하나님으로부터 숨으려 했을 때 그에게 일어났을 생각과 감정의 뚜렷한 그림을 우리에게 다음과 같이 제시하고 있다.

> 그 개인(아담)은 진공과 같이 공허함을 느낀다. 하지만 이 공허함은 그 자신이다. 아담은 그 공허함이 다른 방식으로라도 채워지기를 갈망하지만, 이것이 일어날 가능성을 두려워한다. 왜냐하면 그가 될 수 있는 전부는 바로 이 공허함이라는 무시무시한 무無라는 것을 느끼게 되었기 때문이다. 그렇다면 현실과 어떠한 '접촉'도 그 자체만으로도 무서운 위협으로 경험된다. 이 입장에서 경험된 현실은 필연적으로 내파적 seaworthy이며, 따라서 … 그 자체만으로도 그 개인(아담)이 가지고 있다고 가정할 수 있는 정체감에 위협이 되기 때문이다.[13]

하나님으로부터 생명을 받았고 풍요로웠던 아담은 이제 하나님이 그를 존재와 생명이 없는 어떤 대상으로 만들까봐 두려웠다. 무존재 non-being에 대한 두려움은 오랫동안 주요 문제였다.

아담과 하와의 생각이 왜곡되었으므로 그들의 자기 지각self-perception도 똑같이 왜곡되었다. 그들이 자신들의 벌거벗음을 무화과 나뭇잎으로 숨겼던 것은[14] 자신들을 부정적으로 생각하게 된 것을 보여준다. 또한 아담이 하나님께 열매를 먹은 것에 대한 책임을 여자에게로 돌린 것은[15] 그가 하와를 부정적으로 보았다는 것을 보여준다. 그들의 자아개념self-concept은 더 이상 안정되지 않았다. 그들은 더 이상 이전처럼 생각할 수가 없었다. 그들은 더 이상 무엇을 해야 하고 어디로 가거나 누구를 사랑해야 하는지 확신이 없었다.[16]

아담과 하와가 하나님과 세계를 보았던 두 가지 준거 틀, 즉 하나님의 형상의 준거 틀과 인간 자아의 준거 틀 사이를 구분 짓는 근본적인 표지는 무엇인가? 그 해답은 '관계'라는 결정적인 개념에 있다. 아담과 하와가 하나님의 형상대로 창조된 것은 그들을 동물로부터 구별시켰으며, 하나님과 서로와 친밀한 관계를 맺을 수 있도록 그들에게 윤리와 사랑 등의 특별한 특성을 부여했다.

> "하나님이 그분의 형상대로 사람을 창조하셨다"라는 사상의 핵심은 사람이 하나님과 따뜻하고 친밀한 관계에 있다는 이해이다. 이 관계는 매우 특별해서 그 어떤 피조물도 이 소중한 결속을 공유하지 못한다. 만약 이 관계가 하나님과 사람 사이의 사랑이 넘치고 반응적이며 영구적인 관계로 성숙하려면 이 관계를 모든 인간관계와 마찬가지로 지속적인 교제와 열린 접촉을 필요로 하는 부자 관계라고 불러도 과언이 아니다…[17]

　　아담과 하와가 타락했을 때 그들은 하나님과 나머지 피조물과 서로 그리고 심지어 자신들과도 조화로운 관계를 잃어버렸다. 상실^{loss}이란 단어는 일어났던 일을 이해하는 데 중요하다. 아담을 찾으시는 하나님께 아담이 "내가 동산에서 하나님의 소리를 듣고 내가 벗었으므로 두려워하여 숨었나이다"(창 3:10) 라고 말했을 때, 그는 실제로 이렇게 말하고 있었다. "나는 하나님을 상실했다. 그래서 나는 더 이상 소속되지 않는다. 나는 두렵고 불안하다." 그는 또한 이렇게 말하고 있었다. "나는 완벽함을 잃어버렸다. 그래서 더 이상 자존감을 느끼지 못한다. 오히려 나는 죄책감과 수치심을 느낀다."[18]

표 3.1은 아담과 하나님과의 깨어진 관계로 인한 비참한 결과를 설명한다. 표 3.1의 오른쪽 칸에서 우리는 타인과 자신과의 관계에 궁극적으로 파괴적인 다양한 감정의 출현을 보게 된다.

아담이 범죄하여 하나님을 상실했을 때 하나님 안에서 누리고 있던 평화는 깨어졌고 그에게 소속감에 대한 강렬한 욕구가 생겨났다. 그러나 하나님 외에 그 어떤 것에서부터도 소속감의 욕구를 채울 수 없어 그에게는 불안과 불안정감이 생겨나게 되었다.

아담이 타락함으로 처음 가졌던 완벽함을 잃었을 때 그에게는 자존감에 대한 강렬한 욕구가 생겨났다. 그는 인정받고 싶어졌고, 사랑받고 싶어졌으나 하나님 외에 그의 욕구를 채워줄 존재는 없었다. 그리하여 그의 마음은 죄책감과 수치심으로 가득 차게 되었다.

범죄한 아담은 에덴동산에서 쫓겨났고 처음 가졌던 통제력을 상실했다. 그는 자신의 내면의 정욕을 제어할 힘도 없게 되었고 외부 환경의 거센 도전 앞에서 자신의 무기력을 절감하게 되었다.

이것이 범죄한 인류가 처한 현실이 되었다. 아담이 타락했을 때 상실했던 모든 것들은 오늘 우리 모두가 경험하고 있는 것들이다. 우리는 소속감에 목말라 하면서도 이를 채우지 못해 불안과 불안정감에 시달리고 있다. 우리는 자존감의 욕구를 만족시키지 못해 끊임없이 수치심과 죄책감으로 고통받고 있다. 우리는 통제력의 욕구를 만족시키지 못해 무기력감과 우울증에 노출되어 있다. 불안과 죄책감과 우울증 옆에 분노도 포함시켜야 한다.

매년 수만 명의 사람들이 불안과 두려움 때문에 정신적, 감정적으

표 3.1 타락했을 때 아담이 상실한 것[19]

특정 상실	개인적 결과	잇따른 감정
하나님	소속감 상실	불안, 불안정감
완벽함	자존감 상실	죄책감, 수치심
통제력	힘의 상실	우울증, 무기력감

로 무너진다. 사람들은 불안과 두려움 때문에 자기 껍질 속으로 들어가 하나님이 마련하신 풍요로운 축복을 알지 못한 채 인생을 흘려보내고 만다. 불안과 두려움의 여러 형태를 보면 염려, 의심, 열등감, 소심함, 비겁, 우유부단, 주저함, 위축, 외로움, 대인기피증 등으로 표현될 수 있다.[20] 이런 감정은 성령을 소멸한다(살전 5:16-19).

분노 또한 성령을 근심하게 한다(엡 4:29-32). 분노는 인류에게 가장 흔하고 가장 파괴적인 감정으로 손꼽힌다. 가인이 분노를 못이겨 동생 아벨을 죽이므로 인류 최초의 가족도 분노로 풍비박산이 났다. 분노는 여러 모양으로 위장한다. 독설, 격노, 악의, 증오, 소란, 분열, 시기, 질투, 비판, 적개심, 험담, 냉소, 앙갚음, 응어리 등이 모두 분노의 변형된 형태이다.[21]

우울증은 사람을 가리지 않고 학식의 유무와 상관없이 사람들을 괴롭힌다. 우울증에 빠진 사람은 침울하고 비관적이다. 그 때문에 외로워지고, 그로 인해 우울증이 더욱 깊어진다. 우울증에 빠진 사람은 무관심과 피로라는 또 다른 대가를 치른다. 우울증으로 인한 또 다른 문제는 심기증心氣症이다. 그들은 통증, 복통 그리고 원인을 알 수 없는 온갖 고통을 겪기도 한다. 그들은 쉽게 짜증을 낸다. 자신은 시름

에 잠겨 침울한데 다른 사람들은 기분 좋고 기운이 넘치니 짜증스러운 것이다.[22]

창세기 3장에 보면 분노한 아담은 그가 한 짓에 대하여 하나님께 투사하며 책임을 전가한다.[23] 그다음에 4장에서 하나님이 가인의 제물을 거부하고 아벨의 제물을 받으셨을 때 가인이 몹시 분하여 안색이 변했다는 내용을 읽게 된다.[24] 임상적으로 분노와 우울증은 종종 함께 나타난다. 또한 실제로 성경은 가인이 우울했을 뿐만 아니라 화가 났다는 것을 보여준다.

> "여호와께서 가인에게 이르시되 네가 분하여 함은 어찌 됨이며 안색이 변함은 어찌 됨이냐 네가 선을 행하면 어찌 낯을 들지 못하겠느냐 선을 행하지 아니하면 죄가 문에 엎드려 있느니라 죄가 너를 원하나 너는 죄를 다스릴지니라"(창 4:6-7).

여러 고대 언어에서 '그의 안색이 변했다'와 같은 표현은 우울증이나 슬픔을 나타내는 데 광범위하게 사용된 것을 보면 하나님의 "안색이 변함은 어찌 됨이냐?"라는 질문은 가인이 우울했음을 명백하게 암시한다. 그루버 M. Gruber 는 이것을 '사랑의 대상의 상실 loss of love-object'로 이해했다. "가인의 제물을 주님이 거부한 것은 가인에게…사랑 대상의 상실을 의미했다. 가인이 사랑의 대상에 의하여 거부되는 것은 자존감의 상실이라는 결과를 낳는다. 이는 우울증의 주요 특징이다."[25]

하나님께서 가인의 분노나 우울증을 죄라 부르시지 않는다는 것이 주목할 만하다. 하지만 하나님은 그가 우울한 상태에 있으면 죄에 빠지기 쉽고 죄가 문에 엎드려 있다는 것을 경고한다.[26] 우리가 타락의 결과로 겪는 모든 파괴적 감정인 불안과 공포(창 3:8-10), 수치심과 죄책감(창 2:25, 3:7), 우울증과 분노(창 4:6)에 대항할 수 있는 것은 물론 사랑이다. 사랑이야말로 깨어진 관계와 안정감을 다시 회복할 수 있는 최고의 방법이다.[27]

커원에 따르면, 타락의 결과를 바라보는 또 한 가지 방식은 아담이 그의 인격의 중심 안에 있는 통일성unity을 상실했다는 점을 주목하는 것이다. 커원은 자아ego는 2개의 부정적인 부분인 갈급한 자아a needing self와 거부된 자아a rejected self로 갈라졌다고 분석했다.[28]

갈급한 자아는 우리가 내면적 욕구를 많이 가지고 있다는 것을 보여주는 아담과 우리의 일부이다. 이것은 창조주 밖의 관계에서 충족되지 않은 채 남아 있는 욕구이다. 충족시켜 달라고 부르짖는 내면적 욕구를 우리가 가지고 있다는 것은 구속redemption의 역사를 이해하는 데 핵심이다.

구속사를 깊이 들여다보면 그것이 인간의 갈급한 욕구를 채워주시는 하나님의 사랑의 역사라는 사실을 알 수 있다. 아담의 범죄 이후 하나님은 메시야가 와서 사탄의 세력을 꺾으실 것을 약속하셨다(창 3:15). 이것이 최초의 언약이며, 이 때 약속된 메시아가 인류의 가장 깊은 갈급한 욕구를 채워주시는 분이시다. 모세 언약, 다윗 언약도 모두 인간의 욕구 충족과 연관되어 있다. 이에 따른 결과는 그리스도 안에서의 새 언약New Covenant이었다. 하나님과 인류와의 깨어진 관계를 회복시키기 위하여, 잃어버린 자를 찾아 구원하기 위해 육신을 입고 오신 그분이 갈보리 십자가에서 돌아가셨을 때 인간을 찾는 하나님의 사랑은 그 절정에 달했다.

커원도 거부된 자아는 사랑과 보살핌의 철회, 관계의 단절 그리고 어쩌면 타인에 의한 유기遺棄를 경험하는 우리의 내면적 인격의 일부로 보았다.[29] 거부된 자아의 원인etiology은 타락에서 찾을 수 있다.

> "여호와 하나님이 에덴 동산에서 그를 내보내어 그의 근원이 된 땅을 갈게 하시니라 이같이 하나님이 그 사람을 쫓아내시고 에덴 동산 동쪽에 그룹들과 두루 도는 불 칼을 두어 생명 나무의 길을 지키게 하시니라."[30]

여기에서 우리는 하나님이 에덴동산에서 친밀하게 아셨던 아담을 추방하신 것에 대한 두 가지 언급을 발견한다. "그 사람을 쫓아내시고"(24절)라는 히브리어 구문은 거부와 소외alienation를 내포하는 강한 단어를 사용한다.

커원은 우리의 거부된/거부하는 자아의 압도적인 힘 아래 하나님으로부터 도망치는 것은 아담과 우리 모두에게 파괴적인 감정적 결과를 야기한다고 주장한다.[31] 우리 모두는 죄 속에서 죽었다. 하나님과 그의 율법에 대한 우리의 적개심은 성경 전반에 걸쳐 확연히 드러난다.[32] 거부된 자아의 형성에서 우리는 죄의 본질, 죄성, 육신이라 다양하게 불리는 것의 핵심을 갖고 있다. 이것의 심리학적 징후는 극도로 부정적이다.[33]

커원은 거부된 자아 주변에 있는 불안과 공포는 하나님의 유기遺棄

abandonment 안에서 무섭게 불타오를 것이라고 보았다.[34] 그와 달리 그리스도인들은 욕구의 충족과 성취감을 경험할 수 있다. 우리가 하나님의 자녀로 입양되고, 우리가 하나님을 '아빠 아버지'[35]라 부르짖을 수 있을 때 갈급한 자아의 결핍은 충족된다. 그러면 거부된 자아의 두려움을 잠재울 수 있다. 왜냐하면 그리스도 안에 있는 사람들에게는 결코 정죄함이 없으며,[36] 그리스도의 사랑에서 끊어지는 일이 절대로 없기 때문이다.[37]

표 3.2는 분열된 자아를 묘사하고 있다. 분열된 자아의 이미지는 정서적으로 타락한 인간의 필요와 구속 과정에서의 하나님의 활동과 성경의 메시지를 이해하는 데 도움을 준다. 인간의 타락과 함께 세상에 죄가 출현했다. '죄sin'라는 단어는 가인의 제물을 하나님께서 거부하신 이야기에서 처음으로 나타난다.[38] 죄는 하나님과의 깨어진 관계라는 맥락에서 보아야 한다. 죄라는 단어는 인간들에게 하나님과의 관계가 충분히 친밀하지 않다는 것을 각성하게 한다. 벌코프는 죄를 다음과 같이 정의한다. "죄는 본질적으로 하나님으로부터 떨어져 나가는 것, 하나님과의 대립, 또는 하나님의 율법을 위반하는 것이다. 죄는 하나님과 인간의 관계 그리고 도덕률moral law에 표현된 그의 뜻이라는 맥락에서 항상 정의되어야 한다."[39]

표 3.2에서 보는 것처럼 아담이 타락했을 때 소속감에 대한 필요, 자존감에 대한 필요 그리고 자신감에 대한 필요가 생겨났다. 이제 이세 가지 필요는 사람의 인격을 이끄는 가장 두드러진 힘이 되었다.

타락한 인간은 자신이 하나님의 사랑을 받는 존재임을 알지 못한다. 조시 맥도웰Josh McDowell은 하나님과 다른 사람들이 자기를 사랑

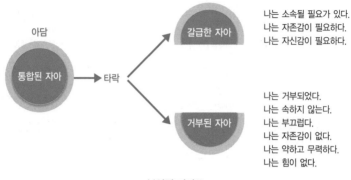

아담

통합된 자아 → 타락

갈급한 자아
나는 소속될 필요가 있다.
나는 자존감이 필요하다.
나는 자신감이 필요하다.

거부된 자아
나는 거부되었다.
나는 속하지 않는다.
나는 부끄럽다.
나는 자존감이 없다.
나는 약하고 무력하다.
나는 힘이 없다.

분열된 자아[40]

한다고 느끼지 못할 때 그들의 소속감은 줄어든다고 주장한다.[41] 특별히 사랑과 관련된 욕구들이 채워지지 않을 경우 하나님이 우리를 사랑하실 수 있다는 사실이 여간해서는 믿겨지지 않는다. 우리는 언제 사랑받지 못한다고 느끼게 되는가? 맥도웰에 의하면, 우리가 가진 애정의 욕구가 충족되지 않을 때, 사람들이 우리의 있는 모습 그대로 용납해 주지 않을 때, 남들이 인정해 주지 않을 때, 그리고 사람들이 우리를 존경하지 않을 때 우리는 사랑받지 못한다고 느낄 수 있다.[42]

타락한 인간은 자신이 하나님께서 소중히 여기시는 존재라는 사실을 알지 못한다. 하나님과 다른 사람들 앞에서 자신의 가치에 대해 어두운 생각을 가질 때 그들의 자존감은 줄어든다. 우리는 언제 자신이 무가치한 존재라고 느끼게 되는가? 맥도웰은 사람들이 우리를 주목하지 않을 때, 안전하다고 느끼고 싶어 하는 욕구가 채워지지 않을 때 그리고 위로받고 싶은 욕구가 채워지지 않을 때 우리는 자신이 무가치하다고 느낄 수 있다고 주장한다.[43] 타락한 인간은 자신이 하나님께 유능한 존재라는 사실을 알지 못한다. 자신이 유능하지 못하다는 생각에 사로잡히면 그들의 자신감은 줄어든다. 우리는 언제 자신이 무능하다고 느끼게 되는가? 맥도웰은 주위로부터 별로 격려를 받지 못할 때, 지원을 받고 싶어하는 욕구가 채워지지 않을 때 그리고 우리 자신이나 우리가 한 일에 대하여 올바른 평가와 아울러 감사받고 싶은 욕구가 채워지지 않을 때 자신이 무능하다고 느낄 수 있다고 보았다.[44]

타락한 인간은 하나님이 설계하신 긍정적인 방식으로 자신의 욕구를 채워서 행복과 성취감을 달성하는 것이 아니라 자신의 방식대로 욕구를 채우려 해서 궁극적으로 자기 파멸에 이르게 된다. 커리 메이비스W. Curry Mavis는 인간이 욕구를 채우려 하면서 잘못된 행동을 하도록 만드는 두 가지 내적인 힘inner force을 지적한다. "첫 번째로 신학자들이 원죄 또는 타고난 죄innate sin라 부르는 내재적으로 타고난 성향이 있다. 두 번째로 인생경험을 통하여 얻은 억압된 콤플렉스와 부적응성 충동maladaptive impulse이 있다."[45]

부적응성 충동은 타고난 원죄와는 질적으로 다르다. 인간은 욕구를 채우기 위한 합당한 욕구와 합당한 충동을 지니고 있지만 동시에 죄스러운 방식으로 향하는 성향이 있음을 부인할 수 없다. 부적응성 충동은 삶의 정상적이고 올바른 목적(요구 충족)을 잘못된 방식과 수단으로 추구하는 것이다.

성경은 우리가 구원을 경험하기 전에 하나님을 기쁘시게 할 수 있는 유일한 행위는 그리스도와 올바른 관계를 맺고 싶어 하는 것이라고 말한다. 예수 그리스도는 "나를 떠나서는 너희가 아무것도 할 수 없음이라"(요 15:5)고 말씀하셨다. 우리는 우리의 의지의 행위를 가지고는 하나님이 원하시는 모습으로 우리 자신을 변화시킬 수 없다. 바울은 사실 자기 중심적 자아의 힘은 너무나 엄청나서 하나님의 뜻대로 하고자 하는 우리의 의지는 거의 무력화될 수 있다고 보았다.[46]

우리는 우리 의지가 아닌 성령에 의지해야 한다. 그리고 지속적으로 성령에 의지할 때 우리는 경건한 삶과 심리적 건강에 대한 하나님의 요구사항을 채울 수 있을 것이다.

자아정체감의 회복 : 새롭게 된 형상

우리는 앞에서 첫 사람 아담과 하와가 타락했을 때 그들 속의 하나님의 형상이 변질되고 따라서 그들의 정체감을 상실했음을 살펴보았다. 이제 변질된 형상은 갱신의 필요성을 갖게 되었고, 이 갱신과 회복은 그리스도의 구속救贖의 과정에서 일어나게 되었다.

예수 그리스도의 십자가

성경은 예수 그리스도의 죽음과 부활로 완결되는 구속의 역사를 펼치고 있다. 커원에 의하면, 타락한 인간의 정체감을 회복시키기 위한 하나님의 방법은 범죄 후 숨은 아담을 찾아오시는 것으로부터 시작되며, 갈보리 십자가에서의 그리스도의 속죄로 절정에 이른다. 예수님은 우리가 마땅히 받아야 할 형벌, 거부 그리고 수치를 받아들임으로써 우리의 상실된 정체감을 우리에게 되돌려주셨다.[47] 그러므로 타락한 인간은 그리스도의 인격과 사역에 믿음으로 반응함으로써 잃어버린 정체감을 회복할 수 있다. 이 믿음이 없이는 인간 정체감을 회복하기 위한 어떠한 시도도 헛된 것으로 드러날 것이다. 프란시스 셰퍼Francis A. Schaeffer는 다음과 같이 말한다.

> 비기독교 심리학자는 자신이 믿는 것의 성격에 의해 반항의 수준에서 통합을 이루려 할 것이다. 그는 그 이상을 능가할 수 없다. 그 결과 그 통합은 인간에게 무엇이 고장 났는지를 동물이나 기계에 비견하려는 시도가 되거나 낭만적인 비약을 요구할 것이다.[48]

예수 그리스도는 공생애 기간에 여러 번 확고한 자아정체감을 나타내셨다.[49] 그러므로 그리스도인들은 믿음으로 그리스도와 개인적인 관계를 맺음으로 그리스도가 가지신 확고한 자아정체감과 비슷한 긍정적 자아 개념을 경험하기 시작할 수 있다. 성령의 내주하심으로 그리스도와의 관계가 깊어질수록 그리스도인의 자아상self-image은 훨씬 더 강해질 것이다.

신약성경은 신자를 '그리스도 안에in Christ' 있는 사람이라고 정의한다. 존 스토트John Stott는 '그리스도 안에' 있는 것은 그리스도 안에 갇혀 있거나 그분 속에서 사는 것을 의미하는 것이 아니라 그리스도와 친밀하고 개인적인 방식으로 연합된 것을 의미한다고 지적한다.

> 그리스도와 연관지어 사용될 때 '안에in'라는 전치사는 공간적으로 사용되지 않는다는 것을 먼저 말하고 싶다. … 그리스도 '안에' 있다는 것은 그분 안에 위치하고 있거나 안전을 위하여 그분 안에 갇혀 있는 것이 아니라, 아주 친밀하고 개인적인 관계로 그분과 연합하는 것이다. … 굿뉴스바이블이 '그리스도 안에'라는 단어를 '그리스도와 연합하여'라고 표현한 것은 전적으로 옳다.[50]

죄와 유혹은 우리의 정체감에 위협이 되며, 우리가 '그리스도 안에서' 누구인지에 대한 도전이다. 사탄은 우리를 공격할 때 그리스도 안에서의 우리의 정체감을 파괴하려 함으로써 공격을 시작한다.[51] 하나님의 계명은 그리스도 안에서 우리의 정체감을 강화시켜서 사탄을 막기 위해 주어졌다. 율법, 십계명 그리고 산상수훈은 그리스도인으로서 우리의 정체감을 완전히 깨닫도록 도와주기 위한 지침 역할을 한다. 이 부분에 대한 패커J. I. Packer의 지적은 분명한 통찰력을 준다.

> 성경에는 우리가 어떻게 살아야 하는지에 관한 하나님의 교훈을 나타내기 위한 이름이 있다. 그 이름은 율법이며 히브리어로 토라Torah이다. 하나님의 율법에 관한 성경적 개념은 첫째로 공적 법률상의 규범이 아니라 지혜로운 아버지가 그의 자녀들에게 주는 다정하고 권위 있는

교훈의 개념이다. … 물론 하나님의 율법에 대한 불순종은 심판을 가져오지만, 율법은 주로 우리에게 위협을 줄 목적이 아니라 우리에게 좋은 것으로 인도하기 위해 있는 것이다. … 하나님의 율법에 순종하여 움직임으로써 자유와 성취감과 만족과 기쁨을 경험하도록 만들어진 우리 인간 본성은 한계와 용도 또는 우리 인간성을 다른 방식으로 오용할 때 많은 문제를 일으킬 것을 예상할 수 있다.[52]

커원에 의하면 계명은 공백 속에 존재하지 않으며, 또한 하나님께서 기분 내키는 대로 우리가 어떤 방식으로 행동해야 한다고 우연히 규정하여서 생긴 것이 아니다.[53] 오히려 그 계명 뒤에는 우리의 가장 깊은 욕구가 있다.[54] 하나님의 각 계명은 우리에게 가장 필수적인 인간 욕구를 채울 수 있는 방법에 관한 지극히 개인적인 명령이다. 이 계명들에 순종하는 것은 그리스도 안에서의 우리의 자아정체감을 증진시키고 하나님과 우리의 관계를 향상시키는 데 큰 역할을 한다.

인간의 정체감을 회복하는 하나님의 방법에는 독특하고 정교한 패턴이 있다. 우리는 앞에서 인류의 타락이 인간에게 세 가지 기본적인 욕구를 남겨주었다는 것을 주목했다. 소속에 대한 욕구, 자존감에 대한 욕구, 자신감에 대한 욕구가 그것들이다. 하나님은 그 기본적인 욕구를 충족시키심으로써 우리의 정체감을 회복시키신다.

소속에 대한 욕구는 주로 하나님 아버지 안에서의 '입양入養Adoption'을 통하여 채워진다. 하나님은 우리가 그분에게 특별한 방식으로 소속되도록 그분의 가족으로 입양하신다.

"영접하는 자 곧 그 이름을 믿는 자들에게는 하나님의 자녀가 되는 권
세를 주셨으니 이는 혈통으로나 육정으로나 사람의 뜻으로 나지 아니
하고 오직 하나님께로부터 난 자들이니라"(요 1:12-13).

입양은 회심 후에 따라오며 우리의 믿음에 대한 하나님의 응답이
다. 비록 입양이 우리가 크리스천이 되는 때에 오는 특권이지만, 입
양은 칭의稱義justification와 다르고 중생重生regeneration과도 구별된다. 중
생에서 우리는 영적으로 살아나며 기도와 예배에서 하나님께 관계를
맺게 되고 수용적인 마음으로 하나님의 말씀을 받을 수 있게 되지만,
천사에게서 보듯이 하나님의 가족의 특권을 누리는 것은 여전히 또
다른 영역이다. 또한 그루뎀Wayne Grudem은 칭의에서 하나님은 우리의
죄를 용서하시고 그분 앞에 우리가 설 수 있도록 법적인 권리를 주시
지만, 하나님의 가족으로 받아들이는 입양은 또 다른 특권이라고 주
장한다.[55]

입양의 가장 큰 특권은 하나님께 말할 수 있고 그 하나님을 선하시
고 사랑하시는 아버지로 관계 맺는 것이다. 입양된 성도는 하나님을
"하늘에 계신 우리 아버지"(마 6:9)라고 부른다. 성도는 하나님의 지
극한 부성애의 대상이 된다. 입양의 또 다른 특권은 성령에 의해 인
도받는다는 점이고, 그분이 우리를 자녀로 훈련시키신다는 점이다.
그루뎀에 의하면, 하나님의 자녀로서 우리의 모든 삶에서 하나님 아
버지를 닮아가며 입양된 다른 자녀들과 친밀한 관계를 맺게 된다는
것은 또 다른 입양의 특권이다.[56]

구약성경은 하나님과 이스라엘 백성과의 관계를 설명하면서 입양

의 이미지를 도입하고 있다. 하나님은 "이스라엘은 내 아들 내 장자라"고 말씀하셨고(출 4:22), 에스겔서에서는 이스라엘 백성을 피투성이가 되어 내버려진 아이를 데려와서 키운 입양아로 묘사하고 있으며(겔 16:6-7), 다윗 왕가와 맺은 언약에서도 "나는 그의 아비가 되고 그는 내 아들이 되리니"(삼하 7:14)라고 하여 하나님이 아버지로서 다윗의 후손인 왕들을 보호하겠다고 강조한다.[57]

신약성경에는 입양이라는 단어가 다섯 번 나온다. 바울은 그의 서신서에서 성도가 구원받은 것을 하나님의 아들 됨, 즉 입양의 이미지로 설명한다. 성도들은 죄와 율법의 정죄함에서 벗어나(롬 7:4-8:14) 하나님의 아들이 되어 하나님을 "아빠 아버지"로 부르게 되었다고 설명한다.[58]

> "너희는 다시 무서워하는 종의 영을 받지 아니하고 양자의 영을 받았으므로 우리가 아빠Abba 아버지라고 부르짖느니라. 성령이 친히 우리의 영과 더불어 우리가 하나님의 자녀인 것을 증언하시나니"(롬 8:15-16).

'Abba'는 '아버지' 또는 '아빠'를 의미하는 친밀감이 드는 단어이다. 입양은 용서와 용납을 전제로 하며 친밀한 관계라는 결과를 낳는다. "보라 아버지께서 어떠한 사랑을 우리에게 베푸사 하나님의 자녀라 일컬음을 받게 하셨는가"(요일 3:1). 예수님은 이렇게 말씀하셨다. "이제부터는 너희를 종이라 하지 아니하리니 종은 주인이 하는 것을 알지 못함이라 너희를 친구라 하였노니 내가 내 아버지께 들은 것을 다 너희에게 알게 하였음이라"(요 15:15). 더 친밀하고 애정 어린 관계는 입양의 결과로 나타난다. "그러므로 네가 이후로는 종이 아니요 아들이니 아들이면 하나님으로 말미암아 유업을 받을 자니라"(갈 4:7).

인간으로서 우리의 가장 기본 욕구는 사랑받는 것이요 누군가에게 속해 있다는 느낌을 갖는 것이다. 다른 사람들이 애정, 용납, 존중, 인정을 받고 싶어 하는 우리의 욕구를 기꺼이 채워줄 때 우리는 소속감을 느낀다. 맥도웰은 소속감은 누군가 우리를 있는 모습 그대로 무조건적으로 사랑해 준다는 사실을 알 때 비로소 느껴지는 감정이라고 정의한다.[59]

'사람은 무엇으로 살아가는가'라는 질문에 대해 우리는 살아가는 이유인 '의미' 때문이라고 말할 수 있다. 임경수는 사람은 요람에서부터 무덤까지 어떤 한 방식이라도 이 의미를 가지고 있어야 하며, 또한 의미를 만드는 작업을 해야 한다고 보았다.[60] 그래서 에릭슨은 이러한 의미를 가지기 위해서 사람은 신뢰trust 가운데 태어나서 신뢰 가운데 성장하여 신뢰 가운데 세상을 떠나야 한다고 하였다.[61] 만약 한 아이가 보살핌을 잘 받고 적절한 애착과 결속이 형성되었다면 신뢰감이 자연스럽게 형성될 것이다. 그 반면에 부모로부터 보살핌이 결핍되거나 거부된다면 그 아이는 안정감과 신뢰감을 경험할 수 없을 것이다. 영아기에 형성된 신뢰의 양이 성인의 삶으로 이어지며 하나님과의 관계에서 나타난다. 가족과 사회관계에서 신뢰를 거의 경험해보지 못한 사람은 하나님을 믿기가 어렵다는 것을 깨달을 것이다. 커원에 의하면 다른 사람을 확고하게 믿는 사람은 하나님 아버지가 자신을 입양했다는 지각 아래 그분 안에 더 확고한 믿음도 가질

것이다.[62]

자존감에 대한 우리의 욕구는 사랑을 통하여 충족된다. 자존감은 자아상과 같이 인간의 정체감의 기본 요소 중 하나이다. 긍정적인 자아상과 자존감은 궁극적으로 둘 다 자신이 가치 있고 소중한 존재라는 근원적인 느낌으로부터 나온다. 자아상self-image은 정체감의 인지적 요인cognitive component이며, 자신이 누구인가에 대한 지성적인 지식intellectual knowledge이다. 그리고 커원은 자존감은 정체감의 감정적 요인emotional component이라고 주장한다.[63]

부정적인 자아상을 가지고 있는 개인은 또한 다른 사람에 대해서도 비판적인 될 것이다. 그 스스로를 건강한 방식으로 사랑하지 않는 개인은 다른 사람들과 진정한 사랑의 관계를 발전시키는 것이 불가능하다는 것을 발견할 것이다. 폴 마이어Paul Meier에 의하면, 정신의학적 발견은 두 가지 점에서 성경의 가르침을 확증하고 있다. 첫째로 사람은 건강한 방식으로 스스로를 사랑하는 것을 배우기까지 다른 사람들을 진정으로 사랑할 수 없으며, 또한 자기 가치가 부족한 것은 대부분의 심리적 문제들의 기초를 이루고 있다.[64]

매슬로Abraham Maslow는 우리 모두는 자존심self-respect과 다른 사람으로부터의 호의적 판단esteem을 받고 싶은 욕구를 가지고 있다고 보았다. 그 욕구는 두 가지 기본적인 방식, 즉 '성취와 능력에 대한 욕구'와 '명성과 신망에 대한 욕구'로 나타난다. 그 욕구를 충족시키지 못하는 것은 열등감과 무기력감을 일으킨다. 그러한 부정적 감정은 사람을 낙심하게 만들며, 최악의 경우에 보상적 성향 또는 신경과민적 성향을 불러일으킨다.[65] 애정과 친밀감이 부족할 때 발생하는 악순

환의 산물 가운데 바람직스럽지 못한 감정이 있다. 사랑을 받고 싶은 욕구가 계속해서 채워지지 않는다면 그 결과로 수치심과 좌절감이 종종 일어난다. 만약 이 감정을 다루지 않으면 좌절은 자기혐오self-hate와 분노로 바뀐다.

하나님께서 무엇 때문에 갈보리에서 우리 죄를 용서해 주셨을까? 그것은 우리가 하나님께 그만큼 사랑스러운 존재요, 우리가 하나님 가족에 속할 수 있는 길은 예수께서 우리 죄를 위해 돌아가시는 길밖에 없었기 때문이다. 우리는 하나님의 주목을 받을 만큼 가치 있는 존재이고 하나님의 용서를 받을 만큼 가치 있는 존재이다.[66] 예수님은 우리 각자의 중심을 보시고 우리에게 무한한 가치가 있음을 선포하신다. 우리 마음의 어떤 부분도 그분의 눈 또는 그분의 성화하는 힘을 피할 수 없다. 그분의 사랑은 모든 것을 포괄하며 우리의 전부를 받아들인다. 패커는 하나님을 아는 지식Knowing God에서 다음과 같이 지적한다.

이것은 중대한 지식이다. 하나님이 사랑 안에서 나를 끊임없이 주지하고 계시며 나의 유익을 위하여 나를 보살피고 계시다는 것을 알 때 이루 말할 수 없는 위안, 말하자면 증발하지 않고 힘을 주는 위안이 있다. 나에 대한 최악의 사전 지식에도 불구하고 나에 대한 그분의 사랑이 현실적이라는 것을 알 때 마음에 엄청난 위안이 있다. … 어떤 불가해한 이유로 그분이 나를 그분의 친구로 원하시며, 나의 친구가 되고 싶어 하시고, 이 목적을 실현하기 위해 나를 위해 그분의 아들을 내어주셨다는 생각을 할 때 이와 동일하게 하나님께 사랑과 경배를 드릴 큰 동기가 생겨난다.[67]

우리는 자신과 우리의 세계에서 자신감을 가지고 어느 정도 통제력을 행사할 욕구를 가지고 창조되었다. 이 욕구를 충족하는 것은 어느 정도의 힘과 능력, 곧 자신감을 필요로 한다. 패커에 의하면 그중에서도 가장 중요한 것은 만족스러운 결과에 대한 논리적인 확신과 함께 우리 자신과 우리 환경에 대한 주도성sense of initiative이다.[68]

통제력을 상실하고, 무기력하며, 삶에서 어떠한 주도력도 발휘할 수 없는 느낌은 주로 우울증이라는 결과로 나타난다.[69] 자제력의 반대인 무기력감은 파괴적인 영향을 미칠 수 있다.[70] 많은 사람들은 과거에 무언가를 달성할 수 없었기 때문에 미래에도 아무것도 달성할 수 없다는 생각으로 인하여 감정적으로 속박된다.[71]

인간의 자신감에 대한 욕구는 그리스도인의 마음속에 역사하시는 성령을 통하여 충족될 수 있다. 성령 하나님과 인격적 관계를 갖는 것, 그것이 바로 '나는 무능하다'는 생각을 바꿀 수 있는 비결이다. 성경의 행동기준은 너무 높고 고상해서 우리 자신의 힘으로는 도저히 다다를 수 없다. 그리스도인은 오직 성령의 능력 안에서만 살게 되어 있다. 성령께서 우리 안에 내주하시는 순간부터 우리는 그리스도를 위해 유능하고 효율적인 존재가 되기 위해 필요한 것을 다 갖춘 셈이다.[72] 성령은 그리스도인에게 절제력을 행사하는 능력을 회복하여 이 능력에 의해 그들의 세계에서 어느 정도 통제력을 행사하도록 한다. 절제self-control는 성령의 열매이다(갈 5:22-23). 바울은 "하나님이 우리에게 주신 것은 두려워하는 마음이 아니요 오직 능력과 사랑과 절제하는 마음"(딤후 1:7)이라고 했다. 힘과 능력과 사랑은 절제로부터 나온다.

표 3.3에서 보는 대로 갈급한 자아는 신자가 하나님의 자녀로 입양됨으로 소속감과 자존감과 자신감의 욕구를 충족받게 된다. 그리고 거부된 자아는 칭의justification에 의하여 통합된 자아로 회복된다. 여기서 칭의는 하나님께서 그리스도의 완전한 속죄와 의로움을 믿는 자들에게 전가하시는 행위이다. 이것이 의미하는 바는 하나님께서 믿음으로 그리스도 안에 있는 자들의 모든 죄를 완전히 용서하신다는 뜻이다.

후크마는 하이델베르크 요리문답Heidelberg Catechism 제60번 문항(당신은 어떻게 하나님 앞에 의롭게 됩니까?)에 대한 해설에서 다음과 같이 기술했다.[73] (1) 우리의 칭의를 받아들이는 것은 죄에 대한, 그리고 끊임없이 죄에 빠지는 우리의 타락한 본성의 경향에 대한 깊은 자각과 함께 어울려 진행된다. (2) 칭의는 우리로서는 받을 자격이 없는 전적으로 하나님의 은혜의 선물이다. (3) 여기서 칭의는 은혜의 주입이 아니라 믿음이 있는 죄인에 대한 그리스도의 완전한 속죄와 의의 전가로 정의되었다. (4) 우리는 이런 복을 오직 믿음으로만 받는다.

웨스트민스터 신앙고백서The Westminster Confession of Faith(1647)의 칭의에 관한 진술은 참조할 만하다. 이것은 런던의 웨스트민스터 사원에서 131명의 목사들과 30명의 평신도들에 의해 작성된 청교도적 칼빈주의자의 신경인데 고전적인 종교개혁 고백서들 중 최후의 작품이다. 칭의를 다루는 장에서 말하기를

하나님께서는 효력 있게 부르신 자들을 또한 값없이 의롭다고 칭하시는데 그들 속에 의를 주입함으로써가 아니라 그들의 죄들을 사하시고

그들의 인격들을 의롭다고 간주하시고 받아들이심으로써이며, 또한 그들 안에서 이루어졌거나 그들에 의해 행해진 어떤 것 때문이 아니라 오직 그리스도 때문이며… 그리스도의 순종과 대속을 그들에게 전가시키심으로써, 또한 그들이 믿음으로 그리스도와 그의 의를 받아들이고 의지하는 것으로써 의롭게 되는데, 그 믿음도 그들 스스로 갖게 된 것이 아니고 하나님의 선물이다.[74]

그리스도께서 우리의 죄를 담당하사(벧전 2:24) 십자가 위에서 우리의 죄에 대한 형벌을 당하셨기에(롬 3:24-25; 고후 5:21) 하나님은 이제 그리스도 안에 있는 우리를 보실 때 더 이상 우리의 죄와 죄악을 보시는 것이 아니라 예수 그리스도의 완전한 의로움을 보신다는

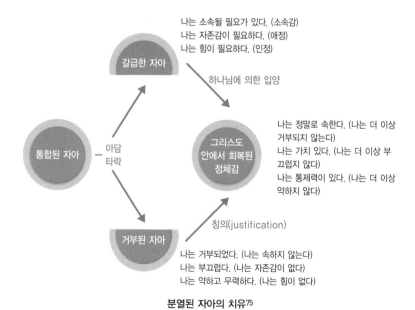

분열된 자아의 치유[75]

것을 의미한다. 하나님의 용서의 이러한 놀라운 진리가 거부된 자아의 부정적이고 소극적인 정체감을 긍정적인 크리스천의 자아정체감으로 바꾸어 주는 원동력이 되는 것이다.

그리스도 안에서 정체감을 회복한 사람은 통합된 자아를 통하여 성숙한 인격을 갖게 된다. 하나님의 선하심을 의심하던 것에서 하나님의 선하심을 신뢰하게 된다. 자기 중심적인 대인관계에서 타인 중심의 관계를 할 수 있는 능력이 생긴다. 자신에 대하여 혐오하고 비하하는 부정적인 자아상에서 벗어나 자신을 사랑하는 긍정적이고 건강한 자아상을 가짐으로 타인을 건강하게 사랑하게 된다. 끊임없이 성공하고 싶은 욕망으로 교만한 마음이 하나님께 순종하는 겸손한 인격으로 바뀐다. 죄성으로 인해 하나님을 신뢰하지 못한 삶의 결과로 안전감이 파괴된 삶에서 하나님을 온전히 신뢰함으로 열매 맺는 신자가 된다.[76]

그리스도인은 부활의 소망에 초점을 두면서 아담이 잃어버렸던 힘과 통제력을 회복한다. 성령은 우리를 향한 독생자의 무한한 사랑을 깨닫게 도움으로써 우리에게 자존감과 소속감을 고양시키며 우리를 입양하신 하나님에 대한 신뢰를 돈독히 함으로써 인간 정체감을 회복하는 역할을 한다.

복음주의 신앙이 제시하는 자아통합의 길

기독교는 과연 노인들이 잘 대처하며 살아가도록 도움을 주고 있는가? 많은 노인들이 종교가 그들로 하여금 노후의 삶을 대처할 수 있도록 도와준다고 하는데, 이것은 과연 사실일까? 사람들이 가진 신앙이 그들의 잃어버린 자아정체감을 다시 회복하는 데 얼마나 도움이 되고 있는가? 이에 대한 객관적인 해답을 구하기 위해서는 신앙생활을 하는 노인의 삶과 비신앙인인 노인들의 삶을 비교 평가해보면 될 것이다. 여기서는 기독교 공동체가 줄 수 있는 해결책과 개인의 신앙으로 얻을 수 있는 해결책을 구분하여 고찰해본다.

기독교 공동체가 노인에게 줄 수 있는 자아통합의 길

노인들은 생의 마지막이 다가오고 노령에 따라 엄습하는 것들이 자아의식을 갉아먹기 때문에 자신을 '노쇠하다'고 인식하기 시작한다. 이러한 사람들의 적응 과업은 그들의 자아를 보전하는 것이다. 이를 위해 필수적인 것은 일상사를 스스로 통제한다는 지각知覺 perception을

기독교 공동체

유지하는 능력이다. 비록 그러한 지각이 다소 부풀려진 오지각誤知覺 misperception일지라도 결국 과거와 현재를 연결하고 과거에 대하여 생생한 기억을 경험하는 것은 자아의 확인과 지속성을 의미하는 것이다.[77]

삶의 기대목표와 성취목표의 일치에 대한 확신은 평안감을 가장 잘 지속시켜 준다. 또한 평안감은 자기 자신이 더 나이 먹으며 살아남는 데 특별한 존재라고 지각하는 데에서도 달성되고 유지된다. 이런 특별한 생존이 신이 주신 개인적 은총이라는 종교적 믿음이 수반된다면 더욱 증강된다. 결국 죽음을 만족스럽게 받아들이는 것은 천상재회天上再會라는 기독교 신앙에 의하여 용이하게 되는데, 이는 걱정거리가 죽음 자체 ─ 무존재nonbeing ─ 에 대한 집착이나 공포로부터 죽음의 과정dying, 즉 불구가 되거나 견디기 힘든 통증, 혼자 맞는 죽음 등으로 옮겨가기 때문이다.[78]

기독교 신앙을 단순히 대처coping의 한 방법, 즉 스트레스를 해결하는 도구로만 본다는 것은 세 가지 점에서 잘못되었다.[79] 첫째, 종교는 어려운 시기에만 찾게 되는 현상에 불과한 것이 아니라 그 이상의 것이다. 종교는 모든 범위의 인생경험 ─ 부정적 경험뿐만 아니라 긍정적 경험까지도 ─ 과 관련된다. 둘째, 종교는 삶의 중심인 '목적the ends'과도 관련이 있으며, 그 목적을 얻기 위한 '수단'에 그치는 것이 아니다. 믿음에서 가장 중요한 목표는 영적인 것, 즉 하나님과 가까워지는 것이다. 영성화 과정을 통하여 많은 중요한 목적들 ─ 의미, 위안, 친밀함의 추구를 비롯하여 자기 자신과 더 나은 세상의 추구까지를 포함하는 ─ 은 성스러운 지위를 부여받게 된다. 셋째, 스트레스를 받을 때 이를 인내하기 위하여 종교를 끌어들이면, 이때 종교 또한 그 힘의 소용돌이에 휘말리게 된다. 우리는 종교의 도구화에 대한 비판을 겸허히 받아들여 좀 더 좋은 방식으로 사용되도록 유의해야 한다.

노화에 대응한 노인들의 대처에 기독교 종말 신앙은 무엇을 제공해야 하는가? 노화에 대한 다음의 네 가지 대처, 즉 자기 자신을 유지하고 통합하기 위한 대처, 변화하는 환경을 지배하기 위한 대처, 삶의 유한성을 이해하기 위한 대처, 친밀함을 얻기 위한 대처에서 종말 신앙의 개입을 조사해볼 수 있다.[80]

1. 자기 자신을 유지하고 통합하기 위한 대처에서, 노인의 당면 과제는 자신의 내부 및 외부로부터의 공격에 대면하여 자아의 통합성을 이루는 데 있을 것이다. 기독교 신앙은 과거의 삶과 현재의 삶 사이의 통합성과 연속성의 인식을 갖는 데 기여할 수 있다. 자신의 다른—육체적 및 사회적—측면은 육체적 질병이나 사별 같은 사회적 사건으로 인해 종종 방해를 받는 반면, 종교적 신념은 노인의 삶을 한결같게 해 주는 보다 안정적인 틀을 제공한다. 이 주제는 성경 구절에 나타난다. "이스라엘 집에 남은 모든 자여 내게 들을지어다. 배에서 태어남으로부터 내게 안겼고 태에서 남으로부터 내게 업힌 너희여, 너희가 노년에 이르기까지 내가 그리하겠고 백발이 되기까지 내가 너희를 품을 것이라"(사 46:3-4).

사회학에서는 성공적 노화를 가능하게 하는 것은 역할을 새롭게 얻는 것에서, 즉 활동도가 크면 클수록 생활 만족도가 높다고 한다. 그러나 크리스천에게 있어서 자기 나름의 신앙에서 우러난 봉사활동, 전도활동, 교육이나 지역사회활동 등은 개인만을 위한 것이 아니라 하나님 나라를 위한 역할감당이라는 자신감을 가지게 하고, 가정생활의 만족감을 느끼게 한다.[81] 조직적인 신앙생활, 봉사, 종교 예식 등에 참여하는 것은 삶의 전환기에도 개인적으로 연속되는 느낌을 줄 수 있고, 자신의 정체성의 느낌을 유지하게 한다. 더구나 직업이나 가족 등 역할이 없어진 노인들에게 이를 통해 계속적인 사회적 역할—신앙인, 집사, 권사, 장로, 혹은 하나님의 자녀 등—을 제공한다.[82]

2. 변화하는 환경을 지배하기 위한 대처에서, 노년기에는 많은 경우 건강 악화로 인해 실제로 돈과 가족을 잃게 되고 외부의 도움에 의존할 수밖에 없다. 노인들이 하나님과의 관계를 통해 힘을 얻을 수 있다고 보여주는 연구 결과가 있다. 흑인 노인들 가운데서 높은 수준의 주관적 종교성은 개인적 통제감의 상승과 상관관계가 있었다.[83] 파가멘트Pargament 연구팀은 개인의 문제를 해결하는 데 하나님과 협력한다고 하는 신자들에게서는 더 높은 자기 통제와 자존감이 인지되며, 위험 통제는 낮게 인지된다는 것을 발견하였다. 자신의 문제를 수동적으로 하나님께 미룬다고 보고한 사람들은 심리 사회적 능력이 더 낮았다.[84] 그러므로 하나님과 적극적으로 제휴하는 것이 영적 관계를 수동적으로 미루는 것보다 교회 신자들에게는 더 긍정적인 징조이다.

종교적 집회는 노인들이 우월함을 추구하는 자원의 역할을 할 수 있다. 많은 기관들이 노인들을 지지하고 지원한다. 예를 들면 미국연합감리교회의 '노화선언문Statemnt of Aging'에서는 교인들에게 노인들의 '개인적 정체성과 존엄의 느낌'을 인정하고 그들의 '경험, 지혜, 기술'을 이끌어낼 것을 요청한다.[85]

3. 삶의 유한성을 이해하기 위한 대처에서, 종교는 죽음의 공포에 대한 가장 생산적인 답으로 자주 인용되어 왔다. 내세에 대한 믿음은 죽음을 지상에서의 노고에 대한 보상의 순간으로 새롭게 자리매김하도록 하는 데 도움이 될 수 있다.[86] 죽음이 삶의 종말이라는 것 이상으로 사람들은 죽음의 과정을 두려워한다. 이는 특히 노인들이 죽음에 대해 질문을 받았을 때, 죽음의 고통과 홀로 죽는 것에 대한 두려움을 이야기하는 노인이 많다는 점에서도 입증된다.[87] 그러나 여기서도 기독교 신앙은 도움이 될 수 있다.

종교적 관점에서 볼 때 개인은 고통에서 큰 의미를 얻을 수도 있다. 하나님과의 상호작용은 사람들로 하여금 고통스럽고 불쾌한 활동들이 전능하신 하나님 앞에서는 의미가 있다고 느끼는 데 도움이 된다. 종교적 틀에서 고통은 "죄악의 종결을 위해 구원하고 구제를 베푸는 활동"으로 해석될 수 있다.[88] 결국 죽음의 고통에 대한 공포는 죽음을 하나님에 대한 최후의 순종적 행동으로 이해함으로써 완화될 수 있다. 혼자 죽음을 맞이하는 공포는 어디에나 계시는 하나님을 경험함으로써 경감되기도 한다. 성경의 많은 구절들은 하나님은 죽어가는 사람들에게 위안을 주는 존재로 묘사한다. 예를 들면 시편 23편에는 "내가 사망의 음침한 골짜기로 다닐지라도 해를 두려워하지 않을 것은 주께서 나와 함께 하심이라 주의 지팡이와 막대기가 나를 안위하시나이다"(4절)라고 한다.

4. 친밀감을 얻기 위한 대처에서, 노인에게 필수적으로 필요한 친밀감은 신앙 공동체를 통하여, 하나님과 가까워짐을 통하여 그리고 특정한 종교적 신념을 통하여 유지될 수 있다. 교회 공동체는 규칙적인 인간 접촉, 정서적 위안과 비공식적 사회복지사업 등으로 '대리 가정'의 역할을 할 수 있다.[89] 특히 교회에서는 하나님이 아버지로 선포되는데, 이러한 아버지로서의 하나님은 친밀감의 주요한 원천이다. 노인들은 이러한 아버지로서의 하나님의 친밀감 가운데서 소외감을 스스로 넘어설 수 있다.

개인의 신앙이 노인에게 줄 수 있는 자아통합의 길

앞에서는 기독교 공동체가 노인 신자에게 줄 수 있는 노화에 따르는 문제들을 해결하는 측면들을 살펴보았다. 여기서는 개인의 신앙이 노인에게 줄 수 있는 자아통합의 길을 살펴보자. 여기서 전제되어야 할 것은 인류의 타락과 함께 갈급한 자아와 거부된 자아로 나뉘어졌던 우리의 분열된 자아가 예수 그리스도의 구속의 역사로 치유받아 통합된 자아의 정체감을 회복한다는 점이다. 하나님에 의해 의롭다 함을 받고 하나님의 자녀로 입양된 그리스도인은 그리스도 안에서 회복된 정체감을 갖는다. 이제 그는 후성설적 발달이론을 뛰어넘어 아담이 상실했던 소속감과 자존감과 자기통제력을 회복한 자신을 발견할 것이다. 그리고 종말 신앙의 능력을 소유하게 된 것을 보게 될 것이다.

기독교 신앙의 여러 측면 중 노인의 자아통합감과 가장 밀접하게 관계되는 것은 종말론적 신앙이다. 왜냐하면 노인은 신체적, 정신적 그리고 사회적 영역에서 상실과 죽음의 주제와 가깝기 때문이다. 그런데 현대교회에서 종말론의 주제는 환영을 받지 못하고 있다. 왜냐하면 인간의 본성상 종말을 기피하는 경향이 있고 또한 종말론과 관계되는 기억하고 싶지 않은 사건들이 그동안 교회 역사에 지속적으로 있어 왔기 때문이다.

그러나 성경이 다루고 있는 주제 중 가장 강조되는 것은 종말론이고 신약교회는 본질적으로 종말론적 공동체였음을 고려할 때, 그리고 모든 신자는 죽음에 노출되어 있고 지금 온 세계는 여러 가지 징조 면에서 종말을 향하여 줄달음질 치고 있음을 외면할 수 없음을 인식할 때 우리는 성경적 종말론에 관심을 기울여야 함을 알 수 있다.

신학에서 종말론을 다루는 구체적인 주제는 개인과 세상에 관한 문제들로 구분할 수 있다. 에릭슨M. J. Erickson은 두 가지 종말론에 대하여 다음과 같이 정의한다. "일반적으로 종말론에 관해 말할 때, 개인적 종말론과 우주적 종말론을 구분해야 한다. 전자는 각 개인의 미래에 관한 것이며, 후자는 인류와 피조물 전체의 미래에 관한 것이다. 개인적 종말론은 각 사람이 죽을 때 그에게 일어날 것이며, 우주적 종말론은 우주적인 사건들, 특별히 그리스도의 재림과 연관되어 모든 사람에게 동시에 발생할 것이다."90

앞에서 우리는 그리스도인 개인의 죽음에 두 가지 측면이 있음을 알아보았다. 죽음은 죄 짓는 삶의 종료를 의미하고, 또한 죽음은 영원한 삶에 들어가는 것을 의미한다. 노년기의 그리스도인은 자신의 죽음이 영광스러운 새 출발로서 영원한 삶에 들어가는 축복이라는 사실을 확신할 때, 노화로 인해 당하는 많은 어려움을 극복할 수 있는 힘과 용기를 얻게 된다.

우주적 종말론에는 예수 그리스도의 재림이 중요한 위치를 차지한다. 우주적 종말론은 예수 그리스도의 재림과 새 하늘과 새 땅을 포함한다.[91] 예수님은 승천하시면서 다시 오실 것을 말씀하셨고, 제자들을 위하여 처소를 예비하면 다시 와서 그들을 영접하여 함께 거할 것을 약속하셨다(요 14:3). 예수님이 말씀하시는 하나님의 나라는 현재적이면서 동시에 미래적인 측면을 가지고 있다. 우리는 기쁨으로 예수 그리스도의 초림을 회고해보며, 또한 그가 약속하신 재림을 소망하면서 앞을 바라본다.[92] 재림 소망으로 단단히 무장하는 것은, 리델보스Ridderbos가 말한 것처럼, 현재의 삶에 부정적 의미를 주는 것이 아니라 긍정적 중요성을 부여하고, 이생에 대한 책임을 상대화시키는 것이 아니라 오히려 증진시킨다.[93]

신약성경은 재림의 기대가 그리스도인들의 신앙과 생활에 미치는 실제적 영향을 무엇이라고 말하는가? 일반적인 견해는 그리스도의 재림에 대한 기대는 그리스도인의 거룩한 삶을 강화하는 역할을 담당하고 있다고 본다. 그리하여 재림에 대한 우리의 소망은 여러 면에서 우리의 삶의 질에 대해 영향력을 끼치게 된다.[94]

예수 그리스도가 미래에 다시 나타나신다는 믿음은 믿음을 가진 자로 하여금 소망을 잃지 않게 하며, 하나님이 주신 사역을 감당하게 만든다.[95] 그리스도 재림의 확실성과 그 재림에 대한 철저한 준비는 무엇보다 중요하다.

이제 성공적 노화의 삶을 이루기 위한 기독교 신앙의 역할에 대해 생각해보자. 에릭슨의 심리발달 마지막 단계에서 제시되고 있는 자아통합에 이르기 위해 기독교 신앙은 무엇을 할 수 있는가? 이 질문에 답하기 위해 우리는 사도 바울이 노년까지 능력 있는 믿음의 삶을 살았던 것과 그가 남긴 신약의 서신들을 살펴볼 필요가 있다.

빌립보서 3:13-14에는 바울이 성공적인 삶을 살 수 있었던 비결 중의 하나가 드러나 있다. "형제들아 나는 아직 내가 잡은 줄로 여기지 아니하고 오직 한 일 즉 뒤에 있는 것은 잊어버리고 앞에 있는 것을 잡으려고 푯대를 향하여 그리스도 예수 안에서 하나님이 위에서 부르신 부름의 상을 위하여 달려가노라." 바울은 그리스도에 의하여 이미already 구원을 받았지만 아직not yet 완성되지 않았기 때문에 계속하여 달려간다고 고백한다. 그는 뒤에 있는 것은 잊어버리고 앞에 있는 것을 잡으려고 달려간다고 했다. 여기 '잊어버리다epilandanomai'는 '소홀히 하다', '무시하다'라는 뜻으로, 경주자가 자꾸 뒤를 돌아보면 속도가 늦어지고 방향감각을 상실하게 되는 것을 상기시킨다.

그리고 '앞에 있는 것을 잡으려고 푯대를 향하여'에서 푯대는 단수형이고 '앞에 있는 것'은 복수형으로 나오는 것으로 보아 푯대는 성도가 최종적으로 지향하는 바 천국의 소망으로서의 승리하는 자에게 주어지는 면류관을 말하는 반면, '앞에 있는 것'은 면류관을 향하여 나아가는 중에 이루어야 할 많은 것들을 의미한다고 볼 수 있다. 또한 '잡으려고epekteinomenos'는 'epekteinomai'의 중간태 분사형인데, 계속하여 몸을 앞으로 굽힌 채 무언가를 움켜잡으려고 손을 앞으로 내밀고 있는 동작을 나타낸다. '뒤에 있는 것은 잊어버리고 앞에 있는 것을 잡으려고' 달려가는 삶, 이 삶은 하나님께서 자기에게 주신 약속을 바라보며 기대하고 살아가는 것을 의미한다.

바울은 다른 사도들보다도 고난을 많이 받은 사람이다. 그의 삶은 고난의 연속이었다. 고린도후서 11장에 기록된 그의 고난의 목록은 사람으로서는 감당하기 어려운 시련이었음에 틀림없다. 그런데 그가 그 고난을 어떻게 극복하며 하나님의 뜻에 맞는 삶을 살 수 있었을까? 이 질문에 대한 대답은 바울은 미래에 대한 확신 속에서 살았다는 것이다. 다시 말하면 미래에 대한 확신이 현재 내가 느끼는 의식이나 감각에 영향을 미치고 현재의 고난을 견뎌 나갈 수 있게 한 것이다.[96]

하나님께서 우리에게 약속하신 미래의 상급은 추상적이거나 막연한 것이 아니다. 이 약속은 사도 바울에게는 확실한 푯대요 하나님이 부르신 부름의 상이었고, 바울이 현재의 모든 고난을 이겨 가면서 살아갈 수 있게 한 구체적인 현실이었다. 미래의 환상이 바울의 삶의 주된 추진력이 되었던 것처럼 미래가 그리스도인의 치유와 성숙에 촉매작용을 하는 것이 되어야 한다.[97]

노년의 삶에는 고난과 어려움이 젊은 사람에 비해 상대적으로 많을 수 있지만, 바울이 노년에 이르기까지 받았던 고난에 비견되는 노인은 없을 것이다. 바울이 받았던 고난의 목록이 고린도후서 11장에 기록되어 있다.[98] 그가 그 엄청난 고난을 어떻게 극복할 수 있었으며 어떻게 하나님의 뜻에 맞는 삶을 살 수 있었을까? 이 질문에 대한 대답은 바울은 미래에 대한 확신 속에서 살았다는 것이다.[99] 이것을 일반화한다면, 내가 가진 미래에 대한 확신이 현재 내가 느끼는 의식이나 감각에 영향을 미치고 현재의 고난을 견뎌 나갈 수 있게 한다.

하나님께서 자기에게 주신 미래의 상급에 대한 약속은 사도 바울에게는 결코 추상적이거나 막연한 것이 아니었다. 이 약속은 바울이 현재의 모든 고난을 이겨 가면서 살아갈 수 있게 한 구체적인 현실이었다. 그리스도인들, 특히 미래와 죽음을 보다 더 실감 있게 느낄 수 있는 노년기의 그리스도인들은 바울처럼 뒤에 있는 것을 잊어버리고 앞에 있는 것을 향해 달려가야 한다. 바울에게 있어 미래의 환상은 그의 삶의 주된 추진력이 되었다. 마찬가지로 노년기의 그리스도인에게 있어 미래의 약속은 치유와 성숙에 촉매작용을 하는 것이 되어야 한다.[100] 오우성은 상담의 미래적 차원에 관하여 다음과 같이 예화를 들어 설명한다.

> 미래가 상처를 치유할 수 있는 예를 들어보자. 어릴 때 계부로부터 성적 학대를 받은 한 여인이 있다. 이 여인이 무조건 과거의 기억을 잊고자 할 때 건전치 못한 억압의 현상이 일어난다. 어떻게 용서가 가능할까? 일반적으로 상담자는 내담자들에게 그들이 과거에 체험한 어려웠던 일들을 다 기억해 내라고 권한다. 그리고 그 일들을 이야기하면서 자각하게 한다. 모든 상담 이론이 그런 것은 아니지만 대부분의 상담자는 내담자가 안고 있는 근본 원인은 과거에 있다고 생각하여 그것을 자각하게 하여 문제를 해결하려고 한다. 그러나 종말론의 관점에서 본 기독교 상담의 목적은 과거에 있는 것을 잊어버리고 앞에 있는 것을 잡으려고 하나님이 위에서 부르신 부름의 상을 좇아가는 것이다.[101]

기독교 상담은 과거의 고통이 되살아나게 해서 정서를 치유하는 방법보다는 미래의 관점, 즉 예수 그리스도 안에서 온전한 회복을 한 영광된 부활체의 모습을 연상하는 가운데 과거의 상처를 치유할 수 있을 것이다.[102] 허드Heard는 기독교 신앙의 미래적 측면을 믿음의 본질로 보고 심리학과 기독교 신앙의 통합을 위한 새로운 패러다임을 제시한다.[103]

믿음은 바라는 것들, 즉 미래적인 것이 현재를 조명하고 재해석하는 힘이다. "믿음은 바라는 것들의 실상이요 보이지 않는 것들의 증거니"(히 11:1). 바울은 "만일 우리가 보지 못하는 것을 바라면 참음으로 기다릴지니라"(롬 8:25)고 말했다. 그는 보이는 소망이 소망이 아니라고 하면서(롬 8:24) 우리의 궁극적인 소망은 우리 몸의 속량이라고 하였다(롬 8:23). 여기서 우리 몸의 속량은 곧 부활의 몸을 덧입는 것을 말한다.

그러므로 부활은 삶의 새로운 해석의 지평이다.[104] 기독교는 부활의 확신에 기초한 미래지향적, 미래 중심적, 미래 완성적 신앙에 기초하고 있다고 할 수 있다. 부활하신 예수 그리스도는 유대교에서의 과거지향적 성경 해석을 미래지향적으로 바꾸는 전기를 마련했다.[105] 유대교에서는 모세 오경이 그 중심이고 이를 근거로 하여 선지자들의 예언 활동이 이루어졌다. 선지자들은 백성들이 방자할 때는 준엄한 경고를 하고 낙심할 때는 위로하였는데 그 근거가 모세 오경이었다. 이것은 유대교가 과거지향적임을 의미한다. 이에 대해서 기독교는 이 틀을 벗어나 미래지향적, 즉 부활과 다시 오실 예수 그리스도가 그 준거 틀이 되었다. 예수의 부활 사건은 제자들로 하여금 새로운 성경 해석의 지평을 열어주었던 것이다.[106] 이와 같이 미래를 지향하는 것이 종말론적 신앙이다.

현대 기독교의 문제는 과거적 요소가 점차 그 비중이 커지고 미래적 요소의 힘이 쇠약해진 데 있다. 미래에 모든 것을 회복하실 예수 그리스도는 퇴색해 버리고 역사적 예수의 과거적 사건이 관심의 초점이 되었다. 그러나 바울은 "우리가 소망으로 구원을 얻었으매"(롬 8:24)라고 말하면서 우리의 구원이 미래적 요소에 달려 있음을 강조한다.

현재의 문제는 미래의 지평선의 투사에 의해서 풀 수 있다. 현재를 해결하는 열쇠는 미래에 있다.[107] 가장 중요한 것은 개개인이 미래 지평선을 구축할 책임이 있고 이것은 현재에 의미를 부여하고 미래로 인도한다.[108] 많은 사람들은 오늘의 고통을 소망이 있기 때문에 이겨 나간다. 소망을 잃어버린 사람은 사소한 실패에도 크게 좌절하고 자포자기하게 된다. 키에르케고르의 유명한 말처럼 절망은 죽음에 이르는 병이다.[109]

고린도전서 15장에서 우리는 죽음의 보편성과 그리스도의 부활의 영향에 관해 읽게 된다. 모든 사람의 미래에서 부인할 수 없는 사실은 죽음의 불가피성이다.[110] 예수 그리스도의 부활로 말미암아 사망은 패배를 당하였고 사망의 쏘는 것은 제거되었다고 말하는 반면, 우리가 죽지 않을 것이라는 암시는 어디에도 없다. 모든 사람이 죽는 것은 정한 이치이지만, 죽음 후에는 심판이 있다(히 9:27). 이것이 기독교의 복음이요 본질이다.

그리스도인들이 가지는 종말론에 대한 바른 이해는 현재 자신의 삶에 좋은 영향을 미친다. 구원받은 그리스도인은 하나님께로부터 오는 위로와 축복을 기대한다. 그러나 죽음이 끝이라고 믿는 사람들은 죽음과 함께 죄의식, 공포, 불안, 좌절 등을 경험하게 되고, 허무와 두려움에 사로잡히게 된다. 그들은 끝이라는 것을 생각하기 싫어하기 때문에 무의식 가운데 이 끝을 부정하고 차단한다.[111] 우리는 무의식 속에 있는 이 방어기제防禦基劑가 얼마나 강력하고 철저하게 우리의 의식을 사로잡고 마비시키고 있는지 짐작하기조차 어렵다. 그 결과로 많은 사람들은 죽음의 비애나 허무, 절망감 없이 삶을 바쁘게 살아가고 있지만 우리가 죽음을 피할 수 없다는 것은 엄연한 진실이다. 비그리스도인들에게 있어서 죽음에 대한 두려움은 그들의 현재의 삶에, 현재의 습관에, 그리고 현재의 느낌에 영향을 미친다.[112]

그 반대로 그리스도인들은 자신들의 미래는 영광스러운 몸을 입는다는 것, 지금은 고통과 눈물 가운데 있지만 장차 하나님께서 위로를 주실 것이라는 소망 가운데 있다. 그리스도인들이 믿는 이 미래는 그들의 현재 사상이나 의사결정이나 느낌에 영향을 미친다.

이처럼 미래는 인간의 삶에 중대한 영향을 미친다. 무신론적 심리학에서는 이것에 대한 인식이 약하다. 대신에 심리학의 관심은 과거, 유전, 전통에 초점을 맞춘다. 죽음에 대한 관점도 부활, 재림, 하나님의 위로, 소망을 가지고 있는 것과 그렇지 못한 것 사이에는 큰 차이가 있다.

예수 그리스도가 제자들을 훈련시킬 때 미래에 대한 기대가 중요한 역할을 하였다. 베드로를 비롯한 제자들은 예수님의 약속인 "나를 따라오라 내가 너희를 사람을 낚는 어부가 되게 하리라"(마 4:19)는 말씀을 듣고 자신들의 미래를 송두리째 맡기고 따라갔다. 이처럼 미래에 대한 환상은 무한한 힘이 있다. 이 비전을 갖게 되면 현재의 많은 문제들을 해결할 수 있다. 문제는 많은 그리스도인들이 미래에 대한 생각은 가지고 있지만 그것을 현재에 적용하지 못한다는 점이다. 그들은 습관적으로 과거와 현재에 매여 있는 것이다. 현재와 과거의 것을 떨쳐내고 미래의 것에 내 삶을 거는 결단이 필요하다.[113] 노년기에 찾아오는 여러 가지 절망적인 문제들도 이러한 미래의 찬란한 영광을 비전으로 삼을 때 능히 극복할 수 있을 것이다.

주

1. James Loder, *The Logic of the Spirit*: *Human Development in Theological Perspective*, 23.
2. Ibid., 5.
3. Ibid., 6.
4. 오우성 박민수, 상담으로 풀어본 신학, 116.
5. William T. Kirwan, *Biblical Concepts for Christian Counseling*: *A Case for Integrating Psychology and Theology* (Grand Rapids: Baker, 1984), 74.
6. Ibid., 75.
7. Ibid., 76.
8. Ibid.
9. Ibid., 76-77.
10. Ibid., 76.
11. Hoekema, *Created in God's Image*, 83.
12. Kirwan, *Biblical Concepts for Christian Counseling*, 78-79.
13. Ronald Laing, *The Divided Self* (Baltimore: Penguin, 1965), 45-46.
14. 창 3:7, "이에 그들의 눈이 밝아져 자기들이 벗은 줄을 알고 무화과나무 잎을 엮어 치마로 삼았더라."
15. 창 3:12, "하나님이 주셔서 나와 함께 있게 하신 여자 그가 그 나무 열매를 내게 주므로 내가 먹었나이다."

16. Kirwan, *Biblical Concepts for Christian Counseling*, 79-80.

17. G. Carey, *I believe in man* (Grand Rapids: Eerdmans, 1977), 39-40.

18. Kirwan, *Biblical Concepts for Christian Counseling*, 81-82.

19. Ibid., 82.

20. Tim LaHaye, *Spirit-Controlled Temperament*, 홍종락 역, 성령과 기질 (서울 : 생명의 말씀사, 1971, 2004), 163.

21. Ibid., 149.

22. Ibid., 196.

23. 창 3:12, "아담이 이르되 하나님이 주셔서 나와 함께 있게 하신 여자 그가 그 나무 열매를 내게 주므로 내가 먹었나이다."

24. 창 4:5, "…가인이 몹시 분하여 안색이 변하니."

25. Mayer Irwin Gruber, "Was Cain Angry or Depressed? Background of a Biblical Murder", *Biblical Archaeology Review* 6, no. 6 (1980): 35-36.

26. 창 4:7, "네가 선을 행하면 어찌 낯을 들지 못하겠느냐 선을 행하지 아니하면 죄가 문에 엎드려 있느니라."

27. Kirwan, *Biblical Concepts for Christian Counseling*, 83.

28. Ibid.

29. Kirwan, *Biblical Concepts for Christian Counseling*, 84.

30. 창 3:23-24.

31. Kirwan, *Biblical Concepts for Christian Counseling*, 84.

32. 특히 롬 3:10-18 참조.

33. 롬 1:28-32; 갈 5:19-21.

34. Kirwan, *Biblical Concepts for Christian Counseling*, 85.

35. 롬 8:15-17.

36. 롬 8:1.

37. 롬 8:30.

38. 창 4:7, "선을 행하지 아니하면 죄가 문에 엎드려 있느니라 죄가 너를 원하나 너는 죄를 다스릴지니라."

39. Louis Berkhof, *Systematic Theology*, 230-231.

40. Kirwan, *Biblical Concepts for Christian Counseling*, 85

41. Josh McDowell, 하나님이 보시는 나 내가 보는 나, 안보헌 역 (서울 : 생명의 말씀사, 2004), 64-66.

42. Ibid., 66-69.

43. Ibid., 69-72.

44. Ibid., 73-75.

45. W. Curry Mavis, *The Psychology of Christian Experience* (Grand Rapids: Zondervan, 1963), 60.

46. 롬 7:15ff.

47. Kirwan, *Biblical Concepts for Christian Counseling*, 93.

48. Francis A. Schaeffer, *True Spirituality* (Wheaton, Ill.: Tyndale, 1971), 129.

49. 요 8:58, "예수께서 이르시되 진실로 진실로 너희에게 이르노니 아브라함이 나기 전부터 내가 있느니라"를 참조하라.

50. John R. W. Stott, *Focus on Christ* (Cleveland: William Collins, 1979), 52.

51. 눅 4:1-12에서 사탄이 "네가 만일 하나님의 아들이어든…"이라고 예수님의 정체감을 공격한 것을 보라.

52. J. I. Packer, *Knowing Man* (Westchester, Ill.: Good News, 1978), 24-26.

53. Kirwan, *Biblical Concepts for Christian Counseling*, 100.

54. 예를 들면 소속감, 애정, 힘 등이 있다.

55. Wayne Grudem, *Systematic Theology: An Introduction to Biblical Doctrine* (Grand Rapids: Zondervan Publishing House, 1994), 736-739.

56. Ibid., 739-742.

57. 신원하, "하나님의 자궁사랑 : 입양의 신학적 토대와 윤리적 실천을 위한 시론", 춘계 학술 세미나, 19 (경산 : 대신대학교 신학대학원, 2012).

58. Ibid.

59. Josh Mcdowell, 하나님이 보시는 나 내가 보는 나, 161-163.

60. 임경수, 인간발달 이해와 기독교 상담, 97.

61. Donald Capps, *Life Cycle Theory and Pastoral Care* (Philadelphia: Fortress Press, 1983), 15.

62. Kirwan, *Biblical Concepts for Christian Counseling*, 104.

63. Ibid., 105.

64. Paul Meier, Frank Minirth, Frank Wichern, and Donald Ratcliff, 기독교 상담심리학 개론, 전요섭 외 역 (서울 : 기독교문서선교회, 2004), 175.

65. Abraham Maslow, Motivation and Personality (New York: Harper and Row, 1954), 45.

66. Mcdowell, 하나님이 보시는 나 내가 보는 나, 178-185.

67. J. I. Packer, *Knowing God* (Downers Grove, Ill.: Inter-Varsity, 1973), 37.

68. Ibid., 110.

69. "나는 아무것도 제대로 할 수 없다."

70. Kirwan, *Biblical Concepts for Christian Counseling*, 110.

71. "나는 갇혔다. 나는 상황이나 나 자신을 통제할 수 없다."

72. Mcdowell, 하나님이 보시는 나 내가 보는 나, 194-199.

73. Anthony A. Hoekema, 개혁주의 구원론, 류호준 역 (서울 : 기독교문서선교회, 2001), 278-279.

74. Weatminster Confession, XI, 1.

75. Kirwan, *Biblical Concepts for Christian Counseling*, 113.

76. 심수명, "신학과 심리학의 통합적 관점에서 본 하나님의 형상으로서의 인격 개념 및 그 적용 방안 연구", 복음과 상담 6 (2006): 207-208.

77. Jeffrey S. Levin and Sheldon S. Tobin, "Religion and Psychological Well-Being", in Kimble, et al. *Aging, Spritiuality, and Religion*, 41.

78. Ibid.

79. Kenneth I. Pargament, Kimberly S. Van Haitsma, and David S. Ensing, "Religion and Coping", in Kimble, et al. *Aging, Spritiuality, and Religion*, 51.

80. Ibid., 47-52.

81. 주선애, "교회노인교육과정", 대한예수교장로회 총회교육부, 한국교회와 노인목회 (서울 : 한국장로교출판사, 2000), 87.

82. William M. Clements, *Spiritual Development in the Fourth Quarter of Life* (New York: Haworth Press, 1990), 55-69.

83. N. Krause and T. Van Tran (1989), "Stress and Religious Involvement among Older Blacks", *Journal of Gerontology* 44 (1989): 4-13.

84. Kenneth I. Pargament, J. Kennell, W. Hathoway, N. Gravengoed, J. Newanan

and W. Jones, "Religion and the Problem Solving Process: Three Styles of Coping", *Journal for the Scientific Study of Religion* 27 (1988): 90-104.

85. B. J. Letzig, "The Church as Advocate in Aging", *Journal of Relgion of Aging* 2 (1986): 1-11.

86. H. G. Koenig, "Religious Behaviors and Death Anxiety in Later Life", *The Hospice Journal* 4 (1988): 3-23.

87. Ibid.

88. W. L. Conwill, "Chronic Pain Conceptualization and Religious Interpretation", *Journal of Religion and Health* 26 (1986): 46-50.

89. L. Y. Steinitz, "The Local Church as Support for the Elderly", *Journal of Gerontological Social Work* 4 (1981): 43-53.

90. M. J. Erickson, 개혁주의 종말론, 류호준 역 (서울 : 기독교문서선교회, 1986), 12.

91. 오우성, 박민수, 224-225.

92. Hoekema, 개혁주의 종말론, 152.

93. Herman Ridderbos, *Paul: An Outline of His Theology*, trans. R. John and De Witt (Grand Rapids: Eerdmans, 1975), 492.

94. 오우성, 박민수, 226.

95. 딤전 6:14, "우리 주 예수 그리스도께서 나타나실 때까지 흠도 없고 책망받을 것도 없이 이 명령을 지키라."

96. 오우성, 박민수, 228.

97. Heard, Jr., "Eschatologically Oriented Psychology", 128-129.

98. 고후 11:23-28.

99. 오우성, 박민수, 228.

100. Heard, Jr., "Eschatologically Oriented Psychology", 128-129.

101. 오우성, 박민수, 229.

102. Heard, Jr., "Eschatologically Oriented Psychology", 128-129.

103. Ibid.

104. 오우성, 박민수, 230.

105. Ibid.

106. Heard, Jr., "Eschatologically Oriented Psychology", 128-129.

107. Ibid.

108. 오우성, 성서와 심리학의 대화 (서울 : 대한기독교서회, 2007), 33.

109. 오우성, 박민수, 233.

110. 히 9:27, "한 번 죽는 것은 사람에게 정해진 것이요 그 후에는 심판이 있으리니."

111. 오우성, 박민수, 233.

112. Ibid., 234.

113. Ibid., 235-236.

노인의 자아통합감과
신앙 체험의 관계에 관한 연구

04

연구 설계 및 대상

본 연구는 노인의 자아통합감과 기독교의 체험적 신앙과의 관계에 어떤 상관관계가 있는지를 살펴보기 위한 조사이다. 이를 위해 김정순의 자아통합감 측정도구와 에드워즈K. Edwards의 종교적 체험 질문 Religious Experience Questionaire, REQ을 도구로 사용하여 450명 이상의 노인들에게 두 질문지를 동시에 검사케 하고, 질문지에 답한 노인들의 자아통합감과 그들이 가지고 있는 기독교 신앙과의 상관관계 여부를 조사하고자 하였다.

자아통합을 측정하는 도구로는 에릭슨의 이론에 기초해 리프와 하인케Ryff & Heincke가 발전시킨 도구가 있는데, 노화에 대한 태도를 알수 있는 16개의 문항으로 구성되어 있고, 내적 타당도는 0.80이다. 자아통합을 측정하는 도구로 국내에서 가장 많이 쓰이는 것은 1988년 김정순이 제작한 것이다. 31개의 문항으로 구성되어 있고, 척도 제작후 노인을 대상으로 검증한 결과 내적 타당도는 0.93이었다.[1] 본 연구에서는 한국인들에게 더 친화적으로 보이는 김정순의 척도를 사용하였다.

개인의 신앙을 계량화하여 비교하는 데는 많은 어려움이 따른다. 학자들은 종교성이 여러 하위 차원들로 구성된 복잡한 개념이라는데에 의견의 일치를 보이고 있다. 일례로 아인레이와 스미스S. C. Ainlay & D. R. Smith는 종교성이 크게 세 가지 하위 차원들로 이루어져 있다고본다.[2] 첫 번째 차원은 종교성의 행위적 혹은 공언적 측면Behavioral or Publication Perspective으로 공식적 종교기관에 대한 참여 여부나 참여 빈도를 나타내는 조직적 혹은 공적 종교성이고, 두 번째 차원은 종교성의 개인적 혹은 경험적 측면Personal or Experiential Perspective으로 종교경전 읽기 빈도, 기도 빈도, 종교적 프로그램 청취 빈도 등을 나타내는 비조직적 혹은 개인적 종교성이다. 마지막 차원은 종교성의 주관적 혹은 심리적 측면Psychodynamic or Intrapsychic Perspective으로 개인이 판단하는 자신의 주관적 종교성 혹은 종교에 대한 개인적 태도를 나타내는 것인데, 이는 또한 종교적 성향Religious Orientation으로 개념화되기도 한다.[3]

본 연구에서는 세 번째 차원인 기독교 신앙의 주관적 혹은 심리적 측면의 연구 도구를 사용하여 노인의 신앙 체험과 자아통합감과의 관계를 조사하고자 하였다.

본 연구를 위하여 대구 시내에 위치한 중·대형교회 5개소를 사전에 정하고 2009년 9월~12월 중에 각 교회에서 실시하고 있는 노인대학에 참여하고 있는 노인들(60~80대 남녀 노인 493명)을 직접 만나 두 종류의 측정도구에 대하여 자세히 설명하고 직접 질문지에 답하도록 하였다. 서현교회의 경우 노인대학(서현평생교육원) 참가자 85명 외에 주일 예배 참석 노인 중 51명이 추가로 참여하였다.

연령별로는 60대 16%, 70대 61%, 80대 24%로 70대 노인이 주를 이루었고, 남녀 성비는 남성 7%, 여성 93%로서 여성 노인이 절대 다수를 차지하였다. 종교별로는 기독교라고 응답한 사람이 86%, 타종교나 무교인 경우가 14%로서 기독교 신앙을 가지고 있다고 응답한 노인이 다수를 점하였다. 이것은 각 노인대학이 교회에서 운영하고 있는 프로그램이었기 때문인 것으로 추정된다. 그러나 노인대학의 등록 조건에 어느 교회에서도 개인의 종교에 관하여 어떤 제한을 두고 있지 않았다.

연구 도구 및 진행 절차

김정순의 자아통합감 측정도구[4]

이 척도는 노년기의 심리적 안녕상태를 측정하기 위하여 문헌고찰을 통해 설정된 개념적 기틀에 의거해 현재 생활에 대한 만족, 지나온 일생에 대한 수용, 긍정적인 자아상, 삶의 존엄성과 가치에 대한 확신, 지혜로운 삶, 죽음에 대한 수용 등 6개 영역의 31개 문항으로 구성되어 있다. 각 문항은 5점 수준으로 평점하도록 구성되었으며, 긍정적인 문항이 15개, 부정적인 문항이 16개이고, 전체는 다시 6개 영역으로 구분되어 현재 생활에 대한 만족 8문항, 지혜로운 삶 7문항, 생애에 대한 태도 6문항, 죽음에 대한 수용 3문항, 노령에 대한 수용 4문항, 지나온 일생에 대한 수용 3문항으로 구성되어 있다.[5]

이 척도는 매우 그렇다를 5점, 그렇지 않다를 1점으로 계산하며, 1, 3, 5, 6, 7, 8, 10, 14, 15, 18, 19, 20, 24, 29, 30번 문항은 매우 그렇다를 1점, 그렇지 않다를 5점으로 점수를 주는 역채점 문항이다. 점수가 높을수록 긍정적인 자아통합감을 가졌다고 볼 수 있다. 점수 범위는 31~155점이다. 이번 연구조사에서 평균은 102.28±11.97점이었고, 신뢰도는 cronbach α = .745였다.

에드워즈의 종교적 체험 질문[6]

에드워즈가 개발한 REQ를 박민수가 그의 박사학위 논문에서 번역하였다.[7] 이 REQ는 종교적 체험에 대한 일련의 서술적인 질문들로 구성되어 있다. 이 질문들은 이성적으로 바라보는 하나님의 체험에 대해서 묻는 것이 아니라 정서적으로 바라보는 하나님, 즉 내 마음속에 느끼는 하나님에 대한 체험을 묻는 질문들로 구성되어 있다.

이 척도는 종교적 체험을 얼마나 정확하게 나타내는지를 28문항 1~7까지의 등급으로 구성되어 있다. 본 질문지의 용이한 통계처리를 위해 1점(결코 그렇지 않다)에서 7점(항상)으로 채점하였다. 본 질문지의 점수 범위는 최저 28점~최고 196점이다. 점수 합산 시 역으로 계산하여야 할 문항은 3, 5, 7, 12, 13, 14, 19, 20, 26, 28번 등이다.

1수준은 '결코 그렇지 않다', 4수준은 '때때로', 7수준은 '항상'으로 구성되어 있다. 그러므로 이 척도의 득점이 가장 높으면 하나님을 가장 가까이 그리고 사랑하는 분으로 느낀다는 의미이다. 다시 말하면 점수가 높을수록 하나님을 가까이 느끼고 사랑의 관계로 인식하고 있다고 볼 수 있다. 이번 연구조사에서 평균은 135.52 ± 18.71점이었고, 신뢰도는 cronbach $\alpha = .738$이었다. 이번 연구자료 분석을 위해 사용한 프로그램은 SPSS V. 12.0이다.

자료 분석

본 연구 대상 노인의 분포도와 자아통합감 정도 그리고 종교적 체험 점수는 표 4.1과 같다.

연구 대상자 분포

본 연구의 참여기관은 6개 기관으로서 모두 개신교회이다. 이들 기관 가운데 동신교회에 다니는 노인들이 전체 참여자의 40%(193명)

표 4.1 연구 대상자 분포

		N	%
기관별	달서교회	50	10.1
	동신교회	193	39.7
	명덕교회	47	9.5
	범어교회	67	13.6
	서현교회	51	10.3
	서현평생교육원	85	17.2
성별	남성	35	7.1
	여성	458	92.9
연령별	60대	78	15.8
	70대	299	60.6
	80대	116	23.6
종교별	기독교	426	86.4
	그 외 종교	67	13.6
계		493	100.0

를 차지하고 있다. 연구 대상자의 성별은 남성은 7.1%(35명), 여성은 92.9(458명)%로서 연구 대상자들의 대부분이 여성으로 분포되어 있다. 연령은 60대 15.8%(78명), 70대 60.6%(299명), 80대 23.6%(116명)으로 70대가 60%(299명) 이상으로 나타난다.

종교는 기독교 86.4%(426명), 그 외 다른 종교 13.6%(67명)로 연구 대상자들은 대부분 기독교 종교를 갖고 있다. 이를 통해서 볼 때 연구 대상자의 분포는 대부분 70대 이상의 여성 노인으로서 기독교를 종교로 갖고 있다.

평균과 표준편차

연구 대상자 전체의 자아통합감 평균은 102.38±11.91이었고, 종교적

표 4.2 **평균과 표준편차**

		자아통합감		종교적 체험	
		평균	표준편차	평균	표준편차
기관별	달서교회	102.62	14.12	139.88	15.66
	동신교회	101.61	12.51	131.62	20.52
	명덕교회	105.15	10.15	139.36	17.35
	범어교회	101.72	13.43	135.27	18.27
	서현교회	102.10	11.26	129.86	17.07
	서현평생교육원	103.12	9.12	143.29	14.42
성별	남성	103.43	13.66	136.34	20.20
	여성	102.29	11.84	135.46	18.61
연령별	60대	103.49	11.52	127.60	21.93
	70대	101.82	11.69	135.44	18.09
	80대	103.07	12.95	141.05	15.92
종교별	기독교	103.03	11.80	137.98	16.72
	그 외 종교	98.22	12.32	119.91	22.84
계		102.38	11.91	135.52	18.71

체험 점수 평균은 135.52±18.71이었다.

연구 대상자를 분포별로 자아통합감과 종교적 체험 점수 평균을 살펴본 것은 다음과 같다.

연구 대상자의 성별 평균은 연구 대상자 중 남성의 자아통합감 평균은 103.43±13.66이었고, 종교적 체험 점수 평균은 136.34±20.20이었다. 여성의 자아통합감 평균은 102.29±11.84였고, 종교적 체험 점수 평균은 135.46±18.61이었다.

연구 대상자의 연령별 평균은 60대의 자아통합감 평균은 103.49±11.52이었고, 종교적 체험 점수 평균은 127.60±21.93이었다. 70대의 자아통합감 평균은 101.82±11.69였고, 종교적 체험 점수 평균은

표 4.3 **상관관계 분석표**

	자아통합감
종교적 체험	.378(.000)

135.44±18.09이었다. 80대의 자아통합감 평균은 103.07±12.95였고, 종교적 체험 점수 평균은 141.05±15.92였다. 연구 대상자의 종교별 평균은 기독교인의 자아통합감 평균은 103.03±11.80이었고, 종교적 체험 점수 평균은 137.98±16.72였다. 비기독교인의 자아통합감 평균은 98.22±12.32였고, 종교적 체험 점수 평균은 119.91±22.84였다.

상관관계 분석

자아통합감과 종교적 체험 척도 간 상관관계를 분석한 결과, 피어슨 Pearson 상관계수 P＝.378(p＜.001)로 상호 간 정적 상관관계가 있는 것으로 나타났다. 종교적 체험 점수가 높을수록 자아통합감 점수도 높게 나타난다. 하나님을 가깝고 사랑의 관계로 경험하는 사람일수록 긍정적인 자아통합감을 가진다고 볼 수 있다.

대전 지역의 226명의 노인들을 대상으로 한 홍현방의 "성공적인 노화와 노인의 종교성 관계 연구"에서도 종교성과 성공적인 노화 간에는 정적인 상관관계가 있는 것으로 나타났다.[8] 외국의 경우에도 노후의 평안이나 생활 만족과 신앙심과의 관계에 대한 여러 연구에서 양자 사이에 긍정적 상관관계가 있다는 점이 밝혀져 왔다. 횡단면적 연구와 종단면적 연구에서도 적극적으로 종교적 활동을 하는 노인들이 평안과 생활 만족도가 높다고 밝히고 있다.[9] 이러한 긍정적인 영향은 심지어 건강, 사회적 지원 그리고 재정 상태 등의 변수를 고정한 상태에서도 같은 결과를 유지했다.

회귀분석

종교적 체험 정도가 자아통합감에 미치는 영향을 알아보기 위해 회귀분석을 실시한 결과는 다음과 같다.

자아통합감에 대해 종교적 체험을 예언 변인으로 한 회귀식의 회귀계수값은 .378로, 종교적 체험은 자아통합감을 14.1% 정도 설명하는 것으로 나타났다. 회귀분석으로 설명되는 통계량과 나머지 통계량과의 차이를 변량분석한 결과 F=81.71(p<.001)로 회귀식이 유의한 것으로 나타났다.

본 회귀분석에 의하면 회귀식이 유의미하게 나타났으므로 종교적 체험과 자아통합감 간에 인과관계가 성립되었다. 그러므로 종교적 체험의 정도에 따라 자아통합감이 달라질 것이라고 예상해볼 수 있다.

표 4.4 **자아통합감에 대한 종교적 체험의 회귀분석표**

예언 변인	R	R^2	ΔR^2	F
종교적 체험	.378	.143	.141	81.71

차이분석

성별, 연령별, 종교별 자아통합감 차이

성별에 따른 자아통합감의 차이는 나타나지 않았다. 따라서 자아통합감은 성별에 따라 차이가 나지 않는다. 연령대별로 자아통합감의 차이가 나타나지 않았다. 홍현방의 연구에서도 성공적인 노화는 성별이나 나이에 따른 차이가 나타나지 않았다.[10]

종교별 자아통합감은 F=9.48(p<.01)로 통계적으로 유의한 차이가 있는 것으로 나타났다. 기독교인의 자아통합감이 비기독교인의 자아통합감보다 높게 나타났다.

표 4.5 성별, 연령별, 종교별 자아통합감 변량분석표

	SS	df	MS	F	p
성별	41.79	1	41.79	.291	.590
연령별	245.76	2	122.88	.856	.425
종교별	1336.27	1	1336.27	9.48	.002

남성의 연령별, 여성의 연령별, 종교별 자아통합감 차이

남성의 연령대별 자아통합감은 통계적으로 유의한 차이가 없는 것으로 나타났다. 나타난 평균값은 60대가 자아통합감이 가장 낮았고, 80대의 자아통합감이 가장 높았다. 반면에 자아통합감의 편차는 60대가 가장 낮았고, 80대가 가장 높았다. 60대는 자아통합감이 높은 사람과 낮은 사람의 차이가 평균 16점으로 나타난다. 80대에서는 34점의 차이가 나타난다. 이를 통해서 볼 때 나이가 들수록 자아통합감이 높은 사람은 더 높은 자아통합감을 지속적으로 가질 수 있고, 반면에 자아통합감이 낮은 사람은 더 낮아질 수 있다.

연구에 참여한 남성은 모두 기독교인이어서 종교별 자아통합감 차이를 분석할 수 없었다.

표 4.6 남성, 여성의 연령별, 종교별 자아통합감 변량분석표

		(N)	M	SD	F	p
남성	연령별	60대(6)	98.83	8.01	2.12	.136
		70대(20)	101.35	12.49		
		80대(9)	111.11	17.01		
여성	연령별	60대(72)	103.88	11.72	.840	.432
		70대(279)	101.85	11.66		
		80대(107)	102.39	12.42		
	종교별	기독교(392)	102.91	11.73	7.45	.007
		비기독교(67)	98.64	11.94		

여성의 연령대별 자아통합감은 통계적으로 유의한 차이가 없는 것으로 나타났다. 여성은 남성과 반대로 60대의 자아통합감이 가장 높았고, 그 다음은 80대 70대 순이었다. 여자들은 자아통합감의 편차가 거의 없었다.

여성의 종교별 자아통합감은 $F = 7.45(p < .01)$로 통계적으로 유의한 차이가 있는 것으로 나타났다. 기독교인 여성의 자아통합감이 비기독교인 여성보다 현저하게 높았다. 따라서 종교활동을 하는 여성은 자아통합감이 높을 수 있다. 곧 종교성이 노년기 여성에게 자아통합감을 형성하는 영향을 주고 있다.

연령 내 성별, 종교별 자아통합감 차이

60대 남성과 여성의 자아통합감은 통계적으로 유의한 차이가 없는 것으로 나타났다. 60대 기독교인과 비기독교인의 자아통합감도 통계

적으로 유의한 차이가 나타나지 않았다.

70대 남성과 여성의 자아통합감은 통계적으로 유의한 차이가 없는 것으로 나타났다. 70대 기독교인과 비기독교인의 자아통합감은 F=12.03(p<.01)로 통계적으로 유의한 차이가 있는 것으로 나타났다. 70대 기독교인의 자아통합감이 70대 비기독교인보다 높았다. 연구 대상자에서 70대의 비기독교인의 남성은 없었으므로, 70대 기독교인에 비해 비기독교인 여성의 자아통합감이 현저하게 낮은 것으로 볼 수 있다. 70대는 상실감, 소외, 고독, 두려움, 관계의 변화를 경험하는 시기로서 특히 여성의 경우 관계 소외로 인한 노년의 위기를 겪는 것으

표 4.7 **연령대별 자아통합감의 성차, 종교차이 변량분석표**

		(N)	M	SD	F	p
60대	성별	남성(6)	98.83	8.01	1.06	.306
		여성(72)	103.88	11.72		
	종교별	기독교(67)	103.24	11.45	.218	.642
		비기독교(11)	105.00	12.42		
70대	성별	남성(20)	101.35	12.49	.034	.854
		여성(279)	101.85	11.66		
	종교별	기독교(253)	102.80	11.39	12.03	.001
		비기독교(46)	96.41	11.99		
80대	성별	남성(9)	111.11	17.01	3.85	.052
		여성(107)	102.39	12.42		
	종교별	기독교(106)	103.44	13.01	1.02	.313
		비기독교(10)	99.10	12.23		

로 나타난다. 이 연구에서 다른 연령대에서는 종교별 차이가 나타나지 않았지만 70대에서 종교별 차이가 나타난 것은 연구에 참여한 70대 비기독교인들의 여성들의 자아통합감이 낮았기 때문으로 보인다.

80대 남성과 여성의 자아통합감은 통계적으로 유의한 차이가 없는 것으로 나타났다. 80대 기독교인과 비기독교인의 자아통합감도 통계적으로 유의한 차이가 나타나지 않았다.

종교 내 성별, 연령별 자아통합감 차이

기독교인 남성과 여성의 자아통합감은 통계적으로 유의한 차이가 없는 것으로 나타났다. 기독교인 60대와 70대, 80대의 자아통합감도 통계적으로 유의한 차이가 나타나지 않았다. 비기독교인은 모두 여성이어서 성별 자아통합감 차이를 분석할 수 없었다. 비기독교인 60대와 70대, 80대의 자아통합감도 통계적으로 유의한 차이가 나타나지

표 4.8 종교별 자아통합감 성차, 연령대 차이 변량분석표

		(N)	M	SD	F	p
기독교	성별	남성(34)	104.38	12.63	.486	.486
		여성(392)	102.91	11.73		
	연령별	60대(67)	103.24	11.45	.124	.884
		70대(253)	102.80	11.39		
		80대(106)	103.44	13.01		
비기독교	연령별	60대(11)	105.00	12.42	2.26	.112
		70대(46)	96.41	11.99		
		80대(10)	99.10	12.32		

않았다.

기독교인들의 자아통합감 수준은 서로 비슷하였고, 비기독교인들도 서로 비슷한 수준의 자아통합감을 가지는 것으로 나타났다.

성별, 연령별, 종교별 자아통합감

연구 대상자를 성별, 연령별, 종교별로 12집단으로 분류하였다. 비기독교인 남성 연구 대상자가 없어서 60대 비기독교인 남성 집단과 70대 비기독교인 남성 집단, 80대 비기독교인 남성 집단은 구성되지 못하고 최종 9집단의 자아통합감을 변량분석하였다.

변량분석한 결과 $F = 2.44(p < .05)$로 성, 연령, 종교별 분류 집단 간 자아통합감의 차이가 통계적으로 유의한 것으로 나타났다.

평균을 살펴보면 80대 기독교인 남성의 자아통합감이 가장 높았고, 그다음은 60대 비기독교인 여성, 60대 기독교인 남성의 순으로 자아통합감이 높게 나타났다. 70대 기독교인 남성과 여성, 80대 기독교인 여성의 자아통합감이 그다음으로 비슷하게 나타났다. 가장 낮은 자아통합감 점수가 나타난 집단은 70대 비기독교인 여성이었고,

표 4.9 **성별, 연령별, 종교별 자아통합감 평균과 표준편차**

성별		여성						남성			
종교		기독교			기타			기독교			기타
		N	M	SD	N	M	SD	N	M	SD	
연령대	60	61	103.67	11.69	11	105.00	12.42	6	98.83	8.01	–
	70	234	102.79	11.48	46	96.41	11.99	19	102.95	10.53	–
	80	97	102.73	12.45	10	99.10	12.23	9	111.11	17.01	–

표 4.10 **성별, 연령별, 종교별 분류 자아통합감 변량분석표**

	SS	df	MS	F	p
분류별	2741.06	8	342.63	2.44	.013

그다음은 60대 기독교인 남성, 80대 비기독교인 여성의 순으로 낮게 나타났다.

예일대학의 아이들러와 케이슬Idler & Kasl은 종교적인 참여와 건강 상태(무력함, 우울증 그리고 죽음의 위험을 포함) 간의 관계에 대해 3년 이상 조사한 결과 최근에 무력해진 노인 남자들을 대상으로 한 연구에서 무력함을 이겨내는 공개적인 신앙(예배 참석, 알고 있는 교회 신자 수) 부분과 우울증을 이겨내는 개인적 신앙(자기 평가적 신앙, 종교로부터 얻는 힘과 편안함)으로부터의 유의수준의 보호적 효과를 발견하였다.[11]

선행연구에 의하면 남성 노인의 경우 신체적 저하에 따른 노년의 위기를 가장 크게 경험하기 때문에 나이가 들수록 위기가 커질 수밖에 없다. 본 연구에서 80대 기독교인 남성의 자아통합감이 가장 높게 나타난 것은 신앙심과 깊은 관계가 있음을 의미하는 결과이다. 본 연구에서 사용한 에드워즈의 REQ는 정서적으로 바라보는 하나님, 즉 내 마음속에 느끼는 하나님에 대한 체험을 묻는 질문들로 구성되어 있다. 따라서 하나님을 가깝게 느낄수록 자아통합감이 높게 나온다는 것은 체험적인 신앙, 나아가 보수적인 신앙을 가진 사람일수록 더욱 높은 마음의 안녕 상태를 누리게 됨을 의미한다고 할 수 있다.

연구의 한계

1. 본 연구 조사의 대상자는 대구지역에 거주하는 노인으로 한정되었고, 조사의 편의상 복음주의적인 5개 교회에서 운영하는 노인대학의 참가자를 대상으로 하는 표집상의 한계로 인하여 연구 조사 결과를 우리나라 전체 노인과 관련시켜 확대 해석하는 데는 신중을 요한다.

2. 본 연구 조사에서 사용된 측정도구는 비록 표준화된 것으로 인정받고 있지만 개발 연도가 오랜 것으로서 21세기 노인들에게 적용되는 데 다소 문화적인 차이가 있을 것으로 보인다.

3. 본 연구 조사의 대상자 중 비기독교인의 수(67명)가 기독교인의 수(426명)에 비해 적어 종교별 차이에 대한 결과는 비교적 신뢰도가 떨어진다.

연구의 결과

1. 본 논문에서 중요한 관심사는 노인의 자아통합감과 신앙 체험 간에 상관관계가 있느냐 하는 것이다. 설문에 참여한 노인들은 다양한 신앙 체험의 경험들을 가지고 있었고, 이들이 주관적으로 느끼는 신앙 체험의 정도도 다양했다. 그들 중에는 교회 출석을 시작한 지 한 달이 안 되는 경우부터 수십 년의 신앙생활 경험을 가진 사람, 그리고 성령 체험을 통해 방언의 은사 등 초자연적인 경험을 가진 경우와 그렇지 못한 경우 등 다양한 분포를 보였다.

2. 조사 결과 노인의 자아통합감과 종교적 체험 간에 상호 간 정적 상

관관계가 있는 것으로 나타났다. 종교적 체험 점수가 높을수록 자아통합감 점수도 높게 나타났다. 하나님을 가까운 분으로, 사랑의 관계로 경험하는 사람일수록 긍정적인 자아통합감을 가진다고 볼 수 있다.

3. 이것은 기독교 종말 신앙을 통해 미래적인 소망을 가지게 될 때 현재의 상황에 대해 긍정적인 생각을 갖게 되고 이것이 자아통합감에 긍정적인 결과로 나타난 것으로 보인다. 기독교 종말 신앙이란 내세를 믿고 예수 그리스도의 재림과 천국을 믿는 신앙으로서, 복음주의적이고 개혁주의적인 신앙을 가진 사람일수록 높은 자아통합감을 가진다고 할 수 있다.

4. 이를 뒷받침하는 것으로, 본 연구 조사에서는 기독교인의 자아통합감이 비기독교인의 그것보다 높게 나왔다.

5. 기독교 신앙의 체험 정도에 따라 자아통합감의 수준이 변화하는 것에 대한 더욱 신뢰할 만한 결과를 얻기 위해서는 양적 연구와 병행하여 소수의 노인들을 일정 기간 동안 그들의 신앙 체험 과정과 통합감을 지속적으로 조사 연구하는 것이 필요하다.

주

1. 홍현방, 252.
2. S. C. Ainlay and D. R. Smith, "Aging and Religious Participation", *Journal of Gerontology* 39 (1984): 357-363.
3. 전혜정, 173.
4. 김정순, 33-34.

5. 김옥현, "노인의 성격유형, 자아통합감과 노화에 대한 지각과의 관계 연구", 論文集-順天靑巖大學 22, no. 2 (1998): 33-59.

6. B. F. Brokaw, "The Relationship of God Image to Level of Object Relations Development" (Ph.D. Diss., Biola University, 1991), 15-16, 175-76.

7. 박민수, "하나님과의 관계 증진을 위한 집단상담 프로그램 개발 및 효과 검증 : 대상관계 이론을 중심으로" (박사학위논문, 계명대학교, 2001), 177-185.

8. 홍현방, 253.

9. Koenig, "Religion and Health in Later Life", 14.

10. 홍현방, 254.

11. E. L. Idler and S. V. Kasl, "Religion, Disability, Repression, and the Timing of Death", *American Journal of Sociology* 97 (1992): 1052-1079.

잃어버린 자아정체감을 찾아서 :
노화의 세 가지 쟁점에 대한 고찰

05

이제 우리는 이 책에서 논증하고자 하는 핵심 부분에 이르렀다. 본 장章에서는 에릭슨의 사회발달심리학에서 본 노년기 자아통합감에 대하여 복음주의적 관점에서 비평적 관점으로 고찰해 보고자 한다.

여기서 '복음주의적 관점'은 인간은 하나님에 의해 하나님의 형상을 가진 존재로 창조되고 서로 관련되는 신성한 질서의 한 부분이라는 믿음을 포함한다. 앞에서 언급한 것처럼 복음주의자들은 성경을 성경 저자들이 하나님의 영감을 받아 기록한 것으로서 신앙과 실천의 유일한 권위로 받아들인다.

복음주의적 관점에서 인간의 노화 과정을 이해하는 데 중요한 고려 요인이 있다.[1] 첫째, 삶은 정적靜的이 아니라 항상 변화하는 과정이다. 그러므로 노화는 삶의 시작부터 삶의 끝까지 움직이는 단순한 과정을 가리킨다. 둘째, 노화는 인간 실존을 위한 하나님의 의도적인 계획이다. 따라서 성경은 별도로 노화만 쇠락의 부정적 결과로 간주하지 않는다는 점이다.

우리는 앞에서 에릭슨의 인간발달 8단계의 기본 가정이 후성설epigenesis에 있음을 살펴보았다. 이것은 에릭슨의 정의에 따르면, "성장하는 모든 것은 기초 계획ground plan을 가지며, 이 기초 계획으로부터 부분이 발생하고, 각 부분은 모든 것이 하나로 기능하는 전체를 형성하기 전에는 각각 주도적 지위를 가지는 기간이 있다"[2]는 것을 의미한다. 에릭슨은 심리학적 측면 이외에도 인간 발달의 생물학적, 사회적, 문화적 차원에도 주목했다.

그의 8단계는 출생에서 죽음까지의 전체 인생 과정을 포함한다. 첫째 단계(신뢰 대 불신)부터 마지막 단계(자아통합감 대 절망)에 이르기까지 인간은 여전히 사고하고 감정을 느끼고 행동하면서 산다. 자아통합감의 체험은 기본적 신뢰를 획득하는 것과 밀접하게 연결되어 있다. 에릭슨에 따르면, 처음부터 끝까지 인생을 신뢰하고 후회 없이 노화 과정을 받아들이게 되면, 인생의 마지막 단계에 "나는 어찌 될 것인가?"에 대한 질문에 확신을 가지고 대답하는 것이 가능해진다고 한다.

에릭슨이 말한 자아통합감이라는 것을 노인이 경험할 수 있을 때 비로소 그 사람은 가치라는 느낌을 지닌 채 삶의 중심으로부터 나올 준비가 된 것이고, 이것은 종결의 문제, 즉 종종 노화 과정의 마지막에 개인이 직면하는 마무리되지 않은 일을 해결할 수 있도록 한다.[3]

에릭슨의 노년기 자아통합감을 하나님의 형상론의 관점에서 고찰하기 전에 먼저 고려해야 할 점은 인간은 자율적 혹은 독립적으로 존재하지 않는 하나님의 피조물이라는 점이다. "태초에 하나님이 천지를 창조하시니라… 하나님이 자기 형상 곧 하나님의 형상대로 사람을 창조하시되 …"(창 1:1, 27). 포어스터Werner Foerster가 지적하듯이 "모든 피조물은 시작으로부터 존재, 종말에 이르기까지 온전히 하나님의 뜻에 속해 있다"는 것이다.[4] 사도 바울은 아테네 사람들에게 하나님께서 "만민에게 생명과 호흡과 만물을 친히 주시는 자"이시며, "우리가 그를 힘입어 살며 기동하며 존재하느니라"고 전파하였다(행 17:25, 28).

인간은 피조물인 동시에 하나의 인격체, 곧 상대적 독립성을 지닌 피조된 인격체created person이다. 우리의 사고로서는 이해하기 힘든 일이지만, 성경은 사람이 피조물 됨creatureliness과 인격체 됨personhood을 동시에 가르치고 있다.[5]

하나님은 자기의 형상으로 사람을 창조하셨다. 이 사실이야말로 구약과 신약의 분명한 가르침이다. 우리는 앞에서 타락하기 전의 인류의 정신적, 정서적 상태를 복음주의적 관점에서 살펴보았다. 타락 전의 인간은 자신의 존재와 자아에 대한 명확한 의식을 갖고 있었다. 그들은 강한 자아정체감을 가지고 있었다. 그러나 범죄 후 그들은 하나님과의 관계를 상실했고, 그들 안에 있던 하나님의 형상은 깨어졌으며, 그들은 긍정적인 자아정체감을 상실하였다.

아담의 타락으로 아담과 하나님과의 관계가 깨어졌고 이로 인해 비참한 결과가 찾아왔는데, 이 결과는 오늘도 모든 인류가 여전히 고통스럽게 경험하고 있다. 아담은 소속감을 상실했고 이에 따라 불안과 불안정감이 엄습해 왔다. 그는 자존감을 상실했고 이에 따라 죄책감과 수치심에 사로잡히게 되었다. 그는 통제력을 상실했고 이에 따라 우울증과 무기력증에 시달리게 되었다. 앞에서 언급한 것처럼, 우리가 타락의 결과로 겪는 모든 파괴적 감정인 불안과 공포, 수치심과 죄책감, 우울증과 분노에 대항할 수 있는 것은 물론 사랑이다. 사랑은 깨어진 관계와 안정감을 다시 회복할 수 있는 하나님의 방법이다.

타락의 결과 아담은 인격의 중심 안에 있는 통일성을 상실하고 2개의 부정적인 부분인 갈급한 자아와 거부된 자아로 분리되었는데, 각 부분은 타락한 인격에 강력하고 역동적인 영향을 미치는 것을 살펴보았다. 갈급한 자아는 우리 속의 내면적 욕구를 통해 그 존재가 드러나는데, "나는 소속될 필요가 있다"(소속감), "나는 자존감이 필요하다"(애정), "나는 힘이 필요하다"(인정) 등으로 표현할 수 있다. 거부된 자아는 관계의 단절과 타인에 의한 유기를 경험하는 우리의 내면적 인격의 일부인데, "나는 거부되었다"(나는 속하지 않는다), "나는 부끄럽다"(나는 자존감이 없다), "나는 약하고 무력하다"(나는 힘이 없다) 등으로 표현할 수 있다.

3장에서 살펴본 것처럼[6] 그리스도 안에서의 하나님의 구속救贖의 역사가 인간 정체감을 회복할 때 분열된 자아도 치유받게 된다. 소속감과 자존감과 통제력의 욕구 때문에 흔들리던 갈급한 자아는 하나님에 의해 입양됨으로써 정체감을 회복하게 된다. 그리고 예수님 자신이 우리의 거부된 느낌을 대신 받으심으로써 우리의 거부된 자아는 하나님의 칭의 사역에 의해 그리스도 안에서 정체감을 회복하게 된다. 그리하여 타락으로 갈라졌던 우리의 자아는 그리스도의 구속사역을 통하여 통합된 자아로 회복되어 이렇게 외친다. "나는 정말로 소속되었다. 나는 더 이상 거부되지 않는다.", "나는 가치 있다. 나는 더 이상 부끄럽지 않다.", "나는 통제력이 있다. 나는 더 이상 약하지 않다."

본 장에서는 에릭슨이 찾아내고 다른 노년학자들이 인정한 세 가지 노화의 쟁점들을 복음주의적 관점에서 고찰해보고, 이 결과를 현장 설문조사를 통해 나타난 연구 결과와 비교해보고자 한다. 세 가지 쟁점이라 함은 첫째는 노인들이 인생의 말기에 통합감을 구하려고 하는 욕구에 관한 것이고, 둘째는 노인이 육체적, 정신적, 사회적 변화로 인해 자유가 점점 더 제한될 때 자율성을 확인하려는 욕구에 관한 것이며, 셋째는 일생을 통한 생산성에 대한 욕구와 관계된 것이다. 세 쟁점들은 삶의 의미를 유지하는 기초라는 점에서 밀접히 관련되어 있다. 여기서는 이것들을 앞의 3장에서 살펴본 것처럼 하나님의 형상의 본래적 형상, 변질된 형상, 새롭게 된 형상의 관점으로 고찰해볼 것이다.

통합감을 구하려는 욕구

에릭슨은 노년기 단계의 위기를 자아통합과 절망 간의 긴장으로 설명하고, 그 위기를 성공적으로 해결할 때 얻는 것을 지혜라고 하였다. 자아통합은 영아부터 지금까지의 세월을 뒤돌아보면서 통합적인 관점에서 인생을 관조하고 회상해보는 것이다.[7] 모든 조건에 대한 선택과 그 결과는 자신으로 인한 것이라는 사실을 수용하는 것은 심리적으로 건강한 사람만이 할 수 있다. 그러므로 에릭슨은 인간발달의 각 단계마다 극복해야 할 심리사회적인 과제를 성공적으로 수행한 사람은 노년기에 자아통합감을 이룰 수 있다고 보았다. 이것은 이전의 단계에서 충분한 내적인 힘을 축적했을 때 가능해진다. 그런 의미에서 자아통합은 앞의 7단계의 결실이라고 할 수 있다.

에릭슨은 자아통합이라는 목표가 쉽게 얻어지지 않는 이유로 근본적인 인생 과정 사이에서 '연계의 상실'이 나타나기 때문이라 하였다. 이러한 힘들과 만나게 되면 삶에 대한 절망으로 갈 수 있는데, 이는 피할 수 없는 갈등이다.

그런데 에릭슨의 심리사회적 이론psycho-social theory은 후성설에 기초한 것으로서, 이것은 하나님 형상의 본래적 형상the original image에 대한

노년기의 자아통합감

것이 아니고 타락 후 변질된 형상the perverted image에서 일어나는 일반
은충적인 차원의 현상을 학문적으로 정리한 것이라 할 수 있다. 앞에
서 살펴본 바와 같이 인간의 타락 이후 하나님의 형상은 변질되어 일
그러졌다. 그리하여 하나님과의 관계, 다른 사람과의 관계 그리고 자
연과의 관계에 영향을 미쳐 제 기능을 하지 못하게 되었다.

　타락 이후 인간은 그의 인격의 중심 안에 있는 통일성을 상실하여
갈급한 자아와 거부된 자아로 분리된 것은 앞에서 본 바와 같다. 그
런데 갈급한 자아가 가진 소속에 대한 욕구는 에릭슨이 노화의 쟁점
으로 제시한 통합성에 대한 욕구와 일맥상통한다고 할 수 있다.

　에릭슨은 사람이 과거의 삶을 돌아볼 때의 '일관성과 전체성의 인
식'을 통합성이라고 했다.[8] 통합성에는 개인 삶의 의미를 확인할 수
있는 본질적, 종교적 과업이 포함된다. 이러한 인생 회고는 삶의 목
적들을 찾아내고 확인하려 하며, 그 목적들을 현재의 가치와 관계에

연결시키려 한다.

에릭슨은 성공적 노화를 위한 종교적 기반을 정교하게 만들려 하지 않았음에도 불구하고, 결과적으로 그는 주기 이론의 덕목을 신학적 덕목인 신앙, 희망, 자선 등과 연관시켰다.[9] 그의 이론은 선한 사람과 이상적인 노년에 대한 하나의 규범적 비전으로 해석할 수 있다.[10] 에릭슨은 가치와 의미 구조에 대한 관심 때문에 종교 영역까지 들어와 분석하게 된 것으로 보인다. 그는 사회적 및 심리학적 분석을 뛰어넘는 것이 중요하다는 것을 깨달았지만, 그의 과학적 및 인문학적 접근법으로는 그 이상의 탐구를 감행할 수 없었다.[11]

우리는 앞에서 인류의 타락은 아담과 하와에게 세 가지 기본적인 욕구(소속에 대한 욕구, 자존감에 대한 욕구, 자신감에 대한 욕구)를 남겨 주었다는 것을 주목했다. 하나님께서는 그 기본적인 욕구를 충족시키심으로 우리의 정체감을 회복시키신다. 각 욕구는 개인의 마음속에 개인적으로 역사하는 삼위일체Trinity의 각 위격에 주로 채워진다. 각 위격의 결과는 세 가지 신학적 미덕인 믿음·사랑·소망 중의 하나의 개발이다.[12]

세 가지 중 믿음은 주로 예수 그리스도라는 인격에 대한 신뢰를 의미한다. 예수님은 그리스도인을 위한 믿음의 대상으로 자신을 확립시키셨다. "너희는 마음에 근심하지 말라 하나님을 믿으니 또 나를 믿으라"(요 14:1). 성경은 믿음이 궁극적으로 하나님으로부터 온 선물이라 말하지만, 그 씨앗은 유아기early childhood의 아이가 가지는 어머니에 대한 절대적인 신뢰에서 찾아볼 수 있다.

믿음의 뿌리는 소속감에서 발견된다. 유아들의 소속감을 개발하려

할 때에는 그들을 만져주는 것이 중요하다. 성인의 경우 소속에 대한 욕구는 표현 방법에 있어서는 아기의 경우와 같지 않지만 강도에 있어서는 결코 약하지 않다. 아담은 범죄 후 하나님과의 관계가 단절되자 더 이상 하나님의 세계에 소속되지 않음을 느꼈고, 하나님의 낯을 피하여 숨었다. "아담의 불순종으로 두려움이 마음속에 들어왔으며, 그와 함께 불신도 들어왔다."13 우리가 소속되는 곳이 없고 안식을 누릴 대상이 없다는 면에서 우리의 처지는 아담과 같다.

> 우리 자신과 서로 그리고 하나님으로부터의 분리와 소외의 결과로 나타난 우리의 외로움과 불안으로 인하여 우리는 하나 됨을 느낄 수 있는 사람 그리고 이 모든 것과 하나 됨을 찾을 수 있는 사람을 원한다. 이것이 모든 것 중에서 가장 깊은 욕구이며 …우리가 알든 모르든 간에 우리 모두는 이 욕구로 움직이며, 어떻게 해서라도 그러한 욕구를 추구해 나가고, 그중 많은 사람들은 잘못된 방식으로 그러한 욕구들을 추구해 나가고 있다.…하나 됨을 위한 이 욕구와 관련된 것은 복음Gospel, 즉 기쁜 소식이다. 하나님은 인간의 욕구에 대한 개인적 해답으로 나사렛 예수 안에서 자신을 주셨다.14

소속에 대한 욕구는 자신이 사랑받는 존재임을 확신할 때 충족되는데, 이는 주로 하나님 아버지 안에서의 양자됨(입양)adoption을 통하여 채워진다. 이와 관련된 2개의 성경구절은 요한복음 1:12-13와 로마서 8:15-16이 있다. 입양은 하나님의 용서와 용납을 전제로 하며, 우리를 하나님과 친밀한 관계로 인도한다. "보라 아버지께서 어떠한 사랑을 우리에게 베푸사 하나님의 자녀라 일컬음을 받게 하셨는가"(요일 3:1). 입양의 결과 우리는 하나님과 더 친밀하고 더 애정 어린 관계를 누리게 된다. "그러므로 네가 이후로는 종이 아니요 아들이니 아들이면 하나님으로 말미암아 유업을 받을 자니라"(갈 4:7).

기독교 신앙을 가진 노인들에게 실제로 나타나는 통합감의 모습은 어떠한가? 4장 노인의 자아통합감과 신앙 체험의 관계에 관한 연구에서 분석한 대로 종교적 체험 정도가 자아통합감에 미치는 영향을 알아보기 위해 회귀분석을 실시한 결과 종교적 체험과 자아통합감 간에 인과관계가 성립되었다. 이것은 종교적 체험의 정도에 따라 자아통합감이 달라질 것을 의미한다.

성별, 연령별, 종교별 자아통합감 차이 분석에 따르면, 성별에 따른 자아통합감의 차이는 나타나지 않았고, 연령별(60대, 70대, 80대)로도 차이가 나타나지 않았으며, 다만 기독교인의 자아통합감이 비기독교인의 그것보다 높게 나타났다. 이것은 우리의 분리된 자아의 부족한 욕구들이 10년 주기의 삶에서 자연적으로는 그다지 충족되지 못하고 있음을 반증한다고 볼 수 있다.

본 연구에서 상관관계를 분석해본 결과 종교적 체험 점수가 높을수록 자아통합감 점수도 높게 나타났다. 그러므로 하나님을 가깝고 사랑의 관계로 경험하는 사람일수록 하나님 나라에 대한 소속감의 욕구를 충족받게 되고, 긍정적인 자아정체감을 갖게 되며, 따라서 긍정적인 자아통합감을 가진다고 볼 수 있다.

우리가 예수 그리스도 안에서 하나님의 자녀로 입양됨을 믿음으로 받아들일 때, 우리가 가진 소속감에 대한 욕구는 충족되고, 우리는 잃어버린 정체감을 다시 찾게 된다. 에릭슨은 예리한 통찰력으로 노년기 자아통합이 이전 7단계의 결실로 얻어지는 것이라고 했는데, 우리가 살펴본 것처럼, 분리된 자아로 살아가는 우리에게 자아통합의 욕구가 충족되는 것이 가능하다면, 예수 그리스도의 구속의 복음을 믿는 자는 하나님의 자녀로 입양됨을 확신할 때 소속감을 회복하며 긍정적인 자아정체감을 회복하여 통합된 자아를 찾을 수 있으므로 통합성의 욕구를 충족하는 데 더욱 용이할 것이다.

자율성을 확인하려는 욕구

노년의 두 번째 도전은 상실의 경험과 자유에 대한 새로운 한계가 늘어나는 것이다. 노년기에 이른 사람은 육체적, 정신적, 사회적 변화로 인해 자유가 점점 제한되어 간다. 이때 노인들은 자율성을 가지려는 강한 욕구를 갖는다. 에릭슨은 이들을 인지하여 다음과 같이 말했다. 즉, 노년에는

> 세 가지 조직 과정에서 연계가 상실된다. 신체Soma에서는 조직, 혈관, 근육기관을 연결하는 상호작용의 전면적인 약화, 정신Psyche에서는 과거와 현재 경험에서 연상 일치의 점진적 상실, 기풍Ethos에서는 생식적 상호작용에 책임 있는 기능의 급작스럽고 거의 총체적 손상에 대한 위협이 있다.[15]

이 모든 요인들은 통합성의 성취를 어렵게 한다. 에릭슨은 의존이

늘어나고 자유가 결핍됨에 따르는 사회적 낙인을 인식한다. 그는 다음과 같이 기술한다.

> 상호 의존성보다는 오히려 독립심을, 신중한 숙고보다는 오히려 신선한 열정과 열광, 솔직한 단호함보다는 오히려 민첩함과 쾌활함을 자랑스럽게 생각하는 나라에서 지배적인 가치는 당연히 젊음이다. … 따라서 연령차별이 모든 노인들에게 이런 문제를 제기하는 것은 놀랍지 않다.[16]

그리스도의 부활로 인하여 우리가 갖고 있는 소망은 타락으로 인해 첫사람 아담이 상실한 통제감이 회복될 것임을 확신시켜 준다. 한 사람의 개인적 삶과 운명을 스스로 통제하고 있다는 느낌을 갖는 것은 어떠한 형태의 올바른 감정적 기능emotional functioning에서도 필수적이다. 인생이 불가능하거나 통제가 불가능하다는 지속적인 느낌을 갖고 있다면 우리는 불안하고 무력해질 것이다.

우리는 자신과 우리의 세계에 어느 정도 통제력을 행사할 욕구를 가지고 창조되었다. 이 욕구를 충족하는 것은 어느 정도의 힘과 능력을 필요로 한다. 자신감을 상실하고 무기력하며 삶에서 어떠한 주도력도 발휘할 수 없는 느낌은 주로 우울증("나는 아무것도 제대로 할 수 없다.")이라는 결과로 나타난다. 무기력감은 파괴적인 영향을 미칠 수 있다. 참 정체성을 받쳐주는 또 다른 기둥은 우리 스스로 그리스도 안에서 유능한 존재라는 자신감을 가지는 것이다.

그리스도인들의 마음속에 하나님이 역사하시는 활동 중의 하나는 그들의 절제력을 행사하는 능력을 회복하여 이 능력에 의해 그들의 세계에서 어느 정도 통제력을 행사하도록 하는 것이다. 성령 하나님과 인격적 관계를 갖는 것은 우리를 무능한 자의 자리에서 일어나 유능한 자의 자리로 옮겨주는 유일한 길이다. 우리는 성령 안에서 우리가 얼마나 유능한 존재인가를 깨닫게 된다.

성령은 날마다 그리스도인에게 절제력을 쌓는다. 절제self-control는 성령의 열매이다(갈 5:22-23). "하나님이 우리에게 주신 것은 두려워하는 마음이 아니요 오직 능력과 사랑과 절제하는 마음이니"(딤후 1:7). 힘과 능력과 사랑은 절제로부터 나온다. 이것은 인간의 죄성을 억압적인 율법과 의식으로 억제하려는 과잉통제overcontrol를 염두에 두고 말하는 것이 아니라, 오히려 그리스도인들이 그리스도와 개인적으로 동행하며 그분을 위하여 날마다 삶으로 그들이 삶의 질서를 바로잡는 데 갖는 여유를 염두에 두고 말하는 것이다.

4장의 연구에서 연령 내 성별, 종교별 자아통합감 차이 분석에 따르면, 70대 기독교인과 비기독교인의 자아통합감은 통계적으로 유의한 차이가 있는 것으로 나타났는데, 70대 기독교인에 비해 비기독교인 여성의 자아통합감이 현저하게 낮은 것으로 나타났다. 70대는 다른 연령층에 비해 상실감, 소외, 고독, 두려움, 관계의 변화를 크게 경험하는 시기로서 특히 여성의 경우 관계 소외로 인한 노년의 위기를 겪는 것으로 나타난다.

70대 기독교인의 경우 육체적, 정신적, 사회적 변화로 인해 자유가 점점 제한되어 가고 상대적으로 힘과 통제력을 잃게 되지만, 그의 마음속에는 부활의 소망으로부터 주어지는 희망이 역사하여 비기독교인에게서 찾아보기 어려운 자율성을 갖게 된다. 본 연구에 참여한 남성의 숫자가 34명밖에 되지 않아 통계적인 의의를 찾아보기 어렵지만, 남성 노인의 경우 신체적 저하에 따른 노년의 위기를 가장 크게 경험하기 때문에 나이가 들수록 위기가 커질 수밖에 없고, 따라서 부활신앙을 가진 기독교인 남성의 자아통합감이 신앙이 없는 남성의 그것에 비해 현저한 차이로 높게 나올 것으로 기대된다.

부활의 소망에 초점을 두면서 우리는 아담이 잃어버렸던 힘과 통제력을 회복한다. 우리를 향한 독생자의 무한한 사랑을 깨닫게 되면서 우리가 얻는 소속감과 자존감과 더불어 하나님이 그분의 자녀로 우리를 입양함으로 우리가 얻는 신뢰와 믿음과 결부된 이 성령의 역사는 인간 정체감을 회복하는 역할을 한다. 그리고 정체감을 회복했거나 회복하는 단계에 있는 크리스천 노인이 노년의 상실과 한계에 더욱 쉽게 적응하며 자아통합을 이루는 것은 당연하다.

생산성 연장에 대한 욕구

앞의 두 가지 쟁점은 노화 경험의 부정적인 차원을 다루었다. 그것들은 인생의 마지막에 직면하는 쟁점들이다. 에릭슨은 만년에 이르러 비로소 크게 증가한 기대수명으로 보너스 나이를 어떻게 살 것인가에 대해 숙고하며, "엄청난 수의 빠르게 증가하고 나이에 비해 상당히 젊어 보이는 단순한 연장자elderlies의 집단을 노년이라고 할 때"에도 그의 초기 분석이 여전히 유지되는가를 묻는다.[17] 그는 65세의 은퇴 연령과 85세 이상의 연령 집단 간의 엄청난 차이를 인식하고, 그의 이론에 9단계를 추가할 것을 제시한다. 보다 젊은 나이에 은퇴한 사람들이 아직도 4분의 1 여생이 남은 상황에서는 인생의 종결에 크게 관심을 두지 않는다. 그러나 많은 사람들은 이 단계의 삶에서 사회가 권장하는 여가가 인생에서는 충만한 의미를 제공하지 않음을 알게 된다.

앞에서 살펴본 것처럼, 에릭슨은 새로운 유형의 은퇴자들 때문에 이전 단계(중년기)에서 규정된 생산성이 지속될 필요가 있다는 점을 강조한다. 그의 임상경험으로부터 그는 "정말 살아 있게 하는 데 필수적인 최소한의 활기찬 참여가 노년에 부족한" 많은 경우를 관찰했다.[18] 그들은 '자율성의 약화, 주도성의 상실, 친밀감의 결핍, 생산성의 무시, 그리고 흘러가버린 잠재적인 정체성의 경시는 말할 것도 없고 현재의 극히 제한적인 정체성 등에 대한 비탄'으로 침체의 절망에 굴복하였다.[19] 에릭슨에 따르면 생산적인 사람은 타인에 대하여 적극적인 관심을 가지고, 의미 있는 일, 친밀함, 사랑 등의 능력을 가질 수 있는 사람이다.

인생의 종결과 관련된 처음의 두 쟁점과는 달리 에릭슨은 삶에 계속 관여하여 현재를 확인할 필요가 있다고 본다. 앞에서 우리는 이 점에서 틸리히의 성화에 대한 관점이 에릭슨의 주장과 일맥상통함을 살펴보았다. 두 사람 모두가 지속적인 성장과 성숙을 향한 움직임의 예상을 견지했다. 틸리히에게 성화의 목적이 완전함을 이루는 것에 있지 않은 것처럼, 에릭슨에게 있어서도 품위 있고 긍정적인 노화를 위한 은총이 존재한다.

에릭슨이 세 번째로 제시한 쟁점인 '일생을 통한 생산성에 대한 욕구'는 갈급한 자아의 정체감의 감정적 부분인 자존감에 대한 우리의 욕구와 관련된다. 3장에서 살펴본 것처럼, 이 욕구는 두 가지 기본적인 방식, 즉 '성취와 능력에 대한 욕구'와 '명성과 신망에 대한 욕구'로 나타난다. 자존감에 대한 욕구의 충족은 가치 있다는 느낌과 타인에게 유용한 느낌으로 이어진다. 그 욕구를 충족시키지 못할 때 열등감과 무기력감이 일어난다.

4장의 여성의 연령별, 종교별 자아통합감 차이 분석에 의하면, 60대의 자아통합감이 가장 높게 나왔고, 자아통합감의 편차는 거의 없었다. 기독교인 여성의 자아통합감이 비기독교인의 그것보다 현저하게 높았다. 실제로 연구에 참여한 60대 여성 중 필자가 시무하는 교회의 소속 교인들은 대부분 구역활동이나 사회봉사활동 등에 적극적이어서 '성취와 능력에 대한 욕구'와 '명성과 신망에 대한 욕구'의 많은 부분이 자신의 신앙생활을 통해서 채워지고 있을 것으로 사료된다. 그러므로 그들의 높은 종교체험 점수가 높은 자아통합감 점수로 나타났을 것이다. 이것은 일반 사회와는 달리 은퇴할 나이인 60대 후반에 이르러서도 생산성의 제고를 위해 예수 그리스도 안에서 시간과 물질을 들여 하나님 나라를 위해 투신하는 것이 성공적인 자아통합을 이루는 데 매우 중요하고 효과적임을 보여준다고 하겠다.

성경은 자존감에 대한 우리의 욕구가 독생자 예수 안에서 채워짐을 거듭 강조한다. 그리스도인들이 가진 자존감에 대한 확고한 근거는 예수 그리스도께서 십자가 위에서 피흘려 돌아가심으로 보여준 자신들을 향한 무조건적 사랑과 용서와 끊임없는 관심에 있다. 속죄의 죽음을 죽으시면서 그리스도는 우리 죄인들을 보시고 말씀하셨다. "나는 너희들을 있는 그대로 사랑한다." 예수님은 우리에 대한 그분의 용서와 용납에 믿음 이외에 어떠한 조건도 붙이지 않으셨다. 예수님은 우리 각자의 중심을 보시고 우리에게 무한한 가치가 있음을 선포하신다. 우리 마음의 어떤 부분도 그분의 눈 또는 그분의 성화聖化하는 힘을 피할 수 없다. 그분의 사랑은 모든 것을 포괄하며 우리의 전부를 받아들인다.

일반심리학에서처럼 에릭슨의 사회심리학에서도 인간이 피조물인 것과 하나님의 형상으로 창조된 사실에 대한 관심이 결여되어 있고, 따라서 타락한 인간의 인격이 갈급한 자아와 거부된 자아로 나뉘어져 있다는 사실에 대해서도 관심을 보이지 않는다. 에릭슨이 후성설적 기본 가정 위에 세운 발달 8단계 이론은 매우 탁월한 통찰력과 오랜 임상 경험에서 나온 것이다. 그러나 복음주의적인 관점에서 보면, 에릭슨이 주장한 것처럼 인간의 인격이 각 발달 단계의 성공적인 위기 극복을 거쳐 마침내 노년기 자아통합에 이르게 되는 것은 어디까지나 하나님의 일반 은총의 세계에서 일어나는 일이다.

그러므로 인간이 범죄하여 타락함으로 분열된 자아의 치유는 에릭슨이 주장한 것처럼 청년기의 친밀감의 달성이나 중년기의 생산성의 성공적 과업으로는 치유의 완성도에 있어서 한계가 있을 수밖에 없다. 다만 일반 세계에 존재하는 여러 가지 과학적 법칙이나 인과 법칙이 타락 후에도 없어지지 않고 여전히 존재하듯이, 에릭슨의 발달 단계의 경우에도 앞의 단계에서 이루어낸 성취가 노년기에 긍정적인 자아상을 갖도록 돕는 것은 분명하다. 하지만 죄로 인하여 타락이 오고 그 결과로 일어난 분열된 자아는 오직 예수 그리스도 안에서의 하

나님의 구속의 역사가 인간 정체감을 회복할 때 필연적으로 완전히 치유될 것이다.[20]

성경은 개인 정체감이 회복되는 과정이 완성되기 위해 우리의 삶에 반드시 있어야 하는 세 가지 구성요소를 제시한다. 그것은 첫째는 우리 자신에 대한 깊은 사랑compassion이고, 둘째는 죄의 자각conviction이며, 셋째는 고백이다.[21]

먼저 우리는 우리에 대한 그리스도의 사랑을 반영하는 우리 자신에 대해 사랑과 동정심을 가져야 한다. 이것은 우리 안에 있는 좋은 것과 나쁜 것을 모두 가지고 있는 자신을 받아들이는 것을 의미한다. 그리스도와 우리 자신에 의해 받아들여진 우리는 소속감을 되찾는다.

둘째로 우리는 죄에 대한 자각, 즉 인식을 가져야 한다. 우리의 삶에서 하나님과의 관계를 방해하는 영역을 인식해야만 한다. 동시에 이 지식이 우리 자신을 용납하는 것을 붕괴시키도록 허용해서는 안 된다. 그리스도가 우리를 받아들이셨으며, 그분과 우리의 관계는 그분의 사랑으로 영원히 봉인封印되었음을 자신에게 상기시켜 주는 것이 필요하다.

셋째로 우리의 삶 속에 있는 문제 영역을 인식하게 되면, 이것들을 하나님께 고백해야 한다. 우리는 그 어려움을 기도하며 하나님께 맡기고, 우리를 변화시켜 더 바람직한 행동을 개발하도록 도와달라고 그분께 간구해야 한다. 그리스도의 지속적인 사랑과 용납을 우리에게 확신시켜 주시는 것과 더불어, 성경 말씀은 변화를 위한 동기와 힘을 준다. 성경은 특정 문제 영역을 수정하는 방법에 관한 특정한 도움도 제공한다.

노년에 이른 사람이 어떻게 하면 여러 가지 어려운 조건들을 극복하고 자아통합을 이룰 수 있을 것인가? 성공적 노화를 성취하기 위하여 우리는 무엇을 어떻게 해야 하는가? 우리는 먼저 에릭슨이 제시한 심리사회발달 8단계에 나타난 지혜를 적용하는 것이 필요하다. 그리고 성경이 제시하고 있는 정체감 회복을 위한 믿음의 과정을 채택함으로써 에릭슨이 심리학에서 예상하는 것보다 훨씬 더 높은 수준의 통합성을 달성할 수 있을 것이다.

정체감 회복 과정의 필수 요소인 자기 용납self-acceptance, 죄에 대한 자각conviction, 그리고 하나님께 고백confession하는 것은 우리에게 높아진 자존감으로 나타날 것이다.[22] 그리고 우리가 사존감을 회복하고, 기도로 하나님께 나아가며, 그분의 말씀을 우리의 삶에 적용하면 우리의 행동이 변하게 될 것이다. 그때 우리는 에덴동산의 아담처럼 통제 아래 있는 자신을 보게 될 것이다. 과거 타락에서 아담이 상실했던 것(소속감, 자존감, 통제력)이 회복될 것이다. 그래서 우리의 정체감은 타락 전에 아담이 향유했던 완전한 수준을 향하여 나아갈 것이다.

주

1. Van Tatenhove, "Evangelical Perspectives", in Kimble, et al., eds. *Aging, Spirituality, and Religion*, 418.

2. Erik Erikson, *Identity: Youth and Crisis* (New York, NY: Norton & Co, 1968), 92.

3. R. L. Richter, "Attaining Ego Integrity through Life Review", in M. J. Hendrickson, *The Role of the Church in Aging* (New York: Haworth, 1986), 1-12.

4. Hoekema, *Created in God's Image*, 5.

5. Ibid., 6.

6. III장, "복음주의 심리학에서 본 자아정체감의 상실과 회복" 참조.

7. Donald Capps, *Life Cycle Theory and Pastoral Care*, 38.

8. Erikson, *The Life Cycle Completed: A Review*, 65.

9. Erikson, *Insight and Responsibility*, 111-112.

10. Don Browning, "Conference on Erikson and Religion", *Criterion* 15 (1976): 25-26.

11. Omar Otterness, "A Neo-Orthodox Perspective", 432.

12. Kirwan, *Biblical Concept for Christian Counseling*, 101.

13. Paul Tournier, *A Place for You* (New York: Harper and Row, 1968), 39.

14. R. L. Howe, *Man's Need and God's Action* (New York: Seabury, 1953), 15.

15. Erik H. Erikson, Joan M. Erikson, and Helen Q. Kivnick, *Vital Involvement in Old Age*, 301.

16. Ibid.

17. Erikson, *The Life Cycle Completed*, 62.

18. Ibid.

19. Ibid., 63.

20. 3장 3절에서 갈급한 자아와 거부된 자아의 치유에 대한 성경구절을 참조하라 (마 5장, 요 6장, 롬 8장).

21. Kirwan, *Biblical Concept for Christian Counseling*, 114.

22. Ibid., 115.

나오는 말

결론

본서의 연구는 그 목적을 에릭슨과 후속학자들이 제시하는 자아통합의 길과 성경과 신학, 특히 후크마의 개혁주의 인간론과 커원의 복음주의적 심리학에서 바라본 자아통합의 길을 비교 검토하고 이를 양적 연구 방법을 통하여 분석함으로 급격히 고령화되고 있는 우리 사회에 바람직한 자아통합의 길을 모색하는 데 두었다.

에릭슨의 심리사회발달이론에서 최종 단계인 노년기의 발달과제로 '자아통합감 대 절망'을 제시한 것은 앞의 일곱 단계의 결론으로서 매우 타당하고 통찰력 있는 업적이라 생각된다. 에릭슨은 사회적 및 심리학적 분석을 뛰어넘는 것이 중요하다는 것을 깨달았지만, 그의 과학적 및 인문학적 접근법으로는 그 이상의 탐구를 감행할 수 없었던 것이 아쉬운 점이다.

노화 과정을 이해하는 데 중요한 고려 요인은 노화는 삶의 시작부터 삶의 끝까지 움직이는 단순한 과정이며, 또한 노화는 인간 실존을 위한 하나님의 의도적인 계획이라는 점이다.

복음주의적 관점, 특히 하나님의 형상론의 관점에서 에릭슨의 노년기 자아통합감을 고찰하기 전에 먼저 고려해야 할 점은 인간은 피조물인 동시에 하나의 인격체, 곧 상대적 독립성을 지닌 피조된 인격체created person라는 점이다. 하나님은 자기의 형상으로 사람을 창조하셨다. 타락 전의 인간은 강한 자아정체감을 가지고 있었다. 그러나 범죄 후 그들은 하나님과의 관계를 상실했고, 그들 안에 있던 하나님의 형상은 깨어졌으며, 그들은 긍정적인 자아정체감을 상실하였다.

타락의 결과 인간은 인격의 중심 안에 있는 통일성을 상실하고, 2개의 부정적인 부분인 갈급한 자아needing self와 거부된 자아rejected self로 분리되었는데, 각 부분은 타락한 인격에 강력하고 역동적인 영향을 미치게 되었다.

그리스도 안에서의 하나님의 구속救贖의 역사가 인간 정체감을 회복할 때 분열된 자아도 치유받게 된다. 소속감과 자존감과 자신감의 욕구 때문에 흔들리던 갈급한 자아는 하나님에 의해 입양入養adoption됨으로써 정체감을 회복하게 된다. 그리고 예수님 자신이 우리의 거부된 느낌을 대신 받으심으로 우리의 거부된 자아는 하나님의 칭의稱義justification 사역에 의해 그리스도 안에서 정체감을 회복하게 된다. 그리하여 타락으로 갈라졌던 우리의 자아는 그리스도의 구속사역을 통하여 통합된 자아로 회복된다.

　우리는 에릭슨과 다른 노년학자들이 인정한 세 가지 노화의 쟁점들을 복음주의적 관점에서 고찰해보고, 이 결과를 현장 설문조사를 통해 나타난 연구 결과와 비교해보았다. 첫째는 노인들이 인생의 말기에 통합감을 구하려고 하는 욕구에 관한 것이고, 둘째는 노인이 육체적, 정신적, 사회적 변화로 인해 자유가 점점 더 제한될 때 자율성을 확인하려는 욕구에 관한 것이고, 셋째는 일생을 통한 생산성generativity에 대한 욕구와 관계된 것이다. 세 쟁점들은 삶의 의미를 유지하는 기초라는 점에서 밀접히 관련되어 있다.

　복음주의적인 관점에서 보면, 에릭슨의 심리사회적 이론psycho-social theory은 후성설에 기초한 것으로서, 이것은 하나님 형상의 본래적 형상the original image에 대한 것이 아니고 타락 후 변질된 형상the perverted image에서 일어나는 일반은총적인 차원의 현상을 학문적으로 정리한 것이라 할 수 있다.

　타락 이후 인간은 그의 인격의 중심 안에 있는 통일성을 상실하여 갈급한 자아와 거부된 자아로 분리된 것은 앞에서 본 바와 같다. 그런데 갈급한 자아가 가진 '소속감에 대한 욕구'는 에릭슨이 노화의 쟁점으로 제시한 통합감에 대한 욕구와 일맥상통한다고 할 수 있다.

　'통합감에 대한 욕구'는 주로 하나님 아버지 안에서의 양자됨(입양)을 통하여 채워진다. 이와 관련된 2개의 성경구절은 요 1:12-13과 롬 8:15-16이 있다. 입양은 하나님의 용서와 용납을 전제로 하며, 우리를 하나님과 친밀한 관계로 인도한다.

　우리가 예수 그리스도 안에서 하나님의 자녀로 입양됨을 믿음으로 받아들일 때, 우리가 가진 소속감에 대한 욕구는 충족되고, 우리는 잃어버린 정체감을 다시 찾게 된다.

두 번째 쟁점인 '자율성에 대한 욕구'에 대하여 복음주의적인 관점은 그리스도의 부활로 인하여 우리가 갖고 있는 소망은 타락으로 인해 첫사람 아담이 상실한 통제감이 회복될 것임을 확신시켜 준다는 데 있다. 그리스도인들의 마음속에 하나님이 역사하시는 활동 중의 하나는 그들의 절제력을 행사하는 능력을 회복하여 이 능력에 의해 그들의 세계에서 어느 정도 통제력을 행사하도록 하는 것이다. 성령은 날마다 그리스도인에게 절제력을 쌓는다. 절제self-control는 성령의 열매이다. 부활의 소망에 초점을 두면서 우리는 아담이 잃어버렸던 힘과 통제력을 회복한다. 우리를 향한 독생자의 무한한 사랑을 깨닫게 되면서 우리가 얻는 소속감과 자존감과 더불어 하나님이 그분의 자녀로 우리를 입양함으로 우리가 얻는 신뢰와 믿음과 결부된 이 성령의 역사는 인간 정체감을 회복하는 역할을 한다. 그리고 정체감을 회복했거나 회복하는 단계에 있는 크리스천 노인이 노년의 상실과 한계에 더욱 쉽게 적응하며 자아통합을 이루는 것은 당연하다.

세 번째 쟁점인 '일생을 통한 생산성의 욕구'는 갈급한 자아의 정체감의 감정적 부분인 자존감에 대한 우리의 욕구와 관련되는데, 이 욕구는 두 가지 기본적인 방식, 즉 '성취와 능력에 대한 욕구'와 '명성과 신망에 대한 욕구'로 나타난다. 성경은 자존감에 대한 우리의 욕구가 독생자 예수 안에서 채워짐을 거듭 강조한다. 그리스도인들이 가진 자존감에 대한 확고한 근거는 예수 그리스도께서 십자가 위에서 피흘려 돌아가심으로 보여준 자신들을 향한 무조건적 사랑과 용서와 끊임없는 관심에 있다. 그분의 사랑은 모든 것을 포괄하며 우리의 전부를 받아들인다.

노년에 이른 사람이 어떻게 하면 여러 가지 불리한 조건들을 극복하고 자아통합을 이룰 수 있을 것인가? 잃어버린 자아정체감을 다시 회복하여 하나님이 창조하신 통합된 자아의 모습을 되찾는 길은 무엇인가? 성공적 노화를 성취하기 위하여 우리는 무엇을 어떻게 해야 하는가?

우리는 먼저 에릭슨이 제시한 심리사회발달 8단계에 나타난 지혜를 적용하는 것이 필요하다. 거기에 성경이 제시하고 있는 정체감 회복을 위한 믿음의 과정, 즉 자기 용납self-acceptance, 죄에 대한 자각 그리고 하나님께 고백하는 것을 채택함으로써 에릭슨이 심리학에서 예상하는 것보다 훨씬 더 높은 수준의 통합성을 달성할 수 있다. 그래서 우리의 정체감은 보다 완전한 수준을 향하여 나아가게 될 것이다.

제언

1. 인구 고령화의 급속한 진행으로 노인 인구가 급격히 증가하고 있고, 기대수명의 연장으로 성공적 노화, 즉 자아통합에 대한 필요와 관심이 어느 때보다 높아지고 있다. 타락의 결과로 갈급한 자아와 거부된 자아로 분리된 자아정체감을 믿음의 방법으로 통합시켜 나가는 목회상담적 적용이 필요하다.

2. 복음주의적 관점에서 에릭슨의 자아통합 이론을 구체적으로 검증하기 위해서는 양적 연구뿐 아니라 종단적 질적 연구를 통하여 한

사람이 믿음으로 입양과 칭의를 확신해 가는 과정을 따라가며 그의 자아통합감의 변화 정도를 측정하는 것이 필요하다.

3. 성화에 대한 틸리히의 교리에서 에릭슨의 생산성에 대한 이해와 유사한 기독교적인 삶에 대한 이해를 발견한다. 은총이라는 선물에서 통합성과 자아 수용의 토대를 발견한 사람은 이기심에서 벗어나 타인을 위한 창조적인 사랑을 지향하게 된다. 자아통합 이론을 목회상담에 구체적으로 적용하기 위하여 자아정체감 회복과 기독교 성화 교리와의 관계에 대한 연구가 필요하다.

4. 성경에는 노화에 대한 주제뿐 아니라 인간 심리에 대한 거의 모든 주제가 여러 가지 모양으로 녹아 있다. 구원salvation과 구속redemption에서 하나님이 하신 활동은 대부분 무의식의 수준에서 일어난다. 심리학자들은 기본적인 인간 본성을 임상적으로 관찰할 수 있으며, 실험실에서 뇌파를 연구할 수 있다. 하지만 그들은 자신이 관찰한 것의 철학적 함의에 대하여 권위를 가지고 말할 수 없다. 그러므로 기독교 상담에는 신학과 심리학의 통합이 필요하다. 성경과 심리학 간에는 여러 가지 모양으로 끊임없는 대화가 이루어져 왔다. 양자 간의 대화의 채널로서 두 가지 분야를 들 수 있는데 성경적 심리학과 심리학적 성경 해석이 바로 그것이다. 성경적 심리학은 인간 심리나 심리학에 대한 성경적 해석이며, 심리학적 성경 해석은 성경에 대한 심리학적 해석이다. 복음주의 진영에서 지금 필요한 것은 양자에 대한 진지한 관심과 연구이다.

질문지 1

자아통합감에 대한 질문

다음은 귀하의 자아통합감에 관한 질문입니다. 해당란에 ○표해 주세요.

성별	남( ) 여( )		
연령별	60대( ) 70대( ) 80대 이상( )		
종교	기독교( ) 불교( ) 천주교( ) 기타( )		

번호	질문	매우 그렇다	그렇다	보통 이다	그렇지 않다	전혀 그렇지 않다
1	대체로 나는 지금의 나 자신에 만족한다.					
2	나는 이 세상에서 못 다한 일이 많아 한스럽다.					
3	막상 늙고 보니, 모든 것이 젊었을 때 생각했던 것보다 낫다.					
4	요즈음 나는 나 자신을 발전시키려는 노력을 포기했다.					
5	인생은 의미가 있고 살 가치가 있는 것이다.					
6	내가 늙었다고 느끼나, 그것이 나를 괴롭히지는 않는다.					
7	나는 죽은 사람을 보는 것이 두렵지 않다.					
8	나이 든 지금도 나는 여전히 가치 있는 삶을 살고 있다.					

번호	질문	매우 그렇다	그렇다	보통 이다	그렇지 않다	전혀 그렇지 않다
9	나는 다른 사람과 친밀감을 느낄 수 없다.					
10	노인의 지혜나 경험은 젊은이들에게 도움이 된다.					
11	나의 앞날은 암담하고 비참하게 느껴진다.					
12	나는 죽는 것이 두렵고 원망스럽다.					
13	지금이 내 인생에서 가장 지루한 때이다.					
14	나는 지금 젊었을 때와 마찬가지로 행복하다.					
15	남을 위해 봉사하는 일은 나에게 매우 보람을 준다.					
16	나는 내 자신이 지긋지긋하다.					
17	늙었다는 것은 무기력하고 쓸모없어지는 것이다.					
18	지나온 평생을 돌이켜볼 때, 내 인생은 대체로 만족스러운 것이다.					
19	나는 현재 살고 있는 곳이 마음에 든다.					
20	나는 일생 동안 최선을 다해 왔다.					
21	나는 때때로 내 자신이 쓸모없는 사람이라는 생각이 든다.					
22	내 인생이 이렇게 된 것은 운이 나빴기 때문이다.					
23	나이가 들수록 모든 것이 점점 나빠진다.					
24	인생을 다시 살 수 있는 기회가 주어진다 해도 살아온 대로 다시 살겠다.					
25	늙고 무기력해지느니 차라리 죽는 것이 낫겠다.					

번호	질문	매우 그렇다	그렇다	보통 이다	그렇지 않다	전혀 그렇지 않다
26	나는 대체로 인생에 실패했다고 느낀다.					
27	내세에 대한 문제가 몹시 나를 괴롭힌다.					
28	나는 적어도 다른 사람만큼 가치 있는 사람 이다.					
29	요즈음 나는 늙고 지쳤다고 느낀다.					
30	나는 내 일생이 이렇게 된 데 대해 가슴 아 프게 생각한다.					
31	나는 일생 동안 운이 좋은 편이었고, 그것에 감사한다.					

질문지 2

종교적 체험 질문

아래에는 종교적 체험에 대한 일련의 서술적인 진술들입니다. 이 진술들을 이용하여 당신의 종교적 체험을 가능하면 정확하게 기술해 주시기를 원합니다.

이 다양한 진술들이 당신의 종교적 체험들을 얼마나 정확하게 나타내는지를 1~7까지의 등급을 통하여 나타내 주기를 원합니다(해당 란에 ○표해 주세요).

번호	문항	1 결코 그렇지 않다	2 거의 그렇지 않다	3 때때로 그러나 드물게	4 때때로	5 종종	6 거의 언제나	7 항상
1	나는 하나님의 사랑을 느끼고 있다.							
2	나는 교회가 아닌 다른 장소에서 개인적으로 기도한다.							
3	나는 하나님을 향한 화냄과 분노의 감정을 경험한다.							
4	나는 하나님께 나의 죄를 용서해 달라고 기도한다.							
5	나는 하나님이 어떤 방법으로든 나를 벌주실 것 같아 두렵다.							
6	나는 매일의 삶 속에서 어떤 결정을 내릴 때, 하나님께서 내가 무엇을 하기를 원하는지 알기 위해 노력한다.							
7	나는 하나님이 너무나 크고 위대하셔서 나의 개인적인 문제를 돌보아 줄 시간이 없으신 것 같은 느낌을 갖고 있다.							

번호	문항	1 결코 그렇지 않다	2 거의 그렇지 않다	3 때때로 그러나 드물게	4 때때로	5 종종	6 거의 언제나	7 항상
8	나는 예배 시간이나, 내 인생의 가장 중요한 순간에 기도 가운데 하나님이 아주 가까이 있음을 느낀다.							
9	나는 매일의 삶 속에서 하나님이 나와 함께 하심을 느낀다.							
10	나는 하나님께 기도할 때, 나는 마치 친밀한 친구와 이야기하는 것 같은 느낌이 든다.							
11	나와 하나님과의 관계는 깊은 친교를 나누는 것으로 특징지을 수 있다.							
12	나는 하나님이 실제로 존재하는가에 대해 의심하는 내 모습을 보게 된다.							
13	나는 하나님의 손길을 느낄 수 없고, 마치 하나님이 더 이상 존재하거나 나와 함께 있다는 느낌이 들지 않는 때도 있다.							
14	나는 나의 삶에서 모든 좋은 일들은 하나님과 관련될 수 있고, 모든 나쁜 일들은 사탄과 연결될 수 있다고 믿는다.							
15	하나님은 내가 어떻게 느끼고 생각하고 있는지를 항상 알고 있는 것 같다.							
16	하나님은 나의 감정과 생각에 대한 이유를 진정으로 잘 이해하고 계시는 것처럼 보인다.							
17	나는 때때로 하나님 아버지, 그 아들 예수님과 성령을 완전히 다르게 체험한다.							

번호	문항	1 결코 그렇지 않다	2 거의 그렇지 않다	3 때때로 그러나 드물게	4 때때로	5 종종	6 거의 언제나	7 항상
18	나는 하나님을 여러 가지 다양한 특징과 성품을 지니신 복합적인 분으로 느껴진다.							
19	때때로 나는 하나님이 왜 그렇게 하시는지 명확한 의도를 모르겠고, 또한 왜 그렇게 하시는지 이유를 잘 모르겠다.							
20	하나님이 사람들과의 관계에서 향하시는 일들은 어떤 관계된 특별한 사람들과는 연관이 없다.							
21	나는 하나님의 행위들을 사랑으로 체험하고 있다.							
22	하나님과 나 자신은 서로 간의 관계에서 능동적인 참여자로 체험한다.							
23	나는 성경에서 묘사된 것과 거의 유사하게 하나님을 체험한다.							
24	나는 예배나 기도와 같은 특별한 시간 동안 하나님의 이미지나 느낌을 지속적으로 간직할 수 있다.							
25	나는 내가 하는 일과 내 주변 사람들에게 일어나는 일들에 대해 하나님이 우리를 돌보고 계시는지에 대해 의심이 생기기 시작한다.							
26	나는 착한 사람들에게 나쁜 일들이 일어나는 것을 들을 때, 나는 하나님이 우리를 돌보고 계시는지에 대해 의심이 생기기 시작한다.							

번호	문항	1	2	3	4	5	6	7
		결코 그렇지 않다	거의 그렇지 않다	때때로 그러나 드물게	때때로	종종	거의 언제나	항상
27	나는 종종 하나님이 행하시고, 그가 행하시는 것에 대해 말씀하시는 이유에 대해서 묵상하고 이해하려고 노력한다.							
28	나는 삶에서 어려운 일이 닥칠 때, 나는 하나님이 존재하는지 의심하는 경향이 있다.							

성별	남( ) 여( )
연령별	60대( ) 70대( ) 80대 이상( )
종교	기독교( ) 불교( ) 천주교( ) 기타( )

참여해 주셔서 대단히 감사합니다. 귀한 자료로 잘 활용하겠습니다.

출처 : 권육상 등. 노인생활건강. 서울 : 유풍출판사, 2004.

참고문헌

권육상 등. 노인생활건강. 서울 : 유풍출판사, 2004.

권호덕. "하나님의 형상과 현대인의 딜레마." 신학지남 60, no. 4 (1993): 171-194.

김애순. "심리적 노화." 노년학의 이해. 서울 : 대영문화사, 2002.

김영종. "영적 부패의 치유." 기독교학 저널 4 (2007): 153-167.

김옥현. "노인의 성격유형, 자아통합감과 노화에 대한 지각과의 관계 연구." 論文集-順天靑巖大學 22, no. 2 (1998): 33-59.

김윤정. "회상을 통한 우리나라 여자노인들의 일생과 자아통합감." 노인복지연구 18 (2002): 207-231.

김정순. "노인의 사회적 활동과 자아통합감에 관한 연구." 박사학위 논문, 이화여자대학교, 1988.

김진영. "에릭슨의 '종교적 인간'을 중심으로 본 자기정체성과 종교 적 성숙." 장신목회상담학회 편. 일반상담과 목회상담. 서울 : 예영 커뮤니케이션, 2003.

김태련. 발달 심리학. 서울 : 박영사, 1994.

박경란, 이영숙. "성공적 노화에 대한 인식 조사연구." 韓國老年學. 22, no. 3 (2002): 53-66.

박민수. "하나님과의 관계 증진을 위한 집단상담 프로그램 개발 및 효과 검증 : 대상관계 이론을 중심으로." 박사학위논문, 계명대학 교, 2001.

박민수. "노인의 위기에 대한 목회상담학적 접근 : 죽음불안과 종말론을 중심으로." 복음과 상담 37 (2005): 46-68.

박순오. "하나님의 형상론에서 본 노년기 자아통합감에 대한 목회상
담신학적 고찰." 박사학위논문, 계명대학교, 2012.

박준서. "하나님의 형상에 관한 성서적 이해." 기독교사상 369 (1989):
104-120.

박형규. "노인의 죽음에 대한 태도 결정요인에 관한 연구: 임종교육
서비스·사회적지지·자아통합감에 따른 분석." 박사학위논문,
강남대학교, 2008.

배영숙. "노인이 지각한 사회적 지지와 자아통합감에 관한 연구." 성
인간호학회지 5, no. 1 (1993): 18-32.

백지은. "한국노인들이 기대하는 성공적인 노화의 개념, 유형 및 예
측요인." 한국가정관리학회지 23, no. 3 (2005): 1-16.

사미자. "노년의 심리." 대한예수교장로회 총회교육부. 한국교회와 노
인목회. 서울 : 한국장로교출판사, 2000.

사미자. 종교심리학. 서울 : 장로회신학대학교출판부, 2004.

서혜경. "한미노인의 죽음에 대한 태도 연구." 한국노년학 7 (1987):
39-59.

설은주. 고령화 시대의 노인 목회 : 노인 목회의 이론적 기초와 실천적 모
델. 서울 : 예영커뮤니케이션, 2005.

성종현. "바울의 인간, 죽음, 부활 사상." 장신논단 20 (2003): 85-113.

성혜영, 유정헌. "성공적 노화 개념의 인식에 관한 연구." 韓國老年學
22, no. 2 (2002): 75-93.

송명자. 발달심리학. 서울 : 학지사, 2005.

신원하. "하나님의 자궁사랑: 입양의 신학적 토대와 윤리적 실천을 위한 시론." 춘계 학술세미나, 17-29. 경산 : 대신대학교 신학대학원, 2012.

신은영, 유시순. "노인의 건강신념에 따른 죽음불안." 노인복지연구 29 (2005): 309-330.

심수명. "신학과 심리학의 통합적 관점에서 본 하나님의 형상으로서의 인격 개념 및 그 적용 방안 연구." 복음과 상담 6 (2006): 200-233.

여인숙, 김춘경. "노년기 자아통합감에 관련된 심리사회적 요인 분석." 社會保障 研究. 22, no. 2 (2006): 79-104.

여인숙, 김춘경. "노인의 사회인구학적 변인과 회상기능이 자아통합감에 미치는 영향." 한국노년학. 26, no. 1 (2005): 63-75.

오우성. 성서와 심리학의 대화. 서울 : 대한기독교서회, 2007.

오우성, 박민수. 상담으로 풀어본 신학 : 신학과 상담학의 대화. 대구 : 계명대학교출판부, 2005.

옥스퍼드 원어성경대전 126. 히브리서 8-13장. 서울: 제자원, 2000.

원동연, 유동준. 해피엔딩 노년의 인생학. 파주, 경기도 : 김영사, 2005.

유병우. "하나님의 형상(Imago Dei)의 회복으로서의 신유 : 오순절 신학을 중심으로." 오순절 신학논단 5 (2007): 33-52.

윤진. 성인·노인심리학. 서울 : 중앙적성출판사, 2003.

이미란. "노인의 건강성과 자아통합감에 관한 연구 : 가족지지 매개효과 중심으로." 박사학위논문, 신라대학교, 2011.

이미화. "노인의 건강 통제위 성격과 자아통합감에 관한 연구." 광주

보건전문대학 논문집 20 (1995): 291-307.

이오갑. "칼빈의 하나님의 형상론." 조직신학논총 3 (1998): 109-128.

이은선. "칼빈의 하나님의 형상론 이해." 한국개혁신학 32 (2011): 199 -232.

이정연. "노인들의 자아통합과 아노미에 관한 연구." 한국가정관리학 회지 6, no. 2 (1988): 119-129.

이정기. "Erik Erikson의 형태분석적 인간 이해." 敎授論叢 16 (2004): 381-404.

이한수. 로마서 1. 서울 : 도서출판 이레서원, 2002.

이현규. 노년교육학. 서울 : 책과 공간, 2008.

이호선. 노인상담. 서울 : 학지사, 2005.

임경수. 인간발달 이해와 기독교 상담. 서울 : 학지사, 2004.

임경수. 목회상담과 인간이해. 대구 : 계명대학교, 2005.

장성옥 외 14인. "노인의 자아통합감 개념 분석." 대한간호학회지 34, no. 7(2004): 1172-1183.

장신목회상담학회 편. 일반상담과 목회상담. 서울 : 예영커뮤니케이 션, 2003.

전요섭. "노인의 심리이해와 목회상담." 성결신학연구 7 (2002): 137- 151.

전요섭. "복음주의적 목회상담학 수립을 위한 신학과 심리학의 통합 Paradigm." 한국개혁신학 5, no. 1 (1999): 301-334.

전혜정. "노년기 종교활동이 정신건강에 미치는 영향." 한국노인복 지학회. 노인복지연구 25 (2004): 169-186.

정미경. "노년기 적응 유연성에 관한 연구: 상실경험과 자아통합감을
중심으로." 박사학위논문, 아주대학교, 2010.

정옥분. 성인발달의 이해. 서울: 학지사, 2002.

조석민. "인간의 생명과 죽음의 의미: 요한복음 11:1-44을 중심으
로." 성경과 신학 38 (2005): 42-71.

주선애. "교회노인교육과정." 대한예수교장로회 총회교육부. 한국교
회와 노인목회. 서울 : 한국장로교출판사, 2000.

최금주. "노인의 영적 웰빙이 자아통합과 죽음불안에 미치는 영향."
박사학위논문, 대구가톨릭대학교, 2009.

최재락. "노년기의 영성과 목회상담: 교회 현장을 중심으로." 목회와
상담 3 (2002): 79-102.

최혜경, 백지은, 서선영. "노인들의 인식을 통한 한국적인 성공적 노
화의 개념." 한국가정관리학회지 23, no. 2 (2005): 1-10.

최홍석. "하나님의 형상에 관한 소고." 신학지남 54 (1987): 114-130.

통계청. "장래인구추계 : 2010-2060." 보도자료, 2011년 12월 7일, 12
-13.

한국노년학회. 노년학의 이해. 서울 : 도서출판 대영문화사, 2000.

한동윤. "죽음과 임종을 위한 목회적 관심." 한국교회와 노인목회. 대
한예수교장로회 총회교육부 편. 서울 : 한국장로교출판사, 2000.

한정란. 노인교육의 이해. 서울: 학지사, 2005.

호태석, 황정혜. 교회와 노인복지. 안양 : 갈릴리 출판사, 2002.

홍현방. "성공적인 노화와 노인의 종교성 관계 연구." 한국노년학 22
(2002): 245-259.

홍현방, 최혜경. "성공적인 노화 정의를 위한 문헌연구." 한국가정관
리학회지 21, no. 2 (2003): 145-154.

황봉환. "복음주의 윤리학의 정체성과 실천적 과제." 성경과 신학 47
(2008): 180-207.

Ainlay, S. C and D. R. Smith, "Aging and Religious Participation."
Journal of Gerontology 39 (1984): 357-363.

Aldag, L. D. "Is Use of Selective Optimization with Compensation
Associated with Successful Aging?" *Dissertation Abstracts International:
Section B: The Science & Engineering* 58 (1997): 21-50.

Au, Thomas and John Cobb. "Theological Perspectives on Aging:
Constructive Theology." In Kimble, et al., eds. *Aging, Spirituality, and
Religion.* vol. 1. Minneapolis: Fortress Press, 1995.

Bailey, Lloyd R. *Biblical Perspectives on Death.* Philadelphia: Fortress Press,
1979.

Baltes, P. B. & M. M. Baltes. "Psychological Perspectives on Successful
Aging: The Model of Selective Optimization with Compensation."
In P. B. Baltes & M. M. Baltes, eds. *Successful Aging: Perspestives from
Behavioral Sciences.* Cambridge: Cambridge University Press, 1990.

Baltes, P. B., D. Sowarka, and R. Kliegl. "Cognitive Training Research
on Fluid Intelligence in Old Age: What Can Older Adults Achieve by
Themselves?" *Psychology and Aging* 4 (1989): 217-221.

Bavinck, Herman. *Gereformeerde Dogmatiek*, vol. 2. Kampen: Kok, 1918.

Beasley-Murray, George. R. 요한복음. 이덕신 역. 서울 : 도서출판 솔로몬, 2001.

Bee, Helen L. *The Journey of Adulthood*. New York: McMillan Publishing Co., 1992.

Beker, J. Christian. 사도 바울 : 바울의 생애와 사상에서의 하나님의 승리. 장상 역. 천안 : 한국신학연구소, 1998.

Berkhof, Louis. *Systematic Theology*. Grand Rapids: Eerdmans Publishing Co, 1953.

Bernard, J. H. *The Gospel According to St. John*. vol. 2. Edinburgh: T. & T. Clark, 1928.

Berzoff, Joan. *Inside Out and Outside In: Psychodynamic Clinical Theory and Practice in Contemporary Multicultural Contexts*. New Jersey: Jason Aronson, Inc, 1996.

Brokaw, B. F. "The Relationship of God Image to Level of Object Relations Development." Ph.D. Diss., Biola University, 1991.

Bromley, D. B. 노인심리학. 김정휘 역. 서울: 성원사, 1992.

Browning, Don. "Conference on Erikson and Religion." *Criterion* 15 (1976): 25-26.

Brueggemann, Walter. 창세기. 강성열 역. 서울 : 한국장로교출판사, 2008.

Burge, Garry. NIV 적용주석 : 요한복음. 김병국 역. 서울 : 도서출판 솔로몬, 2010.

Butler, Robert N. "The Life Review: An Interpretation of Reminiscence in the Aged." *Psychiatry* 26 (1963): 65-76.

Butler, Robert N. "Successful Aging and the Role of the Life Review." *Journal of American Geriatric Society* 22 (1974): 529-535.

Butler, Robert N. and Myrna I. Lewis. *Aging and Mental Health: Positive Psychosocial Approaches*. St. Louis: C. V. Mosby Co, 1982.

Butt, D. S. and M. Beiser. "Successful Aging: A Theme for International Psychology." *Psychology and Aging* 2 (1987): 87-94.

Calvin, John. *Institutes of the Christian Religion*. Trans. Ford Lewis Battles. and ed. John T. McNeil. 2 vols. Philadelphia: Westminster Press, 1960.

Capps, Donald. *Life Cycle Theory and Pastoral Care*. Philadelphia: Fortress Press, 1983.

Capps, Donald. *Deadly Sins and Saving Virtues*. Philadelphia: Fortress Press, 1987.

Carey, G. I *Believe in Man*. Grand Rapids: Eerdmans, 1977.

Christiansen, Drew. "A Catholic Perspective." In Kimble, Melvin A., et. al., eds. *Aging, Spirituality, and Religion: A Handbook*, vol. 1. Minneapolis: Fortress Press, 1995.

Clements, William M., ed. *Ministry with the Aging*. San Francisco: Harper & Row, 1981.

Clements, William M. *Spiritual Development in the Fourth Quarter of Life*. New York: Haworth Press, 1990.

Cole, T. R. "Aging, Meaning and Well-Being: Musings of a Cultural

Historian." *International Journal of Aging and Human Development* 19 (1984): 329-336.

Conwill, W. L. "Chronic Pain Conceptualization and Religious Interpretation." *Journal of Religion and Health* 26 (1986): 46-50.

Crabb, Larry. 인간이해와 상담. 윤종석 역. 서울 : 두란노, 1993.

Crawfford, E. L. "Study of the Relationships among Coping Strategies, Perceived Control and Successful Aging." *Dissertation Abstracts International: Section B: The Science & Engineering* 59 (1999).

Crowther, M. R., et. al. "Rowe and Kahn's Model of Successful Aging Revisited: Positive Spirituality-The Forgotten Factor." *The Gerontologist* 42 (2002): 613-620.

Dunn, James D. G. 바울 신학. 박문재 역. 고양 : 크리스챤 다이제스트, 2003.

Dunn, James D. G. 로마서 1-8. 김천, 채천석 역. 서울 : 도서출판 솔로몬, 2003.

Erickson, M. J. 개혁주의 종말론. 류호준 역. 서울 : 기독교문서선교회, 1986.

Erikson, Erik H. *Childhood and Society*. New York: Norton & Co, 1950.

Erikson, Erik H. *Insight and Responsibility*. New York: Norton Publishers, 1964.

Erikson, Erik H. *Identity: Youth and Crisis*. New York: Norton & Co, 1968.

Erikson, Erik H. *Adulthood*. New York: Norton & Co, 1978.

Erikson, Erik H. *The Life Cycle Completed: A Review*. New York: Norton & Co, 1982.

Erikson, Erik H., Joan M. Erikson, and Helen Q. Kivnick. *Vital Involvement in Old Age*. New York: W. W. Norton & Co, 1986.

Evans, R. *Encounter with Erikson*. New York: Harper & Row, 1967.

Fisher, B. J. & D. K. Specht, "Successful Aging and Creative in Later Life." *Journal of Aging Studies* 13 (1999): 457–472.

Freund, A. M. and P. B. Baltes. "Selection, Optimization, and Compensation as Strategies of Life Management: Corelations with Subjective Indicators of Successful Aging." *Psychology & Aging* 13 (1998): 531–543.

Geist, Harod. *The Psychological Aspects of the Aging Process*. New York: Robert E. Kriefer Publishing Co., 1981.

Greer, Rowan A. "Special Gift and Special Burden: Vies of Old Age in the Early Church." In Hauerwas, S., Carole B. Stoneking, Keith G. Meador, and D. Cloutier, eds., *Growing Old in Christ*. Grand Rapids: Eerdmans, 2003.

Gruber, Mayer Irwin. "Was Cain Angry or Depressed? Background of a Biblical Murder." *Biblical Archaeology Review* 6, no. 6 (1980): 34–36.

Grudem, Wayne. *Systematic Theology: An Introduction to Biblical Doctrine*. Grand Rapids: Zondervan Publishing House, 1994.

Gutmann, David. *Reclaimed Powers: Men and Women in Later Life*. Evanston: Northwestern University Press, 1994.

Haenchen, Ernst. *John 2: Chapters 7-21*. Trans. Robert W. Funk. Philadelphia: Fortress Press, 1984.

Hagner, Donald A. 마태복음. 채천석 역. 서울 : 도서출판 솔로몬, 1991.

Hauerwas, S., Carole B. Stoneking, Keith G. Meador, and D. Cloutier, eds. *Growing Old in Christ*. Grand Rapids: Eerdmans, 2003.

Havighurst, R. F., B. L. Neugarten, and S. S. Tobin. "Disengagement and Patterns of Aging." In B. L. Neugarten, ed. *Middle Age and Aging*. Chicago: University of Chicago Press, 1968.

Heard, Jr. Warren J. "Eschatologically Oriented Psychology: A New Paradigm for the Integration of Psychology and Christianity." In D. A. Carson and John D. Woodbridge, eds. *God and Culture*. Grand Rapids: Eerdmans, 1993.

Hechausen, J., R. A. Dixon, and P. B. Baltes. "Gains and Losses in Development througout Adulthood as Perceived by Different Adult Age Groups." *Developmental Psychology* 25 (1989): 109-121.

Heidegger, M. *Being and Time*. New York: Harper & Row, 1962.

Heidegger, M. *Sein und Zeit*. Tübingen: Max Niemeyer Verlag, 1972.

Heinecken, M. J. "Christian Theology and Aging: Basic Affirmations." In Clements, William M., ed. *Ministry with the Aging*. San Francisco: Harper & Row, 1981.

Helson, R. and P. Wink, "Two Conceptions of Maturity Examined in the Findings of a Longitudinal Study." *Journal of Personality and Social*

Psychology 53 (1987): 176-186.

Hoekema, Anthony A. *Created in God's Image.* Grand Rapids: Eerdmans, 1986.

Hoekema, Anthony A. 개혁주의 인간론. 류호준 역. 서울 : 기독교문서 선교회, 1990.

Hoekema, Anthony A. 개혁주의 구원론. 류호준 역. 서울 : 기독교문서 선교회, 2001.

Howe, R. L. *Man's Need and God's Action.* New York: Seabury, 1953.

Idler, E. L. and S. V. Kasl, "Religion, Disability, Repression, and the Timing of Death." *American Journal of Sociology* 97 (1992): 1052-1079.

Jeremias, Joachim. 신약신학. 정광욱 역. 서울 : 도서출판 엠마오, 1992.

Kang, I. "A Study on Perception of Successful Aging." *Welfare for the Aged* 20 (2003): 95-116.

Käsemann, Ernst. 로마서. 한국신학연구소 역. 서울 : 한국신학연구 소, 1986.

Kelly, J. N. D. 고대 기독교 교리사. 김광식 역. 서울 : 도서출판 한글, 1980.

Kim, M. H., K. R. Shin, M. S. Kang, and I. Kang. "A Study of Successful Aging Experience of Korean Elderly." *J Korea Gerontol Soc* 24 (2004): 79-95.

Kimble, Melvin A., Susan H. McFadden, James W. Ellor, and James J. Seeber, eds. *Aging, Spirituality, and Religion: A Handbook,* vol. 1.

Minneapolis: Fortress Press, 1995.

Kirwan, William T. *Biblical Concepts for Christian Counseling: A Case for Integrating Psychology and Theology*. Grand Rapids: Baker, 1984.

Klug, L. and A. Sinha. "Death Acceptance: A Two-Component Formulation and Scale." *Omega: Journal of Death and Dying*. 18, no. 3 (1987): 229–235.

Koenig, H. G. "Religious Behaviors and Death Anxiety in Later Life." *The Hospice Journal* 4 (1988): 3–23.

Koenig, H. G. "Religion and Health in Later Life." In Kimble, Melvin A., et. al., eds. *Aging, Spirituality, and Religion: A Handbook*, Vol. 1. Minneapolis: Fortress Press, 1995.

Kohut, H. "The Psychoanalytic Treatment of Narcissistic Personality Disorders." *The Psychoanalytic Study of the Child* 23 (1967): 86–113.

Kohut, H. "Moderator's Opening and Closing Remarks." *International Journal of Psycho-Analysis* 51 (1970): 176–181.

Kohut, H. "Scientific Activities of the American Psychoanalytic Association: An Inquiry." *Journal of Amer. Psychoanal. Assn.* 18 (1970): 462–484.

Krause, N. and T. Van Tran. "Stress and Religious Involvement among Older Blacks." *Journal of Gerontology* 44 (1989): S4–13.

Kübler-Ross, Elisabeth. *On Death and Dying*. New York: MacMillan Publishing Co, 1974.

Kübler-Ross, Elisabeth. *Living with Death and Dying*. New York:

MacMillan Publishing Co, 1981.

Kübler-Ross, Elisabeth. "임종의 네 가지 단계." 성염 역. 신학전망 31 (1975): 16-22.

LaHaye, Tim. *Spirit-Controlled Temperament*. 홍종락 역. 성령과 기질. 서울: 생명의 말씀사, 2004.

Laing, Ronald. *The Divided Self*. Baltimore: Penguin, 1965.

Letzig, B. J. "The Church as Advocate in Aging." *Journal of Relgion of Aging* 2 (1986): 1-11.

Levin, Jeffrey S. and Sheldon S. Tobin. "Religion and Psychological Well-Being." In Kimble, Melvin A., et al., eds. *Aging, Spirituality, and Religion: A Handbook*, vol. 1. Minneapolis: Fortress Press, 1995.

Levinson, D. J. "A Conception of Adult Development." *American Psychologist* 41 (1986): 3-13.

Lincoln, Andrew T. *Ephesians*. Waco, Texas: Word Books, 1990.

Loder, James E. *The Logic of the Spirit: Human Development in Theological Perspective*. San Francisco: Jossey-Bass, 1998.

Lovinger, Jane. *Ego Development: Conceptions and Theories*. San Francisco: Jossey-Bass, 1976.

Luther, M. Lectures on Genesis: Chapter 6-14. Vol. 2, *Luther's Works*. St. Louis: Concordia, 1955.

Maddox, G. L. "Disengagement Theory: A Critical Evaluation." *The Gerontologist* 4 (1964): 80-82, 103.

Martin, Ralph P. 2 *Corinthians*. Texas, Waco: Word Books Publisher, 1986.

Maslow, Abraham H. *Motivation and Personality*. New York: Harper and Row, 1954.

Mavis, W. Curry. *The Psychology of Christian Experience*. Grand Rapids: Zondervan, 1963.

McDowell, Josh. 하나님이 보시는 나 내가 보는 나. 안보헌 역. 서울 : 생명의 말씀사, 2004.

Meier, Paul, Frank Minirth, Frank Wichern, and Donald Ratcliff. 기독교 상담심리학 개론. 전요섭 외 역. 서울 : 기독교문서선교회, 2004.

Metzger, Bruce M. *The New Testament its Background, Growth and Content*. Nashville: Abingdon Press, 1965.

Moo, Douglas J. NICNT 로마서. 손주철 역. 서울 : 도서출판 솔로몬, 2011.

Morgan, J. C. *Becoming Old*. New York: Springer, 1979.

Neugarten, B. L. "Kansas City Studies of Adult Life." In G. L. Maddox, ed. *The Encyclopedia of Aging*. New York: Springer, 1987.

Neugarten, B. L., et al. "Personality and Patterns of Aging." In B. L. Neugarten, ed. *Middle Age and Aging*. Chicago: Univ. of Chicago Press, 1968.

Newman, B. M. and P. R. Newman. 현대발달심리학. 박아청 역. 서울 : 형설출판사, 1990.

O'Brien, Peter T. *Colossians, Philemon. Waco*, Texas: Word Books, 1982.

Olitzky, Kerry M. and Eugene B. Borowitz. "Theological Perspectives on Aging: A Jewish Perspective." In Kimble, Melvin A., et al., eds.

Aging, Spirituality, and Religion: A Handbook, Vol. 1. Minneapolis: Fortress Press, 1995.

Otterness, Omar. "A Neo-Orthodox Perspective." In Kimble, Melvin A., et al., eds. *Aging, Spirituality, and Religion: A Handbook*, Vol. 1. Minneapolis: Fortress Press, 1995.

Packer, J. I. *Knowing God*. Downers Grove, Ill.: Inter-Varsity, 1973.

Packer, J. I. *Knowing Man*. Westchester, Ill.: Good News, 1978.

Pargament, Kenneth I., J. Kennell, W. Hathoway, N. Gravengoed, J. Newanan, and W. Jones. "Religion and the Problem Solving Process: Three Styles of Coping." *Journal for the Scientific Study of Religion* 27 (1988): 90-104.

Pargament, Kenneth I., Kimberly S. Van Haitsma, and David S. Ensing. "Religion and Coping." In Kimble, Melvin A., et al., eds. *Aging, Spirituality, and Religion: A Handbook*, Vol. 1. Minneapolis: Fortress Press, 1995.

Peck, R. C. "Psychological Developments in the Second Half of Life." In B. L. Neugarten, ed. *Middle Age and Aging*. Chicago: University of Chicago Press, 1968.

Pincus, Lily. *Death and the Family*. New York: A Division of Random House, 1974.

Reichard, S., F. Livson, and P. Peterson. *Aging and Personality*. New York: Wiley 1962.

Richter, R. L. "Attaining Ego Integrity through Life Review." In

Hendrickson, M. J. *The Role of the Church in Aging*. New York: Haworth (1986): 1-12.

Ridderbos, Herman. *Paul: An Outline of His Theology*. Trans. R. John and De Witt. Grand Rapids: Eerdmans, 1975.

Ridderbos, Herman. *The Gospel of John: A Theological Commentary*. Trans. John Vriend. Grand Rapids, Michigan: Eerdmans Publishing Company, 1992.

Rowe, J. W. & R. L. Kahn. "Successful Aging." *The Gerontologist* 37 (1997): 433-440.

Sapp, S. *Full of Years, Aging and the Elderly in the Bible and Today*. Nashiville: Abingdon, 1987.

Schaeffer, F. A. *True Spirituality*. Wheaton, III.: Tyndale, 1971.

Smalley, Stephen S. *1, 2, 3 John* (Waco, Texas: Work Books Publisher, 1984),

Smith, Dwight Moody. 요한복음의 신학. 최흥진 역. 서울 : 한들출판사, 1999.

Stegemann, Ekkehard W. and Wolfgang Stegemann. 초기 그리스도교의 사회사. 손성현, 김판임 역. 서울 : 동연, 2008.

Steinitz, L. Y. "The Local Church as Support for the Elderly." *Journal of Gerontological Social Work* 4 (1981): 43-53.

Stevens, Richard. *Erik Erikson*. New York: St. Martin Press, 1983.

Stewart, A. J. and J. M. Ostrove. "Women's Personality in Middle Age: Gender, History, and Midcourse Correction." *American Psychologist* 53

(1998): 1185-1194.

Stott, John R. W. *Focus on Christ*. Cleveland: William Collins, 1979.

Stott, John R. W. 로마서 강해 : 온 세상을 향한 하나님의 복음. 정옥배 역. 서울 : IVP, 1996.

Thibault, Jane M. "Congregation as a Spiritual Care Community." In Kimble, Melvin A., et. al., eds. *Aging, Spirituality, and Religion*: *A Handbook*, Vol. 1. Minneapolis: Fortress Press, 1995.

Thurneysen, Edward. 목회학 실천론. 박근원 역. 서울 : 한국신학연구소, 1982.

Tillich, Paul. *The Shaking of the Foundation*. New York: Charles Scribner's Sons, 1948.

Tillich, Paul. *Systematic Theology*. Vol. 1. Chicago: University of Chicago Press, 1951.

Tillich, Paul. *The Courage to Be*. New Haven & London: Yale University Press, 1952.

Tillich, Paul. *Love, Power, and Justice*. London: Oxford University Press, 1954.

Tillich, Paul. *The New Being*. New York: Charles Scribner's Sons, 1955.

Tillich, Paul. *Systematic Theology*. Vol. 2. Chicago: University of Chicago Press, 1957.

Tillich, Paul. *Systematic Theology*. Vol. 3. Chicago: University of Chicago Press, 1963.

Tillich, Paul. *The Meaning of Health*: *Essays in Existentialism Psychoanalysis and*

Religions. Chicago: Exploration Press, 1984.

Torges, Cynthia M. *Achieving Ego Integrity: Personality Development in Late Midlife*. Ph. D Diss., University of Michigan, 2006.

Torges, Cynthia M., A. J. Stewart, and K. Miner-Rubino. "Personality after the Prime of Life: Men and Women Coming to Terms with Regrets." *Journal of Research in Personality* 39 (2005): 148-165.

Torrance, T. F. *Calvin's Doctrine of Man. London*: Lutterworth, 1949.

Tournier, Paul. *A Place for You*. New York: Harper and Row, 1968.

Vaillant, G. E. *Aging Well*. New York: Little, Brown and Company, 2003.

Van Tatenhove, Fred. "Evangelical Perspectives." In Kimble, Melvin A., et al., eds. *Aging, Spirituality, and Religion: A Handbook*, Vol. 1. Minneapolis: Fortress Press, 1995.

Von Dehsen, Christian D. "The Imago Dei in Genesis 1:26-27." *Lutheran Quarterly XI*, 1997.

Von Rad, Gerhard. *Genesis*. Philadelphia: Westminster, 1961.

Vorgrimler, Herbert. 오늘의 그리스도교적 죽음이해. 심상태 역. 서울 : 성바오로출판사, 1982.

Wallace, Ronald S. *Calvin's Doctrine of the Christian Life*. Grand Rapids: Eerdmans, 1961.

Wolff, Hans Walter. *Anthropology of the Old Testament*. Trans. Margaret Kohl. Philadelphia: Fortress Press, 1974.

박순오(Rev. Dr. David Soonoh Park)

서울대학교 공과대학 졸업
총신대학교 신학대학원 졸업(M. Div.)
미국 웨스트민스터 신학교 수료
미국 커버넌트 신학교 수학

계명대학교 대학원 박사(Ph. D, 실천신학 전공)
뉴욕언약교회 개척 시무(12년)
New York Evangelical Seminary 이사장 역임
서울신학교, 칼빈신학교, 미주한인신학교 교수 역임
대구 · 경북 복음화전도대학 학장 역임
예장총회(합동) 군선교회 대구지회 회장, 이사장 역임
예장총회(합동) 교육부장 역임
총회 12신조 개정위원회 위원장 역임
대구노회 노회장 역임
학원복음화협의회 대표 역임
대구성시화운동본부 대표본부장 역임
대구기독교총연합회 대표회장 역임
대구서현교회 담임목사 역임
대한민국 체육포장 수득(2012)

현재　사단법인 나눔과기쁨 전국상임대표
　　　북한인권 한국교회연합 공동대표
　　　새로운 한국을 위한 국민운동 공동대표

기독영성상담연구소 이사장
미래목회포럼 지도위원
대구톱뉴스(daegutopnews.kr) 대표
대구교육문화센터 평생교육원(daeguec.kr) 원장
영남설교목회연구원 원장

저서 및 논문
사도행전이 보여주는 바로 그 교회
오직 예수
오직 은혜
오직 믿음
진정한 부흥
성경적 설교
하나님의 형상론에서 본 노년기 자아통합감에 대한 목회상담신학적 고찰(박
　사학위논문)
초기 한국 장로교 신학과 12신조에 대한 교회 교육적 성찰 및 현대적 적용을
　위한 방안 모색
건강한 교회로 가는 지역교회의 전략
노인의 자아통합감을 증진시키려면?
牧會相談과 敎會內 成長集團에 關한 硏究
구조주의와 성서해석
에릭슨의 심리학적 인간론과의 비교를 통한 틸리히의 신학적 인간론 이해
탈북난민 북송반대 및 기독교 북한구원에 관한 소고 외 다수